모든 것은 하나로 돌아가는데, 그 하나는 어디로 돌아가는가?

---

만법귀일(萬法歸一) 일귀하처(一歸何處)

# 글을 따라 쓰며 명상하기

## 육조단경 사경

### 六祖壇經 寫經

**글을 따라 쓰며 명상하기 (육조단경)**

초판 인쇄: 2025년 7월 31일
감수/발행: 무초
발행처: 도서출판 지장원 (地藏院)
등록: 420-2021-000001 (2021년 01월 06일)
주소: 강원도 강릉시 연곡면 수터골길 171
전화: 010-4668-5108
이메일: tothezen@gmail.com
정가: 20,000원
ISBN: 979-11-973493-4-8 (03220)

## 일러두기

1. 이 책은 『육조단경』 종보본(宗寶本)을 판본으로 하고 있습니다.
2. 도서출판 지장원에서 출판된 『**선(禪)의 표준 • The Seon Standard**』의 한국어본을 편집한 것입니다.
3. 서문과 부록은 포함하지 않고, 『육조단경』 본문과 본문의 사경(寫經) 노트로 구성되어져 있습니다.
4. 본문을 먼저 읽어보신 후, 천천히 글을 따라 쓰며, 뜻을 음미해 보시길 권합니다.

# 목   차

- 서 언 ............................................ 9
- 육조단경
  1. 행유품(行由品): 행적의 연유.................................... 15
  2. 반야품(般若品): 지혜 ........................................ 25
  3. 의문품(疑問品): 질문들 ...................................... 31
  4. 정혜품(定慧品): 선정과 지혜 .................................. 35
  5. 좌선품(坐禪品): 좌선 ........................................ 37
  6. 참회품(懺悔品): 진정한 참회 .................................. 38
  7. 기연품(機緣品): 근기와 인연에 따른 가르침 ..................... 43
  8. 돈점품(頓漸品): 단박과 점차 .................................. 57
  9. 선조품(宣詔品): 조정에서의 초대 ............................... 64
  10. 부촉품(附囑品): 당부와 전법 ................................. 66

- 육조단경 사경(寫經)
  1. 행유품(行由品): 행적의 연유 .................................. 77
  2. 반야품(般若品): 지혜 ........................................ 109
  3. 의문품(疑問品): 질문들 ...................................... 131
  4. 정혜품(定慧品): 선정과 지혜 .................................. 143
  5. 좌선품(坐禪品): 좌선 ........................................ 151
  6. 참회품(懺悔品): 진정한 참회 .................................. 155
  7. 기연품(機緣品): 근기와 인연에 따른 가르침 ..................... 173
  8. 돈점품(頓漸品): 단박과 점차 .................................. 219
  9. 선조품(宣詔品): 조정에서의 초대 ............................... 240
  10. 부촉품(附囑品): 당부와 전법 ................................. 247

# 육조단경 六祖壇經

# 서 언

선승 무초 (禪僧 無超)

● 대한불교조계종(大韓佛敎曹溪宗)은 선불교의 전통을 계승하는 한국 불교를 대표하는 종단입니다. 여기서 조계(曹溪)라는 용어는 이 책의 육조(六祖) 혜능 선사가 머물던 곳을 말하는데, 선종(禪宗)의 법통(法統)을 상징하는 말로 사용됩니다. 육조(六祖)라는 말은 여섯 번째 조사(祖師)라는 뜻입니다. 초조(初祖), 첫 번째 조사, 는 보리달마 스님을 말합니다. 그런데 왜 한자로는 할아버지라는 뜻의 조(祖)라는 말을 써서 조사(祖師)라고 할까요? 이 조(祖)라는 말은 '조상', '선조' 등의 용어로도 쓰이는데, 혈통이나 정신적 계보의 시작을 상징하는 말로 사용됩니다. '시조(始祖)'라는 용어는 어떤 전통·문파의 창시자를 말하기도 합니다. 또한 할아버지라는 뜻의 '조(祖)'라는 말은 한 집안에서 근본이 되며, 가장 권위 있는 어른이라는 의미를 가집니다. 특히 선종(禪宗)은 경전보다 직접 체득한 깨달음을 중시했기 때문에, 말이나 글이 아닌, '마음의 가리킴'을 통해 깨달음을 전한 스승을 특별히 "조사(祖師)"라고 부릅니다. 그래서 선불교에서는 선(禪)을 조사선(祖師禪)이라고 부르기도 하고, 화두를 참구하여 수행함으로, 간화선(看話禪)이라 부르기도 합니다. 인도 스님인 보리달마가 중국으로 건너와 선불교를 전하는데, 이 선불교가 여섯 번째 선법(禪法)을 이어받은 이 육조선사에 의해 크게 흥기하면서, 동북아시아 불교의 중심 사조가 되어, 불교 실천의 중심축이 되었습니다. 이 육조선사의 가르침이 이 '육조단경'에 있습니다. 선불교의 필독서인 '서장(書狀)' '선관책진(禪關策進)' '선요(禪要)' '참선경어(參禪警語)' '산방야화(山房夜話)' 등 선불교의 가르침을 담은 많은 책들이 있지만, 이 육조단경은 가장 기본적인 책이고, 더욱이 부처님의 말씀을 기록한 글을 '-경(經)'이라고 하는데, - 아함경, 반야심경 - 등과 같이 '육조단경(六祖壇經)'은 부처님의 말씀과 똑같이 '육조단 -경(經)'이라고 합니다. '육조단경'의 제목 그대로의 말 뜻은 "육조 선사가 단(壇, 수계을 주는 계단(戒壇, 단상)에서 하신 설법"이라는 뜻입니다. 이 책에서 말씀하신 여러 내용들이 선(禪)의 표준이고, 기준이 되는 것입니다. 금강경이 조계종의 소의 경전이 되는 것도 이 육조 혜능 선사가 금강경의 구절을 듣고 깨달음을 얻게 되는 인연에서 유래됩니다.

● 이 책의 판본(版本)은 '종보본(宗寶本)'입니다. 판본(版本)이란 "편집본"이라는 뜻입니다. 같은 제목의 책이라도 편찬한 사람, 출간된 시기, 문장의 내용 구성, 생략/보충된 부분 등에 따라 내용과 형식이 달라지기 때문에 누가, 언제 편집했다는 것을 밝혀두는 것입니다. 이 책은 1291년 광효사의 종보(宗寶) 스님이 편집한 '종보본 육조단경'을 그 내용으로 하고 있습니다. 중국의 명나라 이후로 가장 널리 유행되었던, 대중적으로 퍼진 판본입니다. 돈황본은 가장 오래된 원형에 가까운 판본으로 인정되며, 한국에서는 덕이본(德異本)이 비교적 많이 읽혀지고 있습니다.

● 불교(佛敎)란 부처님의 가르침이라는 말입니다. 누군가 '불교란 어떤 가르침입니까?'라고 묻는다면 어떻게 대답을 해야 될까요? 이것은 '불교의 근본 교리란 무엇인가?'라는 물음입니다. 육조 선사는 입적하기 전에 제자들을 불러 모아 어떻게 불교를 가르쳐야 하는지를 말씀하십니다, 본문의 내용을 인용해 보겠습니다. :

"너희들은 다른 사람들과 다르니, 내가 멸도한 후에 각기 한 지역의 스승이 될 것이다. 내가 이제 너희에게 설법하는 법을 가르치니, 근본종지(本宗)를 잃지 않도록 하라. 먼저 삼과법문(三科法門)을 들어야 하며, 그 다음으로 삼십육쌍(三十六對)으로 대비되는 개념을 사용해야 한다. 또한, 어떤 법문을 설하든(出沒), 항상 양극단(兩邊)을 떠나야 한다. 모든 법을 말할 때 자성(自性)을 떠나지 말라. 갑자기 누군가 너에게 법을 묻거든, 말을 내놓을 때 다 쌍으로 하여 대법(對法)을 취하고, 오고 감이 서로 인(因)이 되게 하라. 궁극적으로 두 법을 다 제거하여 더 갈 곳이 없어야 한다."

--- 삼과법문(三科法門)이란 세 가지로 분류한 법문이라는 말로 오온, 십이처, 십팔계를 말하는데, 모든 것이 연기(緣起)적 존재로서 실체가 없다는 것을 설명하는 것입니다. 즉 "나"라고 하는 '자아'는 오온(五蘊; 색수상행식, 色受想行識)의 연기적 모임이고, 인식이란 12처(十二處)인 6근(根, 내적 감각기관)과 6경(境, 외적 대상)의 접촉에서 일어나는 연기적 현상이고, 이 세계 (계,界)는 6근과 6경 그리고 6식(識, 의식)의 연기적 작용으로 구성된 것임을 설명하는 것입니다. 마찬가지로 삼십육대법(三十六對法)이라는 것도 상대적 개념의 상호 의존성을 말하는 것으로, 궁극적 실체란 존재하지 않으며, 일체는 서로가 서로의 원인과 결과가 되어 상호의존적으로 존재한다는 **불교의 핵심 가르침인 연기법(緣起法)**을 가르쳐 주어야 한다는 것입니다. 『잡아함경』에는 다음과 같은 구절이 있습니다. "만일 연기를 보면, 곧 법을 보는 것이요; 법을 보면, 곧 부처를 보는 것이다.(若見緣起, 卽見法；若見法, 卽見佛)."

진화론과 창조론의 논쟁이 있습니다. 불교는 진화론인가요? 창조론인가요? 불교는 연기론입니다. 이 진화론과 창조론은 언뜻 보면 서로 다른 주장을 하는 것 같지만 근본적으로 같은 견해에 바탕을 두고 있습니다. 둘 다 '무엇이 있다'라고 하는 유견(有見)에 바탕을 둔 '발생론적 유론'입니다. 예를 들면, 어떤 원초적인 것이 있어서 그것으로부터 모든 것이 분화되고 진화된다는 이야기나, 혹은 바다의 용궁이라는 곳에 용왕이 있는데, 이 용왕이 구름과 비 천둥과 바람을 일으킨다는 이야기나, 혹은 태양을 신으로 모시며 태양이 빛과 영(靈)을 발생하여 천지를 밝히고 모든 생물들을 보호, 소생, 번식시키는 선신(善神)으로 받드는 태양신론의 이야기 등등, 이와 비슷한 많은 이야기들이 있습니다. 즉, 어떤 물질이나 요소가 먼저 존재 한다거나, 용왕이나 태양신이나 혹은 어떤 다른 신(神)이 먼저 존재하고 그것에 기반 하여 다른 것들이 생성, 전개 된다는 주장들입니다. 그러나 현대의 과학 기술의 시대에는 이러한 발생론적 유론은 그 신빙성을 잃고 있습니다. 현대의 과학에서는 물질

이나 에너지를 구성하는 가장 작은 단위를 '입자(particle)'라고 하는데, 이 입자는 그 자체로, 단독으로, 존재하는 것이 아니고, 주변 조건, 환경, 관측자와의 관계 속에서 정의된다고 합니다. 또한 '양자 얽힘'이라는 현상은 입자들이 거리와 무관하게 상호 영향을 준다는 점을 밝히고 있습니다. 어떤 것도 혼자 단독적으로, 먼저 존재할 수 없다는 말입니다. 현대에는 이 연기론이 과학적으로도 증명되어져 가고 있습니다.

● 노 행자(육조선사)가 오조(五祖)선사에게서 깨달음의 징표로 가사와 발우를 받고, 때가 될 때까지 몸을 숨기려고 떠나는데, 당시에 오조(五祖)선사 문하에서 공부하던 제자들은 아직 스님도 아닌 행자가 가사와 발우를 받았다는 사실에 놀라고 인정할 수가 없어서, 노 행자를 쫓아가는데, 그 중 출가 전 무사(武士) 출신인 혜명(惠明)스님이 가사와 발우를 빼앗으려 제일 먼저 쫓아와 노 행자를 만나는 대목이 있습니다. 본문의 내용을 인용해 보겠습니다. :

혜명(惠明)이라고 하는 승려가 있었다. 그는 원래 품계가 사품(四品) 장군이었으며, 성격이 거칠고 급했는데, 사력을 다해 쫓아 와서 무리에 제일 앞질러 혜능을 뒤 쫓았다. 혜능은 가사와 발우를 바위 위에 던지며 말했다. "이 가사는 믿음의 상징일 뿐이다. 힘으로 다툴 것이냐?" 그리고는 풀숲에 몸을 숨겼다. 혜명이 도착하여 가사를 집어 들려 하였으나 전혀 움직이지 않았다. 이에 소리쳐 불렀다. "행자(行者)여! 행자여! 나는 법을 구하러 온 것이지, 가사를 빼앗으러 온 것이 아니오!" 그러자 혜능이 나와 바위 위에 앉았다. 혜명이 예를 올리며 말했다. "행자께서 저를 위해 법을 설해 주시기를 바랍니다." 혜능이 말했다. "네가 이미 법을 구하러 왔다면, 모든 인연을 끊고 일체의 생각을 내지 말라. 그러면 내가 너를 위해 설하리라." 혜명이 침묵하며 고요히 했다.
그러자 혜능이 말했다. "선을 생각하지도 말고, 악을 생각하지도 말라. 바로 이와 같은 순간에, 그대의 본래 면목(本來面目)은 무엇인가?"
혜명은 그 자리에서 큰 깨달음을 얻었다. 그리고 다시 물었다. "방금 하신 깊은 말씀 외에, 또 다른 은밀한 가르침이 있습니까?"
혜능이 대답했다. "내가 네게 말한 것은 무슨 은밀한 것이 아니다. 네가 스스로 돌이켜 본다면, 그 은밀한 가르침은 바로 네 안에 있다."

--- 어떻게 장군 출신의 힘센 스님이 무겁지도 않은 의발(가사와 발우)을 들어 올리지 못했을까요? 이 의발(衣鉢)은 깨달음의 징표이지만, 이 의발을 가져간다고 한들, 깨달음을 얻는 것도 아니요, 지금 자신이 무엇을 하고 있는지를 반추해 보면서, 혜명스님의 양심은 발우를 들 수 없었습니다. 그러나 이렇게 쫓아 온 것은 또한 구도심의 발로인지라, 다시금 구법자로 돌아가 법문을 청하는데, 노 행자(혜능)는 여기서 화두를 던집니다. "선(善)을 생각하지도 말고, 악(惡)을 생각하지도 말라. 바

로 이와 같은 순간에, 그대의 본래 면목(本來面目)은 무엇인가?" 이 화두에 혜명스님은 '툭' 터져서 깨달음을 얻게 됩니다. 불교 공부는 화두를 타파해야 완성되는 것입니다. 대자유인이 된다는 것입니다. 자동차 운전면허 시험은 이론 시험이 있고, 실기 시험이 있습니다. 불교의 교리와 이론들은 이론 시험에 해당하고, 참선을 하여 화두 타파를 하는 것은 실기 시험에 해당된다고 할 수 있습니다. 이론 시험에 100점을 받는다 해도 운전을 잘 할 수는 없습니다. 물론 이론 시험도 잘 치러야 되겠습니다만, 정작 중요한 것은 실기시험을 잘 치러야 하는 것이고, 실제 생활에서 운전을 잘 해야 되는 것입니다. 차를 언제라도 어느 곳이라도 자유롭게 몰고 다니는 '자유의 운전사'가 되어야 할 것입니다. 이것을 불교에서는 '수처작주(隨處作主)'라고 합니다.

● 사춘기에는 신체적 변화가 생기는데, 단지 신체적 변화만이 있는 것이 아니라 심리적 변화가 일어납니다. 이제 집에서 밥 먹고 장난감을 가지고 놀고 TV 만화를 보고 지내는 아이가 아니라, 정신적으로 부모로부터 독립을 시도하며 자기 정체성을 탐색하는 시기가 됩니다. 그래서 이런 질문을 하기도 합니다. "그런데 내가 왜 여기 태어나서, 이렇게 살고 있지…?"

하이데거(Heidegger)라는 철학자는 이 물음에 대해 '우연히 던져진 존재'라는 표현을 하기도 했습니다. 이제 하나의 자아는 '세계 앞에 선 단독자 (the individual standing alone before the world)'로서 알 수 없는 분리, 분열의 감정을 느끼며, 어떤 '알 수 없음'에 놓이게 됩니다. 이러한 자기 정체성에 대한 물음은 세상의 흐름 속에, 사회적 시스템에 매몰되며 미해결의 상태로 흘러갑니다. 이것은, 해결되지 못한 채 계속 끌어안고 가는, 근본적인 내면의 분열입니다. 이 근본적 분열이 해결되지 않은 상태에서는 진정한 행복이란 불가능한 것입니다. 혼자 있어도 분열이고, 여럿이 함께 있어도 분열입니다. 그래서 '군중 속에 고독'이라는 말도 있습니다. 키에르케고르(Kierkegaard) 라는 철학자는 '결혼은 해도 후회, 안 해도 후회'라는 말을 했다고 합니다. 궁극적인 내적 분열의 문제는 바깥 대상(사람, 물질, 명예 등)으로 채워지거나 해결될 수 있는 문제가 아닙니다. 그렇다면 어떻게 분열에서 온전함으로 갈 수 있을까요? '내적 분열로부터 원래적인 온전함으로 돌아간다'는 말을 불교에서는 이 언덕에서 저 언덕으로 (此岸 → 彼岸), 무명에서 지혜로 (無明 → 般若), 이분법에서 중도로 (二邊 → 中道), 망상에서 깨달음으로 (妄想 → 覺) 간다고 표현을 합니다. 이 반야(般若, 지혜), 깨달음을 얻는 가르침을 선(禪)에서는 '단전직지(單傳直指, 돈오견성법)'로 전하고 있습니다.

● 단전직지(單傳直指) 라는 말의 문자적 의미는 '오직 하나로 전하고, 곧바로 본성을 가리킨다.'는 뜻입니다. 즉, "문자를 세우지 않고, 가르침 밖에서 따로 전하며, 사람의 마음을 곧장 가리켜, 성품을 보아 부처가 된다는 것입니다(불립문자 교외별전 직지인심 견성성불 不立文字, 敎外別傳, 直指人心, 見性成佛)." 그렇다면 어떻게

곧장 가리켜 부처를 보게 한다는 걸까요? 다음의 한 가지 예를 보겠습니다. 어떤 스님이 '조사께서 서쪽에서 오신 뜻'을 묻습니다. 여기서 조사란 인도에서 선법(禪法)을 전하러 온 보리달마 스님을 말합니다. 인도에서 중국으로 오신 것은 당연히 불법을 전하러 오셨겠지요. 그래서 이 말은 그 불법의 대의(大義)가 무언지를 묻는 질문입니다.

조주 선사에게 어떤 스님이 물었습니다.
"어떤 것이 조사께서 서쪽에서 오신 뜻입니까?"
선사가 말씀하셨다. "뜰 앞에 잣나무니라."
스님이 말하였다. "화상께서는 경계(바깥대상)를 사람들에게 보이지 마십시오."
선사가 말씀하셨다. "나는 경계를 사람들에게 보이지 않노라."
스님이 다시 물었다. "어떤 것이 조사께서 서쪽에서 오신 뜻입니까?"
선사가 말씀하셨다. "뜰 앞에 잣나무니라."

'뜰 앞의 잣나무'라는 선사의 대답은, 이 스님의 물음에 대해 정확히 대답을 해 준 것입니다. 불법의 대의가 무엇인가? 에 대한 물음에 곧장 가리켜 보여주신 것입니다. 이 뜻을 알면 곧바로 견성(見性)입니다. 곧바로 알면 그것으로 된 것이고, 만약 그렇지 못하다면, 모든 것을 걸고 참구해 나가야 할 것입니다. 이 '뜰 앞의 잣나무'라는 선사의 대답은 무슨 뜻일까요? 이 화두를 타파하는 때가 실기시험에 통과하는 때이고, 자유의 운전사가 되는 때이고, 정말 수처작주(隨處作主)가 되는 때입니다. 불교의 수행은 지관법(止觀法), 지관쌍수(止觀雙修)라고 합니다. 범어로는 사마타(śamatha) 위빠사나(vipaśyanā) 라고 합니다. 혹은 정혜쌍수(定慧雙修)라고도 합니다. 이 화두선(話頭禪)은, '어째서 뜰 앞의 잣나무라고 했는가~?'라고, 화두를 잡들이(참구) 하는 순간, 곧바로 지(止)고 곧바로 관(觀) 입니다. 곧바로 정(定)이고 곧바로 혜(慧)가 됩니다. 화두 참구법은 지관쌍수고, 정혜쌍수인 공부법입니다.

● 사람들은 저 마다 다 각양각생 입니다. 백인백색(百人百色)이라고도 합니다. 처해져 있는 상황이 다 다릅니다. 그렇지만 삶에 분명한 방향이 있어야 합니다. 내적인 방황을 한다면 그것은 아직 방향이 정해져 있지 않기 때문입니다. 불교의 가르침과 그 방향은 언제나 상구보리 하화중생(上求菩提 下化衆生) 입니다. 위로는 보리(깨달음)를 구하고, 아래로는 중생을 교화한다는 뜻입니다. 방향이 정해져야 합니다. 옳은 방향으로 가야합니다. 옳은 길이 어디인지를 물어야 합니다. 자신이 처한 인연법 속에서 최선을 다하며, 시간이 되는 대로 여러 불교 경전이나 가르침들을 배우며, 이 선(禪)의 표준, 불교 가르침의 표준이 되는 『육조단경』 또한 잘 이해하고 숙지하면서, 참선 공부를 해 나아가야 하겠습니다.

오조 선사가 말씀하시길, 비유컨대

물소가 (牛, buffalo) 창살을 지나갈 때에 머리, 뿔, 네 다리는 모두 빠져나왔는데, 꼬리는 빠져 나오지 못한 것과 같다.

어째서 꼬리는 빠져나오지 못했는가?

# 육조대사법보단경(六祖大師法寶壇經)

風幡報恩光孝禪寺住持嗣祖比丘宗寶編
바람과 깃발, 은혜에 보답하는, 광효선사의 주지, 조사를 계승하는, 비구, 종보가 편찬하다[1]

## 1. 행유품(行由品): 행적의 연유

그때 대사께서 보림사(寶林寺)에 이르셨다. 소주(韶州)의 자사(刺史, 벼슬이름) 위거(韋璩)와 관료들이 산속으로 스님을 모시러 와서, 성(城) 안의 대범사(大梵寺) 강당으로 나오시어 대중에게 법을 설해 주시길 청하였다. 스님께서 법좌에 오르시자, 자사(刺史)와 관료 30여 명, 유학자 30여 명, 스님과 일반 신도들 1,000여 명이 한자리에 모여 예를 올리며, 법의 요지를 듣기를 원하였다.

대사께서 대중에게 말씀하셨다. "여러분! 보리(菩提, 깨달음)의 자성은 본래 청정하니, 단지 이 (청정한) 마음을 사용하면 곧 부처가 되는 것입니다. 여러분! 잠시 저(惠能)의 수행해 온 과정과 법을 얻은 인연을 들어 보십시오. 저의 아버지 고향은 범양(范陽)이며, 관직을 빼앗기고 영남(嶺南)으로 유배되어 신주(新州)의 백성이 되었습니다. 저는 불행하게도 아버지를 일찍 여의었고, 어머니는 홀로 남아 남해(南海)로 이사하여, 어렵고 가난한 생활 속에서 시장에서 땔감을 팔았습니다. 그때, 한 손님이 땔감을 사서 여관에 가져다 달라고 하였습니다. 손님에게 나무를 건네고 돈을 받아 문 밖으로 나올 때에, 한 손님이 경전을 읽는 것을 보았는데, 그때 경전의 말씀을 한번 듣고 곧장 마음이 열려 깨달음을 얻었습니다. 그래서 물었습니다. '손님은 어떤 경전을 읽고 계십니까?' 손님이 대답했습니다. '《금강경》입니다.' 또 물었습니다. '어디서 오셨기에 이런 경전을 가지고 있습니까?' 손님은 대답했습니다. '나는 기주 황매현 동선사(東禪寺)에서 왔습니다. 그 절은 오조 홍인대사가 주석하며 교화하시는데, 제자가 천여 명 있습니다. 나도 그곳에 가서 예배하고 이 경을 듣고 받았습니다. 대사께서는 항상 승속(僧俗)에게 다만 《금강경》의 뜻을 지니면, 그대로 스스로 성품을 보아 곧장 부처를 이루어 마친다고 하셨습니다.' 저는 이 말을 듣고 숙세의 인연이 있음을 알았습니다. 때마침 그 손님이 은 10냥을 저에게 주며, 그것으로 어머니의 의식비를 충당하고, 곧바로 황매에 가서 오조를 참배하라고 하였습니다."

저는 어머니가 편히 계시도록 하며 작별을 하고 떠나서 30여 일이 지나지 않아 황매에 도착하여 오조(五祖)에게 예배드렸습니다. 오조께서 물으셨습니다. "너는 어디 사람이고, 무엇을 구하고자 하느냐?"

---

[1] 광효사는 '비풍비번(非風非幡)'의 화두를 낳은 곳이며, 혜능 스님의 삭발수계 도량이다. 옛 이름은 법성사.

제가 답했습니다. "제자는 영남(嶺南) 신주(新州) 백성으로, 먼 길을 와서 스승께 예배드립니다. 다만 부처가 되고자 할 뿐, 다른 것은 구하지 않습니다."

오조께서 말씀하셨습니다. "네가 영남 사람이면 야만인(獦獠)인데, 어떻게 부처가 될 수 있겠느냐?"

제가 답했습니다. "사람에게 남쪽과 북쪽의 구분은 있을지라도, 부처의 성품(佛性)에는 본래 남북이 없습니다. 야만인의 몸이 비록 스님과 다를지라도, 부처의 성품에 무슨 차이가 있겠습니까?"

오조께서 더 말씀하시려 하였으나, 많은 제자들이 주위에 있음을 보고, 저에게 대중을 따라서 일을 하라고 말씀하셨습니다.

제가 여쭈었습니다. "스님, 제자는 본래 마음에서 항상 지혜가 생기며, 본성을 떠나지 않는 것이 곧 복전(福田)이라 생각합니다. 스님께서는 저에게 어떤 일을 맡기시고자 하십니까?"

오조께서 말씀하셨습니다. "이 야만인은 근기가 매우 뛰어나구나! 다시는 말하지 말고 방앗간으로 가거라."

저는 뒷마당으로 가서 한 수행자의 지시에 따라 장작을 패고 절구를 밟아 곡식을 찧는 일을 하였습니다. 8개월이 지난 어느 날, 오조께서 갑자기 저를 찾아와 말씀하셨습니다. "나는 네가 법을 볼 수 있는 경지에 이르렀음을 알고 있었지만, 악한 사람들이 너를 해칠까 두려워 일부러 너와 말을 나누지 않았다. 너도 알고 있었느냐?"

제가 답했습니다. "제자 역시 스승님의 뜻을 알고 있었습니다. 감히 법당 앞에 나아가지 않고, 사람들이 알아차리지 못하게 지냈습니다."

어느 날, 오조(五祖)께서 모든 문도를 불러 말씀하셨다. "내가 너희에게 말하노니, 세상 사람들에게 있어 생사의 문제는 가장 큰일이다. 그런데 너희들은 하루 종일 복전(福田)만을 구할 뿐[2], 생사의 고해(苦海)에서 벗어나려 하지 않는구나. 만약 스스로의 본성을 깨닫지 못한다면, 복이 어찌 너희를 구제할 수 있겠느냐? 너희들은 각자 가서 자신의 지혜를 살펴보고, 본래 마음속의 반야(般若, 지혜)의 본성을 찾아 한 편의 게송(偈頌, 깨달음을 표현한 시)을 지어 나에게 가져오너라. 만약 그 뜻을 크게 깨달은 자가 있다면, 내가 그에게 법(法)과 가사를 전하여 제6대 조사가 되게 하리라. 매우 급하니 빨리 가라, 결코 지체해서는 안 된다. 생각으로 헤아려서 되는 것이 아니니라. 본성을 깨달은 사람이라면, 한마디의 말에도 즉시 깨달음을 얻을 것이다. 만약 그러한 경지에 이른다면, 설령 칼날이 빙빙 도는 전쟁터 한가운데에서도 본성을 볼 수 있을 것이다."(이 말씀은 근기가 예리한 자를 가리키는 비유이다.)

제자들은 분부를 받고 물러나 서로 말하였다. "우리 같은 사람들이 굳이 마음을 가다듬고 게송을 지어 스승께 올린다고 한들, 무슨 소용이 있겠는가? 지금 신수

---

2) 단순히 불공을 드리거나 선행을 베푸는 것에만 집착하고, 깨달음을 얻어 자유인이 되고자 노력하지 않는 태도.

(神秀) 상좌(上座)께서 이미 교수사(敎授師)로 계시니, 분명히 그분이 조사의 지위를 받을 것이다. 우리가 괜히 게송을 지어 보인다고 해도 헛되이 힘을 낭비하는 것뿐이다." 이 말을 들은 다른 이들도 모두 마음을 접고 말하였다. "우리야말로 장차 신수 스승을 따를 터인데, 무엇하러 애써 게송을 지으려 하겠는가?"

이때 신수 스님은 홀로 깊이 생각하였다. '다른 사람들이 게송을 올리지 않는 것은, 내가 그들의 교수사이기 때문이다. 그러니 나는 반드시 게송을 지어 스승께 올려야 한다. 만약 올리지 않는다면, 스승께서 어찌 나의 깨달음의 깊이를 아실 수 있겠는가? 내가 게송을 올리는 것이 법을 구하기 위한 것이면 옳은 일이지만, 만약 조사의 지위를 얻고자 하는 마음이 있다면 그것은 그릇된 것이다. 그것은 도리어 범부의 마음과 다름없이 성인의 지위를 빼앗으려는 것과 무엇이 다르겠는가? 하지만 만약 게송을 올리지 않는다면, 끝내 법을 얻지 못할 것이다. 아, 어렵구나, 어려워!'

오조(五祖)의 법당 앞에는 세 칸짜리 복도가 있었는데, 마침 공봉(供奉)[3] 노진(盧珍)에게 《능가경(楞伽經)》 변상도(變相圖)와 오조의 법맥도(法脈圖)를 그려 후대에 전하고 예경하도록 하려 하였다. 이때 신수(神秀)는 게송을 완성한 뒤 여러 차례 스승께 올리려 했으나, 법당 앞에 이르기만 하면 마음이 흔들리고 온몸에 땀이 흘러 결국 올리지 못하였다. 이렇게 앞뒤로 나흘 동안, 열세 번이나 게송을 올리지 못하였다.

그러자 신수는 스스로 생각하였다. '차라리 복도 벽에 써 두고 스승께서 보시도록 하자. 만약 스승께서 이 게송을 좋다고 하시면 나아가 예배드리며, 이것이 제가 지은 것이라 말씀드리면 될 것이다. 하지만 만약 보잘것없다고 하시면, 이것은 내가 괜히 산속에서 수년 동안 머물며 사람들의 예배를 받았을 뿐일 터이니, 더 이상 무슨 수행을 할 수 있겠는가?'

그날 밤 삼경(三更, 밤11~01시)이 되어, 아무도 모르게 스스로 등불을 들고 남쪽 복도 벽에 게송을 써서 자신의 깨달음을 표현하였다. 게송은 다음과 같았다.

몸은 보리수[4]요 (身是菩提樹),
마음은 밝은 거울대[5]라 (心如明鏡臺).
때때로 부지런히 털고 닦아 (時時勤拂拭)
티끌과 먼지가 묻지 않게 하라 (勿使惹塵埃).

신수(神秀)는 게송을 쓴 후, 곧바로 방으로 돌아갔으나, 사람들은 그가 무엇을 했는지 알지 못했다. 신수는 다시 생각했다. "내일 오조께서 이 게송을 보시고 기뻐

---

3) 관직(官職) 이름
4) 부처님이 보리수 아래에서 깨달음을 얻으셨다 하여 '수행과 깨달음'을 상징함 (깨달음이 이루어지게 되는 나무).
5) 명경대(明鏡臺) 혹은 거울대(鏡臺)란 단순히 비추는 거울이 아니라, 거울이 놓여 있는 바탕, 즉 '기반'을 의미한다.

하시면, 그것은 내가 법과 인연이 있다는 뜻일 것이다, 그러나 만약 미흡하다고 하신다면, 그것은 다름 아닌 내가 미혹되어 숙업(宿業)의 장애가 크기 때문에 법을 얻을 수 없는 것일 게다. 성스러운 뜻은 가늠하기 어렵구나!" 방 안에서 생각에 잠겨, 앉고 눕고 하여도 마음이 편하지 않았다. 그렇게 밤을 새워 오경(五更, 새벽 3~5시)까지 계속되었다. 오조는 이미 신수가 아직 문(門)에 들어오지 못하고 자성(自性)을 깨닫지 못한 것을 알고 있었다.

날이 밝자, 오조(五祖)께서 화공(畵工)인 노공봉(盧供奉)을 불러 남쪽 복도의 벽에 변상도(變相圖)를 그리도록 하셨다. 그런데 뜻밖에도 벽에 적힌 게송(偈頌)을 발견하고 말씀하셨다. "공봉(供奉)은 굳이 그림을 그릴 필요가 없겠소. 멀리서 수고스럽게 와 주었는데 헛수고하게 되었구려. 경전에 이르기를, 『모든 형상 있는 것은 다 허망한 것이다.』라고 하였소. 그냥 이 게송을 그대로 남겨두고, 사람들이 이를 외우고 간직하게 하면 되겠소. 이 게송에 따라 수행하면 악도(惡道)에 떨어지지 않을 것이며, 이 게송에 따라 수행하면 큰 이익을 얻을 것이오." 그리고 문도들에게 향을 사르고 공경히 예배한 후, 모두 이 게송을 암송하게 하셨다. 문도들이 게송을 외우면서 모두 감탄하며 찬탄하였다. "참으로 훌륭하구나!"

어느 날 밤 삼경(三更)에 오조(五祖)께서 신수(神秀)를 법당으로 불러 물으셨다. "이 게송(偈頌)은 네가 지은 것이냐?" 신수가 대답하였다. "참으로 제가 지은 것입니다. 감히 조사의 자리를 구하고자 한 것은 아니오니, 부디 스님께서 자비를 베푸시어, 제자가 조금이나마 지혜가 있는지 살펴 주십시오."

오조께서 말씀하셨다. "네가 지은 이 게송은 아직 본성을 보지 못한 것이다. 이는 문밖에 다다랐을 뿐, 문 안으로 들어오지는 못한 것과 같다. 이러한 깨달음으로는 무상보리(無上菩提, 최고의 깨달음)를 구해도 이를 수 없느니라. 무상보리는 한 마디 말 속에서 스스로 본래 마음을 깨닫고, 스스로의 본성을 보아 그것이 생멸(生滅)이 없음을 알아야 한다. 언제나 생각 생각에 스스로 만법이 걸림이 없음을 보니, 하나가 참되니 일체가 참되고, 만 가지 경계가 스스로 여여(如如, 그대로 그러) 하며, 여여(如如)한 그 마음이 바로 진실한 것이다. 만약 이와 같이 본다면, 그것이 곧 무상보리의 본래 성품이다. 너는 당분간 가서 하루 이틀 동안 더 깊이 생각하고, 다시 한 편의 게송을 지어 나에게 가져오너라. 만약 그 게송이 문 안으로 들어올 수 있다면, 너에게 가사와 법을 전해 주겠다."

신수는 예를 올리고 물러났다. 그러나 며칠이 지나도록 새로운 게송을 완성하지 못하고, 마음이 혼란스러워지고 정신이 불안해졌다. 마치 꿈을 꾸는 것처럼 어지러웠고, 앉으나 서나 편치가 않았다.

어느 날, 이틀이 지난 후, 한 동자가 방앗간을 지나가며 신수(神秀)의 게송을 외우고 있었다. 혜능(惠能)은 그 소리를 듣자마자, 그 게송이 아직 본성을 보지 못한 것임을 알아차렸다. 비록 가르침을 직접 받아본 적은 없었으나, 이미 그 뜻을 깊이 이해하고 있었다. 혜능이 동자에게 물었다. "네가 외우고 있는 게송이 무엇이냐?" 동자가 대답했다. "너 같은 야만인은 알 리가 없지. 대사(五祖)께서 말씀하시길, '세상 사람들에게 있어 생사의 문제는 가장 큰일이다. 가사와 법(法)을 전하고자 하니 너희들은 게송을 지어 보이라. 만약 그 뜻을 크게 깨달은 자가 있다면, 그에게 법을 전할 것이다.' 하셨는데, 신수 상좌께서 남쪽 복도 벽에 무상(無相)의 게송을 써 놓았고, 대사께서는 모든 사람이 그 게송을 외우게 하셨소. 이 게송을 따라 수행하면, 악도(惡道)에 떨어지지 않으며 큰 이익을 얻게 된다 하셨소."

혜능이 말했다. (다른 책본에는 '나 또한 이 게송을 외워서 내생來生의 인연을 맺고 싶다'라는 문장이 있음.) "상인(上人)[6]이여! 저는 이 방앗간에서 8개월 넘게 일했지만, 한 번도 법당 앞에 나가 본 적이 없습니다. 부디 저를 게송 앞까지 인도하여 예배드릴 수 있도록 해주십시오." 그러자 동자는 혜능을 게송이 쓰여 있는 벽 앞까지 데려갔고, 혜능은 게송을 향해 절을 올렸다. 그리고 말했다. "나는 글을 알지 못하니, 상인께서 읽어주시면 감사하겠습니다." 마침 그곳에 강서(江州)의 별가(別駕, 지방 관직)로 있던 장일용(張日用)이라는 사람이 있었는데, 그는 큰 소리로 게송을 읽어주었다. 혜능이 다 듣고 난 후 말했다. "저도 한 편의 게송을 지었으니, 별가님께서 써주실 수 있겠습니까?"

별가가 말했다. "네가 게송을 짓는다고? 그것 참 희한한 일이로군." 그러자 혜능이 별가에게 말했다. "무상 보리를 배우고자 한다면, 초학자를 가벼이 여겨서는 안 됩니다. 가장 낮은 지위에 있는 사람도 가장 높은 지혜가 있을 수 있으며, 가장 높은 지위에 있는 사람도 뜻과 지혜가 없는 사람이 있을 수 있습니다. 만약 사람을 업신여긴다면, 무량무변한 죄를 짓는 것입니다." 이에 별가가 말했다. "그럼 게송을 외우시게, 내가 그것을 쓰도록 할 테니. 만일 자네가 법을 얻게 되면, 제일 먼저 나를 제도해 주게. 이 말을 잊지 말게." 그리하여 혜능이 게송을 읊었다.

보리는 본래 나무가 없고 (菩提本無樹),
명경(明鏡) 또한 명경대(臺)에 있는 것이 아니네 (明鏡亦非臺).
본래 한 물건도 없는데 (本來無一物),
어디에 티끌과 먼지가 일겠는가 (何處惹塵埃)?

이 게송이 써지자, 대중들은 모두 깜짝 놀라며 감탄하지 않는 이가 없었다. 서로 말하며 이르기를, "놀랍구나! 사람을 외모로만 판단해서는 안 되겠구나. "어찌 이렇게 오랫동안 그가 보살임을 알아보지 못했단 말인가?" 하였다. 오조(五祖)는 사람들이 크게 놀라며 수군거리는 것을 보고, 혹여나 누군가 혜능에게 해를 가할까 염려하여, 신발로 게송을 문질러 지워버리며 말씀 하셨습니다. "아직 본성을 보지 못하였다." 대중들은 그 말을 듣고 모두 그러하다고 여겼다.

다음 날, 오조(五祖)께서 몰래 방앗간으로 가서 보니, 혜능(惠能)이 허리에 돌을 매고 방아를 찧고 있었다. 오조가 말씀하셨다. "도를 구하는 사람은 법을 위해 몸을 잊어야 하는 것인데, 마땅히 (너는) 그와 같은가?" 그러고 나서 물으셨다. "쌀이 다

---

[6) 승려를 높여 이르는 말

익었느냐?"

혜능이 대답하였다. "쌀은 오래전에 익었으나, 아직 체로 쳐내는 것이 부족합니다."

오조는 지팡이로 절구를 세 번 치고 떠나셨다. 혜능은 곧장 오조의 뜻을 깨닫고, 밤 삼경(三更)에 방으로 들어갔다. 오조는 가사를 둘러쳐 가리고 아무도 보지 못하게 한 후, 《금강경》을 설하였다. 그러다 "머무는 바 없이 그 마음을 낸다(應無所住而生其心)"는 구절에 이르자, 혜능은 그 자리에서 크게 깨달았다; "일체의 만법이 자신의 본성에서 떠나지 않는 구나!" 그리하여 오조께 아뢰었다. :

어찌 알았으리오, 자성(自性)이 본래 청정한 줄을!
어찌 알았으리오, 자성이 본래 나지도 멸하지도 않는 줄을!
어찌 알았으리오, 자성이 본래 구족(具足)한 줄을!
어찌 알았으리오, 자성이 본래 흔들림이 없는 줄을!
어찌 알았으리오, 자성이 능히 만법을 낳는 줄을!

오조께서는 혜능이 본성을 깨달은 것을 아시고 말씀하셨다. "본래 마음(本性)을 알지 못하면, 법을 배워도 소용이 없느니라. 만약 스스로 본래 마음을 깨닫고 본성을 보면, 그것이야말로 장부(丈夫)이자, 천인(天人)의 스승이며, 부처(佛)라 할 것이다." 이렇게 하여 한밤중에 법을 전하셨으나, 그 누구도 이를 알지 못했다. 그리하여 혜능에게 돈오(頓悟)의 가르침과 법맥(衣鉢)을 전하며 말씀하셨다. "너는 이제 6대 조사(祖師)가 되느니라. 마땅히 스스로를 잘 보호하며 널리 중생을 제도하고, 이 법이 끊어지지 않도록 먼 미래까지 널리 퍼뜨리도록 하여라." 그리고 게송을 읊으셨다. :

유정(有情)이 와서 씨를 심으니,
그 원인된 땅에서 다시 열매가 나리라.
무정(無情)은 이미 씨가 없으니,
성품도 없고 생(生)도 없느니라.

조사가 다시 말했다. "옛날 달마 대사께서 처음 이 땅에 오셨을 때, 사람들이 그를 믿지 않았다. 그래서 이 가사를 전하여 믿음의 증표로 삼아, 대대로 이어지게 하셨다. 그러나 법(法)이란 마음에서 마음으로 전하는 것이며, 모두 스스로 깨닫고 이해하도록 하는 것이다. 예로부터 부처는 부처에게 본래의 진리를 전하고, 스승은 제자에게 본래의 마음을 은밀히 전해 주었느니라. 그러나 이 가사(衣)는 다툼의 원인이 될 것이니, 이제 너는 전하지 말아라. 만약 이 가사를 전하면, 네 목숨이 실에 매달린 것처럼 위태로울 것이다. 너는 서둘러 떠나거라, 사람들이 너를 해칠까 두렵다."

혜능이 여쭈었다. "어디로 가야 합니까?"

조사가 대답하였다. "회(懷)를 만나면 멈추고, 회(會)를 만나면 숨어 지내라."[7] 혜능은 밤 삼경(三更)에 가사와 발우(衣鉢)를 전수받고 말했다. "저는 본래 남쪽 지방 출신이라, 이 산길을 잘 알지 못합니다. 어떻게 하면 강어귀까지 나갈 수 있겠습니까?"

오조가 말씀하셨다. "걱정할 필요 없다. 내가 너를 직접 데려다 주겠다." 조사는 혜능을 배웅하여 바로 구강역(九江驛)에 이르렀다. 혜능에게 배에 오르라고 하셨고, 직접 노(艫)를 저어 주었다. 이에 혜능이 말했다. "부디 스승께서는 앉으십시오, 제자가 마땅히 노를 젓겠습니다." 그러자 오조가 말씀하셨다. "마땅히 내가 너를 저쪽으로 건너가도록 하겠다." 혜능이 말했다. "미혹할 때는 스승이 제자를 건네주시지만, 깨달음에 이른 후에는 스스로 건너가야 합니다. 비록 '건넌다(度)'는 말은 같으나, 그 쓰임은 다릅니다. 저 혜능은 변방에서 태어나 말씨도 바르지 못하나, 스승님께 법을 전해 받고 이제 깨달음을 얻었습니다. 그러므로 오직 자성(自性)으로 스스로 건너는 것이 합당합니다."

오조가 말씀하셨다. "그렇고, 그렇다! 앞으로 불법(佛法)은 너로 인해 크게 행해질 것이다. 네가 떠난 후 3년이 지나면 내가 세상을 떠나게 되리라. 너는 이제 조심해서 남쪽을 향해 힘써 가거라. 너무 성급히 설법하지 말라. 불법(佛法)은 세우기 어렵느니라."

혜능(惠能)은 스승과 작별한 후 남쪽으로 길을 떠났다. 두 달 동안 걸어가 대유령(大庾嶺)에 이르렀다. [한편, 오조(五祖)께서는 돌아와서 며칠 동안 설법을 하지 않으셨다. 대중들이 의아하게 여겨 물었다. "스님께서는 병이 나셨습니까? 혹은 근심이라도 있으신지요?" 오조께서 말씀하셨다. "병은 없지만, 법과 가사는 이미 남쪽으로 갔느니라." 대중들이 다시 물었다. "누가 전수받았습니까?" 오조께서 대답하셨다. "(혜)능能이 그것을 얻었느니라." 이제야 대중들은 그 사실을 알게 되었다.]

그 후 몇 백 명이 혜능을 쫓아가 법의 상징인 가사와 발우(鉢)를 빼앗으려 하였다. 그중에 한 사람, 속성이 진(陳)이며 이름은 혜명(惠明)이라고 하는 승려가 있었다. 그는 원래 품계가 사품(四品) 장군이었으며, 성격이 거칠고 급했는데, 사력을 다해 쫓아 와서 무리에 제일 앞질러 혜능을 뒤 쫓았다. 혜능은 가사와 발우를 바위 위에 던지며 말했다. "이 가사는 믿음의 상징일 뿐이다. 힘으로 다툴 것이냐?" 그리고는 풀숲에 몸을 숨겼다. 혜명이 도착하여 가사를 집어 들려 하였으나 전혀 움직이지 않았다. 이에 소리쳐 불렀다. "행자(行者)여! 행자여! 나는 법을 구하러 온 것이지, 가사를 빼앗으러 온 것이 아니오!" 그러자 혜능이 나와 바위 위에 앉았다. 혜명이 예를 올리며 말했다. "행자께서 저를 위해 법을 설해 주시기를 바랍니다." 혜능이 말했다. "네가 이미 법을 구하러 왔다면, 모든 인연을 끊고 일체의 생각을

---

7) 회(懷)는 회집현(懷集縣)으로 현재 광둥성 서북부, 회(會)는 사회현(四會縣, 지금은 四會市)으로 광둥성 중서부 지역.

내지 말라. 그러면 내가 너를 위해 설하리라." 혜명이 침묵하며 고요히 했다.

그러자 혜능이 말했다. "선을 생각하지도 말고, 악을 생각하지도 말라. 바로 이와 같은 순간에, 그대의 본래 면목(本來面目)은 무엇인가?"

혜명은 그 자리에서 큰 깨달음을 얻었다. 그리고 다시 물었다. "방금 하신 깊은 말씀 외에, 또 다른 은밀한 가르침이 있습니까?"

혜능이 대답했다. "내가 네게 말한 것은 무슨 은밀한 것이 아니다. 네가 스스로 돌이켜 본다면, 그 은밀한 가르침은 바로 네 안에 있다."

혜명이 말했다. "저는 비록 황매에 있었으나, 사실 제 본래 면목을 알지 못했습니다. 그러나 이제 행자의 가르침을 받아 마치 사람이 물을 마시면 차고 더운 것을 스스로 알듯이 깨달음을 얻었습니다. 이제 행자가 바로 저의 스승이십니다."

혜능이 말했다. "네가 이와 같이 깨달았다면, 너와 나는 같은 스승인 황매 오조의 제자이다. 스스로 잘 지키도록 하라."

혜명이 다시 물었다. "이제 저는 어디로 가야 합니까?"

혜능이 말했다. "원(袁)을 만나면 멈추고, 몽(蒙)을 만나면 머물도록 하시오."

혜명은 절을 올리고 작별하였다. [그 후 혜명은 대유령 아래로 내려가 무리들에게 말했다. '험한 산길을 올랐으나 그의 흔적을 찾을 수 없었으니, 다른 길로 찾아보자.' 뒤쫓던 무리들은 모두 그의 말에 그러려니 했다. 그 후 혜명은 자신의 이름을 '도명(道明)'으로 바꾸었는데, 이는 스승 혜능의 이름 '혜(惠)'자를 피하기 위함이었다.]

혜능은 이후 조계(曹溪)로 갔으나, 다시 악인들이 그를 찾아 쫓아왔다. 이에 사회(四會)에서 난을 피해 사냥꾼 무리 속에 숨어 지냈고, 그렇게 15년을 보냈다. 그는 사냥꾼들과 함께 지내면서 때때로 법을 설하였다. 사냥꾼들은 그에게 그물을 지키게 했으나, 그는 생명을 보면 모두 놓아주었다. 식사 때가 되면 채소를 고기 삶는 솥에 넣어 함께 끓였고, 누군가 이유를 묻자 "나는 고기 옆의 채소만 먹는다."라고 대답했다.

어느 날, 혜능은 이렇게 생각했다. "이제 때가 되었으니, 법을 널리 펼쳐야 한다. 끝까지 숨어 지낼 수는 없다." 이에 광주(廣州)의 법성사(法性寺)로 나아갔다. 그때 마침 인종(印宗) 법사가 《열반경(涅槃經)》을 강설하고 있었다. 그때, 바람이 깃발을 흔들자 한 스님이 "바람이 움직인다."라고 하였고, 다른 스님은 "깃발이 움직인다."라고 하며 논쟁을 벌이고 있었다. 혜능이 나아가 말하였다. "바람이 움직이는 것도 아니고, 깃발이 움직이는 것도 아니다. 움직이는 것은 다름 아닌 그대들의 마음이다." 이에 대중은 크게 놀라워했다. 인종 법사는 혜능을 높은 자리에 앉히고 깊은 뜻을 물었다. 그는 혜능이 말은 짧으나 이치에 맞고 문자에 의지하지 않는 것을 보고 말했다. "이 행자는 반드시 범상한 인물이 아니다. 오래전부터 황매(黃梅, 오조 홍인)가 법과 가사를 남쪽으로 전했다고 들었는데, 혹시 그대가 그 행자가 아닌가?" 혜능이 대답하였다. "그렇다고 말하려니 좀 ..." 이에 인종 법사는 예를 갖추고, 혜능이 전수받은 법맥(衣鉢, 가사와 발우)을 대중에게 보여 줄 것을 요청하였다. 또한 인종 법사는 다시 물었다. "황매(홍인) 스님께서는 법을 어떻게 전수하셨습니까?"

혜능이 대답했다. "따로 가르침을 준 것은 없습니다. 다만 '본성을 깨닫는 것(見性)'을 말할 뿐, '선정(禪定)'이나 '해탈(解脫)'을 논하지 않았습니다."

인종이 물었다. "왜 선정과 해탈을 논하지 않는 것입니까?"

혜능이 대답했다. "그것은 두 가지 법이므로 불법(佛法)이 아닙니다. 불법은 '둘이 아닌 법(不二法)'입니다."

인종이 다시 물었다. "어떤 것이 '불이법(不二法)'입니까?"

혜능이 대답했다. : 법사께서 강설하신 《열반경》에 불성을 밝혀 놓았는데, 그것이 불법의 불이법(不二法)입니다. 고귀한 덕왕보살(高貴德王菩薩)이 부처님께 여쭙기를 "사중금계(四重禁戒)[8]를 범하거나 오역죄(五逆罪)[9]를 짓거나, 일천제(一闡提)[10]라면 선근(善根)과 불성이 끊어지는 것입니까?" 하니, 부처님께서 대답하셨습니다. "선근에는 두 가지가 있으니, 그 하나는 '항상 하는 것(常)과 항상 하지 않는 것(無常)'이니라. 그러나 불성은 항상 하는 것도 아니고, 항상 하지 않는 것도 아니므로, 끊어지지 않는다. 이것을 바로 '불이(不二)'라 한다. 다른 하나는 '선한 것(善)과 선하지 않은 것(不善)'이다. 불성은 '선한 것도 아니고, 선하지 않은 것도 아니므로' 이것을 '불이(不二)'라 한다. 오온(蘊)과 십팔계(界)를 범부는 둘(二)이라 여기나, 지혜로운 이는 그 성품에 둘이 없음(無二)을 료달하니, 둘이 없음(無二)의 성품이 바로 불성이니라."

인종 법사는 이 말을 듣고 크게 기뻐하며 합장하고 말했다. "나의 강설은 마치 깨진 기와 조각 같고, 그대의 논의는 마치 순금(純金)과 같소이다!" 이에 그는 혜능에게 머리를 깎아주며 스승으로 모시겠다고 청하였다. 그리하여 혜능은 보리수(菩提樹) 아래에서 '동산법문(東山法門)'을 열었다.

혜능이 말했다. "나는 동산(東山, 황매산)에서 법을 얻을 때, 온갖 고난을 겪었으며, 목숨이 마치 실에 매달린 듯 위태로웠소. 그러나 오늘, 이렇게 사군(使君=자사刺史)과 관료들, 스님들과 여러 재가자분들이 함께 모인 것은 여러 생에 걸쳐 맺

---

[8] 승려가 절대 범해서는 안 되는 네 가지 무거운 계율로 출가수행자가 어기면 승단에서 추방되는 계율; 사바라이죄(波羅夷罪).
살생(殺生): 사람을 죽이는 것
도둑질(偸盜): 남의 물건을 훔치는 것
사음(邪淫): 승려가 성적인 관계를 맺는 것
망어(妄語): 깨닫지 못한 자가 깨달았다고 거짓말하는 것

[9] 가장 무거운 다섯 가지 죄; 지옥에 떨어지는 중대한 악업
살부(殺父): 아버지를 죽이는 것
살모(殺母): 어머니를 죽이는 것
살아라한(殺阿羅漢): 아라한(깨달은 성자)을 죽이는 것
출불신혈(出佛身血): 부처님 몸에 상처를 내어 피를 흘리게 하는 것
파화합승(破和合僧): 승단(僧團)을 분열시키는 것

[10] 불법을 전혀 믿지 않거나 거부하는 자(불성을 부정하고, 깨달음을 추구하지 않는 사람); 초기 경전에서는 "구제받을 수 없는 존재"로 여겨졌으나, 대승불교에서는 모든 중생이 결국은 구제될 수 있다고 봄.

어온 깊은 인연이고, 또한 과거 생에서 여러 부처님을 공양하며 함께 선근(善根)을 심었기에, 여러분들이 바야흐로 비로소 이상과 같은 돈교(頓敎)의 가르침을 듣고 깨달음을 얻는 인연이 된 것입니다. 이 가르침은 옛 성현들이 전해주신 것이지, 내 자신의 지혜가 아닙니다. 부디 선대 성현들의 가르침을 듣고자 하는 분들은, 각자가 마음을 깨끗이 하고, 듣고 난 후에는 스스로 의심을 버리기를 바랍니다. 그러면 옛 성인들과 다르지 않게 될 것이오." 그 말을 들은 모든 사람들은 크게 기뻐하며, 예를 올리고 물러갔다.

## 2. 반야품(般若品)

　　다음 날, 위사군(韋使君)이 더 배우기를 청하였다. 스승께서 법좌에 올라 대중에게 말씀하셨다. "마음을 깨끗이 하여 '마하반야바라밀다(摩訶般若波羅蜜多)'를 염송하시오." 그리고 다시 말씀하셨다. "여러분! 보리(菩提)와 반야(般若)의 지혜는 세상 사람들이 본래부터 지니고 있는 것입니다. 다만 마음이 미혹하여 스스로 깨닫지 못할 뿐이니, 반드시 훌륭한 선지식(善知識)의 인도를 받아 본성을 보아야 합니다. 마땅히 알아야 할 것은, 어리석은 사람도 지혜로운 사람도 부처의 성품은 본래 차별이 없지만, 다만 미혹함과 깨달음의 차이로 인해 어리석음과 지혜로움의 차이가 생기는 것입니다. 이제 내가 마하반야바라밀 법을 설하여 여러분들이 각자 지혜를 얻도록 하겠으니, 정성을 다해 잘 들으십시오. 여러분들을 위해 설하겠습니다. 여러분! 세상 사람들은 하루 종일 반야를 입으로 외우지만, 자기 본성의 반야를 알지 못합니다. 이는 마치 음식에 대해 말하기만 하고 실제로 먹지 않아 배부르지 못한 것과 같습니다. 입으로만 '공(空)'을 말하고, 억겁의 세월이 흘러도 본성을 보지 못한다면, 아무런 이익이 없습니다. 여러분! '마하반야바라밀'은 범어(梵語)로 '큰 지혜로 저 언덕에 이른다'는 뜻입니다. 이는 마음으로 실천해야 하는 것이지, 입으로 외우는 데 있는 것이 아닙니다. 입으로 외우고 마음이 실천하지 않으면, 환상과 같고 허깨비와 같으며, 이슬과 같고 번개와 같은 것입니다. 입으로 외우면서 마음도 함께 실천하면, 마음과 입이 서로 상응합니다. 본성이 곧 부처이고, 본성을 떠나면 따로 부처가 없습니다. 무엇을 '마하(摩訶)'라 하는가? 마하는 '크다'는 뜻입니다. 마음의 품은 넓고 커서 허공과 같아 끝이 없으며, 네모지거나 둥글거나 크거나 작음도 없고, 청·황·적·백의 색깔도 없으며, 위아래나 길고 짧음도 없고, 성냄도 기쁨도 없으며, 옳고 그름도, 선과 악도, 처음과 끝도 없습니다. 모든 부처님의 세계는 허공과 같고, 세인의 묘한 성품은 본래 공(空)하여 하나의 법도 얻을 것이 없습니다. 자성(自性)의 진공(眞空) 또한 이와 같습니다. 여러분! 내가 '공'을 말한다고 하여 곧바로 '공'에 집착해서는 안 됩니다. 가장 먼저 '공'에 집착하지 말아야 합니다. 마음을 비운 채 가만히 앉아 있기만 하면, 이는 무기공(無記空)에 빠진 것입니다.

　　여러분! 이 세상의 허공은 만물의 형상을 담을 수 있어 해와 달, 별들, 산과 강, 대지, 샘과 계곡, 풀과 나무, 숲, 선한 사람과 악한 사람, 선한 법과 악한 법, 천당과 지옥, 큰 바다, 수미산과 같은 모든 것을 포함합니다. 세상 사람의 성품의 공(性空)도 이와 같습니다. 여러분! 자성(自性)은 만법을 포함할 수 있기에 크다고 하는 것이며, 모든 법이 사람들의 본성(性) 안에 있습니다. 만약 모든 사람, 선한 자와 악한 자를 보고도 집착하지 않고 버리지도 않으며 오염되지도 않는다면, 그 마음은 허공과 같으니 이를 '크다(摩訶)'고 합니다. 여러분! 미혹한 사람은 말로만 하지만, 지혜로운 사람은 마음으로 실천합니다. 또 미혹한 사람 가운데는 마음을 비운 채 조용히 앉아 아무런 생각도 하지 않으면서 자신이 위대하다고 하는 사람들이 있습니다. 이런 사람들과는 말을 섞을 수도 없습니다. 그들은 삿된 견해에 빠져있기 때문입니다.

여러분! 마음의 품이 넓고 크면 법계를 두루 통하여, 쓸 때는 분명히 알아차리며, 응용하면 곧 모든 것을 알게 됩니다. 모든 것은 하나이며, 하나가 곧 모든 것입니다. 자유롭게 오고 가며, 마음의 본체에 막힘이 없으니, 이것이 곧 반야입니다. 여러분! 모든 반야의 지혜는 다 자성(自性)에서 나오며, 외부에서 들어오는 것이 아닙니다. 뜻을 잘못 사용하지 마십시오. 이를 '참된 성품을 스스로 사용 한다'고 하니, '하나가 진실하면 모든 것이 진실하다'는 것입니다. 마음의 품이 큰 자는 좁은 길을 가지 않습니다. 입으로는 온종일 '공(空)'을 말하면서 마음속으로 이를 실천하지 않는다면, 마치 평범한 사람이 스스로 왕이라 칭하는 것과 같아서 결국 왕이 될 수 없는 것과 같습니다. 이런 사람은 저의 제자가 아닙니다."

여러분! 무엇을 '반야(般若)'라고 합니까? '반야'란 우리말로 '지혜(智慧)'라는 뜻입니다. 모든 장소, 모든 시간 속에서 매 순간 어리석지 않고 늘 지혜롭게 행동하는 것이 곧 '반야의 실천'입니다. 한 순간 어리석으면 반야는 끊어지고, 한 순간 지혜로우면 반야가 생깁니다. 세상 사람들은 어리석고 미혹하여 반야를 보지 못하고, 입으로는 반야를 말하지만 마음속에는 늘 어리석음이 가득하여, 늘 스스로 말하기를 "나는 반야를 닦는다." 하면서도 매 순간 공(空)을 말할 뿐, 진정한 공을 알지 못합니다. 반야는 형상이 없으며, 지혜로운 마음이 곧 반야입니다. 만약 이렇게 이해한다면, 이를 '반야의 지혜'라고 합니다. 무엇을 '바라밀(波羅蜜)'이라 합니까? 이는 인도 말이며, 우리말로 '저 언덕에 이른다(到彼岸)'는 뜻입니다. 그 의미는 '생멸(生滅)에서 벗어난다'는 것입니다. 경계(境)에 집착하면 생멸이 일어나니, 이는 마치 물에 물결이 있는 것과 같아서 '이 언덕(此岸)'이라고 합니다. 경계를 떠나 생멸이 없으면, 이는 마치 물이 항상 흐르는 것과 같아서 '저 언덕(彼岸)'이라고 하니, 그래서 이를 '바라밀'이라고 합니다. 여러분! 미혹한 사람은 입으로만 염송할 뿐, 염송할 때조차 망념과 잘못된 생각이 있습니다. 매 순간 실천하는 것이 곧 '참된 성품(眞性)'입니다. 이 법을 깨닫는 것이 '반야법(般若法)'이고, 이 행을 닦는 것이 '반야행(般若行)'입니다. 닦지 않으면 범부(凡夫)이고, 한결같은 마음의 수행은 스스로가 부처와 동등합니다. 여러분! 범부가 곧 부처이며, 번뇌가 곧 보리(菩提)입니다. 이전 순간 미혹하면 범부이고, 이후 순간 깨달으면 부처입니다. 이전 순간 경계에 집착하면 번뇌이고, 이후 순간 경계를 떠나면 보리입니다.

여러분! '마하반야바라밀(摩訶般若波羅蜜)'은 가장 존귀하고, 가장 뛰어나며, 가장 으뜸가는 법입니다. 그것은 머무름도 없고, 가고 옴도 없으며, 과거·현재·미래의 모든 부처님이 이 법에서 나옵니다. 마땅히 큰 지혜를 사용하여 오온(五蘊)과 번뇌의 티끌과 괴로움을 깨뜨려야 합니다. 이와 같이 수행하면 반드시 불도(佛道)를 이루게 되며, 탐·진·치(貪瞋癡) 삼독(三毒)을 계·정·혜(戒定慧)로 변화시킬 수 있습니다. 여러분! 내가 말하는 이 법문(法門)은 하나의 반야에서 비롯되어 팔만사천(八萬四千) 가지의 지혜를 낳습니다. 왜냐하면, 세상 사람들에게는 팔만사천 가지의 번뇌와 티끌이 있기 때문입니다. 만약 번뇌와 티끌이 없다면, 지혜는 항상 드러나고 자성을 떠나지 않습니다. 이 법을 깨닫는 사람은 곧 '무념(無念, 생각)'이며, '무억(無憶, 기억)'이요, '무착(無著, 집착)'이며, 거짓된 망상을 일으키지 않습니다. 자신의 진여(眞如)의 본성을 사용하여 지혜로써 관조하면 모든 법에서 취함도 버림도 없으니, 이것이 곧 자성을 보고 부처의 길을 이루는 것입니다. 여러분! 만약 깊고 심오한 법계(法界)와 반야삼매(般若三昧)에 들어가고자 한다면, 반드시 반야행을 닦고 《금강반야경(金剛般若經)》을 독송해야 합니다. 그러면 곧 자성을 보게 될 것입니다. 이 경전의 공덕은 한량없고 끝이 없음을 마땅히 알아야 됩니다. 경문 속에서도 분명히 찬탄하고 있지만 온전히 다 말할 수가 없습니다.

이 법문은 가장 높은 가르침(最上乘)이며, 큰 지혜를 지닌 사람들에게 설하는 것이며, 뛰어난 근기를 지닌 사람들에게 설하는 것입니다. 근기가 작고 지혜가 부족한 사람은 이 법문을 들어도 믿음을 내지 못합니다. 왜 그럴까요? 비유컨대 마치 큰 용(龍, 구름들)이 땅(閻浮提)에 비를 내리면, 성읍과 마을이 몽땅 떠내려가 마치 대추 잎처럼 표류하는 것과 같습니다. 그렇지만 바다에 비가 내리면 바다는 조금도 줄어들거나 불어나지 않습니다. 만일 대승인(大乘人)과 최상승인(最上乘人)이 《금강경》을 들으면 마음이 열리고 깨달음을 얻을 것입니다. 그러므로 본래 자성이 반야의 지혜를 갖추고 있어서, 스스로 그 지혜를 사용하여 항상 관조(觀照)하기 때문에 문자에 의존하지 않는다는 것을 알아야 합니다. '비유컨대 마치 빗물이 하늘에서 생기는 것이 아니라, 구름들이 일어나 모든 중생, 모든 풀과 나무, 유정(有情)·무정(無情) 모두가 그 은혜를 입고, 모든 강과 시냇물은 결국 큰 바다로 흘러들어 하나가 되듯이, 중생의 본성에 깃든 반야의 지혜도 이와 같습니다.'[11] 여러분! 근기가 작은 사람들은 이 돈교(頓敎)를 들으면 마치 뿌리가 약한 풀과 나무가 큰비를 만나는 것과 같습니다. 실로 모든 것이 스스로 쓰러지고 성장하지 못하는데 근기가 작은 사람들도 또한 그와 같습니다. 원래 있는 반야의 지혜는 대지혜인(大智人)과 본질적으로 다를 것이 없는데, 왜 법문을 듣고서 스스로 깨닫지 못하는 것일까요? 삿된 견해(邪見)의 장애가 깊고, 번뇌의 뿌리가 깊기 때문입니다. 마치 두터운 구름이 태양을 가려서, 바람이 불지 않으면 햇빛이 드러나지 못하는 것과 같습니다. 반야의 지혜에는 본래 크고 작음이 없지만, 모든 중생 스스로의 마음에 미혹함과 깨달음이 같지가 않아서 (지혜의 크고 작음)이 있습니다. 미혹한 마음으로 바깥을 찾아 수행하며 부처를 구할 뿐, 자성을 깨닫지 못하니 이것이 바로 근기가 작은 사람입니다. 만약 돈교를 깨달으면 밖에서 부처를 구할 필요가 없으며, 오직 자신의 마음속에서 항상 바른 견해(正見)를 일으킴으로, 번뇌와 티끌이 결코 물들지 못하니, 이것이 곧 자성을 보는 것(見性)입니다. 여러분! 안팎에 머물지 않고, 가고 옴이 자유롭고, 능히 집착하는 마음을 제거하면, 통달하여 막힘이 없습니다. 이러한 수행을 실천할 수 있다면 《반야경》과 조금도 차별이 없게 됩니다.

---

[11] * 하늘에 있는 구름들의 작용을, 용이 하늘에서 움직이는 모습으로 형상화한 표현으로 보며 '구름 작용'이라 번역함.
* 이 비유는 지혜와 본성을 비와 큰 바다에 대비하여 표현하고 있음.

여러분! 모든 수다라(修多羅, 경전)와 문자, 대승·소승의 가르침, 십이부경(十二部經)은 모두 사람으로 인해 세워진 것입니다. 지혜의 본성(智慧性)이 있기 때문에 비로소 성립된 것입니다. 만약 세상 사람이 없다면, 일체 만법(萬法)은 본래 존재하지 않습니다. 그러므로 모든 법은 사람으로 인해 생긴 것임을 알아야 합니다. 모든 경전(經書)도 사람이 말했기에 존재하는 것입니다. 사람 가운데 어리석은 자와 지혜로운 자가 있으니, 어리석은 자는 소인(小人)이고, 지혜로운 자는 대인(大人)입니다. 어리석은 자가 지혜로운 자에게 물으면, 지혜로운 자가 어리석은 자에게 법을 설합니다. 어리석은 자가 문득 깨달아 마음이 열리면, 지혜로운 자와 다를 것이 없습니다. 여러분! 깨닫지 못하면 부처도 중생이요, 한 생각 깨달으면 중생이 곧 부처입니다. 그러므로 모든 법은 오직 자신의 마음 안에 있는 것입니다. 어째서 자기 마음에서 곧장 '진여 본성(眞如本性)'을 보지 못하는 걸까요? 《보살계경(菩薩戒經)》에 이르기를, "내 본래 자성은 원래 청정하니, 만약 자기 마음을 알아 자성을 보면 모두 부처의 길을 이룬다." 하였으며, 《정명경(淨名經)》에서는 "즉시에 툭 트이니 본래 마음을 되찾는다." 하였습니다. 여러분! 나는 인(忍) 화상(和尙)의 가르침을 듣고, 한 마디 말씀에 바로 깨달아 곧 진여 본성을 보았습니다. 그래서 이 가르침을 널리 전하여 수행하는 자들이 즉각 보리를 깨닫게 하고자 합니다. 각자 자신의 마음을 관조하여 스스로 본성을 보아야 합니다. 스스로 깨닫지 못하면, 반드시 큰 선지식(善知識)을 찾아야 합니다. 가장 뛰어난 가르침(最上乘)을 깨달은 이가 곧장 바른 길을 가르쳐 줄 것입니다. 이러한 선지식은 큰 인연을 지닌 존재로서, 중생을 인도하여 자성을 보게 합니다. 모든 선법(善法)은 선지식이 있기 때문에 비로소 드러날 수 있는 것입니다. 과거·현재·미래의 모든 부처님과 십이부경(十二部經)은 본래 사람의 본성 안에 갖추어져 있습니다. 스스로 깨닫지 못하면 선지식의 가르침을 받아야 비로소 자성을 볼 수 있으며, 스스로 깨닫는다면 굳이 밖에서 구할 필요가 없습니다. 만약 항상 '다른 선지식을 통해서만 해탈할 수 있다'고 주장한다면, 그것은 옳지 않습니다. 왜냐하면, 자기 마음속에도 이미 선지식이 있어서, 스스로 깨달을 수 있기 때문입니다. 만약 삿된 미혹과 망념이 일어나고, 전도된 생각을 하면, 비록 바깥의 선지식이 가르쳐 주어도 구제받을 수가 없습니다. 그러나 만약 바른 반야(般若)의 지혜로 관조하면, 찰나의 순간에 망념이 모두 사라집니다. 만약 자성을 안다면 한 번의 깨달음으로 곧장 부처의 경지에 이를 것입니다. 여러분! 지혜로 관조하면 안팎이 모두 밝아지고, 스스로 본래 마음(本心)을 알게 됩니다. 본래의 마음을 알면, 곧 본래의 해탈(解脫)입니다. 해탈을 얻으면, 이것이 바로 반야삼매(般若三昧)요, 무념(無念)입니다. 무엇을 무념이라 하는가? 모든 법을 보되 마음이 집착하지 않는 것, 이것이 무념(無念)입니다. 그 작용은 모든 곳에 두루 하지만, 어떠한 곳에도 집착하지 않습니다. 다만 본래의 마음을 청정하게 하여, 여섯 가지 식(識)이 여섯 문(門)으로 나아가되, 여섯 가지 경계(塵) 속에서 물들지 않고 섞이지 않으며, 오고 감이 자유롭고, 막힘 없이 작용하는 것, 이것이 곧 반야삼매요, 자유로운 해탈이며, 무념의 실천입니다. 만약 모든 것들을 (아예) 생각하지 않으려고 한다면, 생각을 끊으려고 하는 것인데, 그것은 도리어 법(法)에 매이게 되는 것이며, 한쪽에 치우친 견해(邊見)입니다. 여러분! 무념의 법을 깨달으면 모든 법을 두루 통달할 것이며, 무념의 법을 깨달으면 모든 부처의 경계를 보게 될 것이며, 무념의 법을 깨달으면 부처의 지위(地位)에 이를 것입니다.

여러분! 훗날 나의 법을 얻은 사람이 장차 이 돈오(頓悟) 법문을, 같은 견해와 같은 실천 속에서 발원하고 수지한다면, (이것은) 부처님을 섬기는 것과 같으므로, 종신토록 물러나지 않고 반드시 성인의 경지에 이를 것입니다. 그러나 모름지기 전해줌(傳授)은 예로부터 (이심전심의) 묵전(默傳)으로 분부(分付)한 것이니 그 바른 법(이심전심으로 전함)을 은닉해서는 안 됩니다. 만약 같은 견해와 같은 수행이 아니라, 다른 법에 속한 사람에게는 전수해서는 안 됩니다. 그것은 앞선 선인(先人)들에게 손해를 끼치고, 결국 아무런 이익도 되지 못할 것입니다. 걱정스럽게도 어리석은 사람이 이 법문을 이해하지 못하고, 비방한다면, 백겁 천생(百劫千生) 동안 부처의 씨앗을 끊어버리게 될 것입니다. 여러분! 제게 한편의 무상송(無相頌)이 있으니, 모두 이를 외워 지니고, 재가자든 출가자든 이에 따라 수행해야 합니다. 만약 스스로 수행하지 않고, 단지 내 말을 기억만 한다면, 아무런 이익이 없을 것입니다. 저의 게송을 잘 들어 보십시오. :

설법에 통달하고 마음에 통달하니 마치 해가 허공에 있는 것과 같도다.
오직 견성법(見性法)을 전하니, 세상에 나타나 잘못된 가르침을 타파하네.
법에는 돈(頓)과 점(漸)이 없지만, 미혹함과 깨달음에서 더디고 빠름이 있네.
다만 이 견성문(見性門)은 어리석은 사람은 알 수가 없다네.
설(說)하는 법이 비록 만 가지라 해도, 이치를 합하면 결국 하나로 돌아오네.
번뇌의 어두운 집 속에서도 항상 지혜의 해를 떠오르게 해야 하리.
삿된 것이 오면 번뇌가 일어나고, 바른 것이 오면 번뇌가 사라지리.
삿됨과 바름을 함께 쓰지(用) 않으면, 청정함이 남김없이 이루어지리라.
보리는 본래 자신의 성품이니, 마음을 일으키면 그것이 곧 망상이라.
청정한 마음은 망상 속에서도 존재하니, 다만 바름을 지키면 삼장(三障)이 없으리라.
세상 사람이 도(道)를 닦고자 한다면, 모든 것이 다 방해되지 않을 것이고,
항상 스스로 자기의 허물을 보면 곧 도와 상응하는 것이리라.
모든 존재는 저마다의 도가 있어, 서로 방해하거나 해치지 않으니,
도를 떠나 따로 도를 찾는다면, 평생토록 보지 못하리라.
헤매고 헤매다 한평생을 보내고, 끝내는 스스로 후회하리라.
참된 도를 보고자 한다면, 행(行)이 바름이 곧 도 이니라.
스스로 도를 찾지 않는다면, 어둠 속을 걷듯이 도를 보지 못하리라.
참된 수도인(修道人)은 세간(世間)의 허물을 보지 않느니라.
만약 남의 그름을 본다면, 스스로의 그름이고 도리어 잘못된 것이 라네.

남이 그르고 나는 그르지 않다면, 나의 그름으로써 스스로의 허물이 되니.
다만 스스로 그른 마음을 물리치면, 번뇌를 제거하여 깨뜨리게 되리라.
미움과 사랑에 마음 두지 않으면, 두 다리 길게 뻗고 눕게 되리라.
남을 교화하고자 한다면, 스스로 모름지기 방편이 있어야 하니,
사람들에게 의심이 남아있지 않게 하면 곧 자성이 드러나게 될 것이니라.
부처님의 법은 세간에 있으니, 세간을 떠나서는 깨달음이 없네.
세간을 떠나 보리를 구한다면, 흡사 토끼의 뿔을 찾는 것과 다를 바 없으리.
바른 견해는 출세간이라 하고, 삿된 견해는 세간이라 하지만,
삿됨과 바름을 다 물리치니, 보리의 본성이 온전히 드러나네.
이 게송은 돈교(頓敎)이고, 또한 큰 법의 배(大法船)라 이름하니,
미혹하여 들으면 누겁을 경과하고, 깨달으면 찰나에 이르리라.

스승(惠能)께서 다시 말씀하셨다. "오늘 대범사(大梵寺)에서 이 돈오 법문을 설하노니, 온 법계의 중생들이, 이 말을 듣고 곧장 자성을 보아 부처가 되기를 바랍니다." 그때 위사군(韋使君)과 관리들, 도·속(道俗) 모두가 스님의 말씀을 듣고, 깨달음을 얻지 못한 이가 없었다. 모두 합장하여 예를 올리고, 감탄하며 말하였다. "참으로 훌륭하십니다! 어찌 예상이나 했으리오, 영남(嶺南)에 부처가 출세하시다니!"

## 3. 의문품(疑問品)

　　어느 날, 위자사(韋刺史)가 선사를 위해 대회재(大會齋)를 베풀었다. 재가 끝난 후, 자사가 선사에게 좌석에 오르도록 청하자, 동료 관리들과 선비, 서민들이 엄숙하게 다시 절하며 물었다. "제자가 듣자니, 선사님의 법문은 참으로 불가사의합니다. 지금 약간의 의문이 있으니, 대자비로 특별히 설명해 주시기를 바랍니다."

　　선사가 말씀하셨다. "의문이 있으면 물어 보시오. 설명해 주리다."

　　위공(韋公)이 말했다. "선사께서 말씀하신 것은 달마대사(達磨大師)의 종지(宗旨)가 아니겠습니까?"

　　선사가 말씀하셨다. "그렇소."

　　공이 말했다. "제자가 듣기로는, 달마대사가 처음 양무제(梁武帝)를 교화했을 때, 황제가 묻기를, '짐이 일생 동안 절을 짓고 스님들을 도우며, 보시하고 재를 베풀었는데, 어떤 공덕이 있겠습니까?' 하니, 달마대사가 답하기를, '실로 공덕이 없습니다.' 했는데, 제자가 이 이치를 깨닫지 못하니, 스님께서 설명해 주시기를 바랍니다."

　　선사가 말씀하셨다. "실로 공덕이 없습니다. 옛 성인의 말씀을 의심하지 마십시오. 무제의 마음이 삿되어 정법(正法)을 알지 못했습니다. 절을 짓고 스님을 도우며, 보시하고 재를 베푸는 것을 복(福)을 구하는 것이라 하는데, 복을 공덕으로 여기지 마십시오. 공덕은 법신(法身) 가운데 있지, 복을 닦는 데 있지 않습니다." 선사가 또 말씀하셨다. "성품을 보는 것이 공(功)이고, 평등한 것이 덕(德)입니다. 생각마다 막힘이 없이 항상 본성을 보며, 진실하고 걸맞게 응용하는 것을 공덕이라 합니다. 마음속으로 겸손한 것이 공이고, 밖으로 예를 행하는 것이 덕입니다. 자성(自性)으로 만법(萬法)을 세우는 것이 공이고, 마음의 본체가 생각을 떠난 것이 덕입니다. 자성을 떠나지 않는 것이 공이고, 응용에 물들지 않는 것이 덕입니다. 만약 공덕 법신을 찾는다면, 이대로 하십시오. 이것이 진정한 공덕입니다. 만약 공덕을 닦는 사람이라면, 마음이 가볍지 않고 항상 두루 공경해야 합니다. 마음이 항상 남을 가볍게 여기고, 아만(我慢)이 끊어지지 않으면 스스로 공이 없고, 자성이 허망하여 진실하지 않으면 스스로 덕이 없습니다. 아만이 스스로 커서 항상 모든 것을 가볍게 여기기 때문입니다. 여러분! 생각마다 간격이 없는 것이 공이고, 마음이 평직(平直)한 것이 덕입니다. 스스로 성품을 닦는 것이 공이고, 스스로 몸을 닦는 것이 덕입니다. 여러분! 공덕은 반드시 자성 안에서 보아야 하니, 보시와 공양으로 구하는 것이 아닙니다. 이 때문에 복덕(福德)과 공덕은 다릅니다. 무제가 진리를 알지 못했을 뿐, 우리 조사(祖師)의 잘못이 아닙니다."

　　자사가 또 물었다. "제자가 항상 승속(僧俗)들이 아미타불(阿彌陀佛)을 염하며 서방(西方, 극락세계)에 태어나기를 원하는 것을 보았습니다. 스님께 청(請)건대, 그들이 서방에 태어날 수 있는지요? 의문을 풀어주시기를 바랍니다."

　　선사가 말씀 하셨다. "사군(使君)은 잘 들으시오. 말씀드리겠습니다. 세존(世尊)

이 사위성(舍衛城)에서 서방을 말씀하시면서 사람들을 인도하며 교화하셨습니다. 경문(經文)에는 분명히 여기서 멀지 않다고 했습니다. 만약 상(相)으로 말한다면, 거리가 십만 팔천 리(十萬八千里)이니, 몸 안의 십악(十惡)과 팔사(八邪)가 멀다는 말입니다. 멀다고 말하는 것은 하근기(下根)를 위한 것이고, 가깝다고 말하는 것은 상근기(上智)를 위한 것입니다. 사람은 두 종류가 있으나, 법은 두 가지가 아닙니다. 미혹(迷惑)과 깨달음(悟)이 다르니, 보는 것이 빠르고 느림이 있습니다. 미혹한 사람은 염불하여 저 서방에 태어나기를 구하고, 깨달은 사람은 스스로 마음을 깨끗이 합니다. 그래서 부처님께서 말씀하셨습니다. '마음이 깨끗하면 곧 불토(佛土)가 깨끗하다.' 사군이여, 동방 사람이 마음이 깨끗하면 죄가 없고, 서방 사람도 마음이 깨끗하지 않으면 허물이 있는 것입니다. 동방 사람은 죄를 짓고는, 염불하여 서방에 태어나기를 구한다고 하지만, 서방 사람이 죄를 지으면 염불하여 어느 나라에 태어나기를 구하겠습니까? 어리석은 사람은 자성을 깨닫지 못하고 몸 안의 정토(淨土)를 알지 못하여 동쪽을 원하고 서쪽을 원합니다. 깨달은 사람은 어디에 있든 한결같으니, 그래서 부처님께서 말씀하시길, '머무는 곳마다 항상 안락하다.' 하셨습니다. 사군이여, 마음에 불선(不善)이 없으면 서방이 여기서 멀지 않습니다. 만약 불선한 마음을 품고 있으면, 염불하여 왕생하기 어렵습니다. 이제 여러분들에게 권하노니, 먼저 십악을 제거하면 곧 십만 리를 간 것이고, 뒤에 팔사를 제거하면 곧 팔천 리를 넘어선 것입니다. 생각마다 성품을 보고 항상 평직(平直)하게 행하면, 순식간에 아미타불을 볼 것입니다. 사군이여, 그저 십선(十善)을 행하면 어찌 다시 왕생을 원하겠습니까? 십악의 마음을 끊지 않으면, 어느 부처가 와서 맞이하겠습니까? 만약 무생(無生)의 돈법(頓法)을 깨닫는다면, 서방을 보는 것이 순간입니다. 깨닫지 못하고 염불하여 왕생을 구하면, 길이 멀어 어떻게 도달하겠습니까? 제가 여러분과 함께 서방을 한 순간에 옮겨, 지금 바로 보이겠습니다. 모두 보기를 원하십니까?"

모두가 머리를 조아리며 말했다. "만약 여기서 볼 수 있다면, 어찌 다시 왕생을 원하겠습니까? 선사께서 자비로 서방을 나타내어 모두 보게 해 주십시오."

선사가 말씀하셨다. "여러분! 세상 사람의 몸은 성(城)이요, 눈 귀 코 혀는 문입니다. 밖에 다섯 문이 있고, 안에 의문(意門)이 있습니다. 마음은 땅이요, 성품은 왕입니다. 왕이 마음의 땅에 거(居)하니, 성품이 있으면 왕이 있고, 성품이 없으면 왕이 없습니다. 성품이 있으면 몸과 마음이 존재하고, 성품이 없으면 몸이 무너집니다. 부처는 성품 안에서 이루니, 몸 밖에서 구하지 마십시오. 자성이 미혹하면 중생이고, 자성이 깨달으면 부처입니다. 자비는 관음(觀音)이고, 희사(喜捨, 기쁜 마음으로 베풂)는 세지(勢至)이며, 능정(能淨, 능히 청정케 함)은 석가(釋迦)이고, 평직(平直, 평등하고 곧음)은 미타(彌陀)입니다. 인아(人我)[12]는 수미산(須彌山)이고, 탐욕은

---

12) 나와 남을 구분하는 분별심. (사대四大로 이루어진) 몸이라는 세계 가운데 '인아(人我)'라는 산이 있고, 인아라는 산 가운데 '번뇌'라는 금광석이 있으며, 번뇌라는 광물 속에 '불성'이라는 보배가 있고, 불성이라는 보배 가운데 지혜로운 기술자가 있습니다. 지혜로운 기술자가 '인아'라는 산을 파고 뚫어 번뇌라는 금광석을 보고, 깨달음의 불(금강불성)로 이 번뇌를 녹여 없앱니다. --- 육조 혜능대사의 금강경 서문 중에서

바닷물이며, 번뇌는 파도이고, 독해(毒害, 악의)는 악룡(惡龍)이며, 허망은 귀신(鬼神)이고, 진로(塵勞)는 어별(魚鱉, 물고기와 자라)입니다. 탐진(貪瞋)은 지옥이고, 우치(愚癡)는 축생(畜生)입니다. 여러분! 항상 십선을 행하면 천당에 이를 것이고, 인아를 제거하면 수미산이 무너지고, 탐욕을 버리면 바닷물이 마르며, 번뇌가 없으면 파도가 사라지고, 독해(毒害)를 제거하면 어룡(魚龍)13)이 끊어지고, 마음의 땅에서 성품을 깨달으면, 여래(如來)가 큰 광명을 비출 것입니다. 밖으로 육문(六門)을 깨끗이 비추어 육욕(六欲)의 모든 하늘을 깨뜨리고, 자성이 안으로 비추어 삼독(三毒)을 제거하면, 지옥 등의 죄가 한꺼번에 소멸하여 안팎이 환히 밝아 서방과 다르지 않습니다. 이렇게 닦지 않으면 어떻게 저곳에 도달하겠습니까?"

대중이 이 말을 듣고 분명히 성품을 보고 모두 절하며 찬탄하면서 소리 내어 말했습니다. "법계(法界)의 모든 중생들이 이 말을 듣고 한꺼번에 깨달음을 얻기를 바랍니다."

선사가 말씀하셨습니다. "여러분! 만약 수행하려면 집에서도 할 수 있고, 절에 있지 않아도 됩니다. 집에서 잘 행하면 동방 사람의 마음이 선(善)한 것과 같고, 절에 있으면서 닦지 않으면 서방 사람의 마음이 악(惡)한 것과 같습니다. 다만 마음이 청정하면 곧 자성의 서방정토입니다."

위공이 또 물었다. "집에서 어떻게 수행해야 합니까? 가르쳐 주시기를 바랍니다."

선사가 말씀하셨습니다. "내가 대중에게 무상송(無相頌)을 말하겠습니다. 이대로 닦으면 항상 나와 함께 있는 것과 다름이 없고, 만약 이대로 닦지 않으면 머리를 깎고 출가한다 해도 도(道)에 무슨 이익이 있겠습니까?" 송(頌)은 이렇습니다. :

마음이 평등하면 어찌 계율을 지킬 필요가 있으며, 행실이 곧으면 어찌 선(禪)을 닦을 필요가 있으랴!

은혜로움은 부모를 효도로 봉양함이고, 의로움은 위아래가 서로 아낌이라.

양보함은 존비(尊卑)가 화목함이고, 참음은 모든 악이 시끄럽지 않음이라.

만약 나무를 문질러 불을 일으킬 수 있다면, 흙 속에서도 반드시 붉은 연꽃이 피어나리라.

쓴맛은 곧 좋은 약이고, 거슬리는 말은 반드시 충언이라.

허물을 고치면 반드시 지혜가 나고, 단점을 감추면 마음속이 어질지 않음이라.

날마다 항상 다른 사람을 이익 되게 한다 해도, 도를 이루는 것은 복을 베푸는 데 있지 않다.

보리(菩提)는 오직 마음에서 찾으니, 어찌 밖을 향해 신비함을 구하랴.

이 말을 듣고 이대로 수행하면, 서방이 바로 눈앞에 있으리라.

선사가 또 말했다. "여러분! 반드시 게송대로 수행하여 자성을 보아 곧 불도를

---

13) 물고기와 용, 독해(毒害)가 있는 환경에서 살아가는 존재, 해로운 요소가 사라지면 그것을 기반으로 존재하던 것들도 더 이상 유지될 수 없다.

이루어야 합니다. 시간은 기다리지 않으니, 모두 돌아가시고 저는 조계(曹溪)로 돌아갈 것입니다. 만약 의문이 있으면 다시 와서 묻도록 하십시오."

이때, 자사와 관리들, 모인 선남신녀(善男信女)들이 모두 깨달음을 얻고, 믿고, 받들어 행하였다.

## 4. 정혜품(定慧品)

　　선사가 대중에게 말씀하셨다. "여러분! 나의 이 법문은 정(定)과 혜(慧)를 근본으로 합니다. 대중들이여! 미혹되어 정과 혜가 다르다고 말하지 마십시오. 정과 혜는 한 몸이지 둘이 아닙니다. 정(定)은 혜(慧)의 본체이고, 혜(慧)는 정(定)의 작용입니다. 혜(慧)가 있을 때 정(定)은 혜(慧) 안에 있고, 정(定)이 있을 때 혜(慧)는 정(定) 안에 있습니다. 만약 이 뜻을 안다면, 곧 정(定)과 혜(慧)를 고르게 배우는 것입니다. 모든 도를 배우는 사람들은, 먼저 정(定)을 닦아 혜(慧)가 나오거나, 먼저 혜(慧)를 닦아 정(定)이 나온다고 각각 다르게 말해서는 안 됩니다. 이러한 견해를 가진 사람은 법을 두 모습으로 보는 것입니다. 입으로는 선한 말을 하지만, 마음속은 선하지 않으며, 헛되이 정과 혜를 갖추었으나, 정과 혜가 균등하지 못한 것입니다. 만약 마음과 입이 모두 선하고, 안팎이 하나라면, 정과 혜가 곧 균등한 것입니다. 스스로 깨달아 수행하는 것은 다툼에 있지 않습니다. 만약 먼저(先)와 나중(後)을 다투면, 곧 미혹한 사람과 같아져, 이기고 짐을 끊지 못하고, 도리어 아집과 법집을 더하며, 사상(四相)14)을 떠나지 못합니다. 여러분! 정과 혜는 무엇과 같을까요? 비유하자면, 등불과 빛 같습니다. 등불이 있으면 빛이 있고, 등불이 없으면 어둡게 됩니다. 등불은 빛의 본체이고, 빛은 등불의 작용입니다. 이름은 비록 둘이지만, 본체는 본래 하나입니다. 이 정과 혜의 법도 또한 그와 같습니다."

　　선사가 대중에게 말씀하셨다. "여러분! 일행삼매(一行三昧)란 모든 곳에서 행주좌와(行住坐臥)할 때 항상 한결같은 마음으로 행하는 것입니다. 《정명경(淨名經)》에 말하기를, '곧은 마음이 도량(道場)이고, 곧은 마음이 정토(淨土)이다.'라고 합니다. 마음으로 아첨하고 굽은 행을 하면서 입으로만 곧다고 말해서는 안 됩니다. 입으로 일행삼매를 말하면서 곧은 마음을 행하지 않는다면 소용이 없습니다. 다만 곧은 마음을 행하고, 모든 법에 집착하지 말아야 합니다. 미혹한 사람은 법의 모양에 집착하고, 일행삼매에 집착하여 말하기를, '항상 앉아서 움직이지 않고, 망념을 일으키지 않으면 곧 일행삼매이다.'라고 합니다. 이러한 해석을 하는 사람은 무정물(無情物)과 같아져, 도리어 도를 가로막는 인연이 됩니다. 여러분! 도는 흘러 통해야 하는데, 어찌 막혀 있겠습니까? 마음이 법에 머물지 않으면 도는 흘러 통하고, 마음이 법에 머물면 스스로 속박되는 것입니다. 만약 항상 앉아서 움직이지 않는 것이 옳다면, 사리불(舍利弗)이 숲속에서 편안히 앉아 있었을 때, 왜 유마힐(維摩詰)에게 꾸지람을 들었겠습니까? 여러분! 또 어떤 이는 앉아서 마음을 보고 고요함을 관하며, 움직이지 않고 일어나지 않음으로써 공을 쌓으라고 가르치는데, 미혹한 사람은 이를 이해하지 못하고, 집착하여 전도되어 버립니다. 이와 같은 사람이 많아서 서로 이렇게 가르치니, 그런 것들은 크게 잘못된 것임을 알아야 합니다."

　　선사가 대중에게 말씀하셨다. "여러분! 본래의 바른 가르침에는 돈(頓)과 점

---

14) 네 가지 잘못된 집착, 아상(我相): '나', 인상(人相): '남', 중생상(衆生相): '중생', 수자상(壽者相): '수명'.

(漸)이 없으나, 사람의 성품에 예리함과 둔(鈍)함이 있습니다. 미혹한 사람은 점차로 닦고, 깨달은 사람은 단번에 계합합니다. 스스로 자기의 본심을 알고, 스스로 자기의 본성을 보면 차별이 없으므로, 돈과 점이라는 가명(假名)을 세운 것입니다. 여러분! 나의 이 법문은 예로부터 먼저 무념(無念)을 종지(宗旨)로 삼고, 무상(無相)을 체(體)로 삼으며, 무주(無住)를 근본으로 삼습니다. 무상이란 상(相)에 있으면서 상을 떠나는 것이요, 무념이란 염(念)에 있으면서 염이 없는 것이요, 무주란 사람의 본성입니다. 세간의 선악(善惡)과 미추(美醜), 원수와 친구, 언어로 다투고 속이는 일이 있을 때에도 모두 공(空)으로 여겨 보복할 생각을 하지 말고, 염념(念念) 중에 앞의 경계를 생각하지 않아야 합니다. 만약 전념(前念), 금념(今念), 후념(後念)이 염념상속(念念相續)하여 끊이지 않으면 이를 계박(繫縛, 묶여 속박됨)이라 합니다. 모든 법에 대하여 염념주(念念住)하지 않으면 곧 속박이 없는 것이니, 이것이 무주를 근본으로 삼는 것입니다. 여러분! 밖으로 일체의 상을 떠나는 것을 무상이라 합니다. 상을 떠날 수 있으면 곧 법체(法體)가 청정한 것이니, 이것이 무상을 체로 삼는 것입니다. 여러분! 모든 경계에 대하여 마음이 물들지 않는 것을 무념이라 합니다. 자기의 염상(念上)에서 항상 모든 경계를 떠나고, 경계에 대하여 마음을 내지 않는 것입니다. 만약 그저 모든 것들을 생각하지 않고 생각을 다 제거하면, 결국 한 생각마저 끊어지니 곧 죽어, 다른 곳에 태어나니, 이것은 큰 잘못입니다. 도를 배우는 사람들은 이를 생각해 보십시오. 만약 법의 뜻을 알지 못하면 스스로 잘못하는 것은 그렇다 치더라도, 더욱이 다른 사람을 그르치게 하고, 스스로 미혹하여 보지 못하면서 또 불경(佛經)을 비방하니, 그러므로 무념을 종지로 세운 것입니다. 여러분! 어째서 무념을 종지로 세우겠습니까? 다만 입으로 성품을 보았다고 말하는 미혹한 사람이 경계에 대하여 염(念)을 내고, 염(念)에서 사견(邪見)을 일으켜 일체의 진로망상(塵勞妄想)이 여기에서 생기기 때문입니다. 자성(自性)은 본래 한 법도 얻을 것이 없으니, 만약 얻은 바가 있다고 하여 허망히 화복(禍福)을 말하면 곧 진로사견(塵勞邪見)이니, 그러므로 이 법문은 무념을 종지로 세우는 것입니다. 여러분! '무(無)'란 무엇이 없다는 것이고 '념(念)'이란 무엇을 생각한다는 것일까요? 무(無)란 두 가지 상(二相)이 없고 모든 진로(塵勞)의 마음이 없는 것이요, 염이란 진여본성(眞如本性)을 염하는 것입니다. 진여는 곧 염의 체(體)요, 염은 곧 진여의 용(用)입니다. 진여자성(眞如自性)이 염을 일으키는 것이지, 눈, 귀, 코, 혀로 염할 수 있는 것이 아닙니다. 진여에 성품이 있기 때문에 염을 일으키는 것이요, 진여가 만약 없으면 눈, 귀, 색, 성(聲)이 당장에 무너지는 것입니다. 여러분! 진여자성에서 염을 일으키면 육근(六根)이 비록 보고 듣고 느끼고 아는 바가 있으나 만 가지 경계에 물들지 않고 진성(眞性)이 항상 자재(自在)합니다. 그러므로 경에서 말씀하시기를, '능히 모든 법의 모양을 잘 분별하되 제일의(第一義)에 있어서는 움직이지 않는다.'고 한 것입니다."

## 5. 좌선품(坐禪品)

　　선사가 대중에게 말씀하셨다. : "이 문(門)에서 말하는 좌선(坐禪)은 원래 마음에 집착하지도 않고, 청정(淸淨)에 집착하지도 않으며, 또한 움직이지 않는 것도 아닙니다. 만약 마음에 집착한다고 말한다면, 마음은 원래 허망한 것이라서, 마음이 환(幻)과 같음을 알기 때문에 집착할 바가 없는 것입니다. 만약 청정에 집착한다고 말한다면, 인간의 본성은 본래 청정하나, 망념(妄念) 때문에 진여(眞如)가 덮여 있는 것입니다. 다만 망상이 없으면 성품은 저절로 청정해지니, 마음을 내어 청정에 집착하면 도리어 '청정'이라는 망상을 일으키게 됩니다. 망상은 처소가 없으니, 집착하는 것이 바로 망상입니다. 청정은 형상이 없는데, 청정한 형상을 세우고 이를 공부(工夫)라고 말합니다. 이러한 견해를 갖는 사람은 자신의 본성을 가로막고, 도리어 청정에 속박되게 됩니다. 여러분! 만약 움직이지 않음(不動)을 닦는다면, 모든 사람을 볼 때 그 사람의 시비선악(是非善惡)과 과환(過患, 과오와 근심)을 보지 않는 것이 바로 자성(自性)이 움직이지 않는 것입니다. 여러분! 미혹한 사람은 몸은 비록 움직이지 않지만, 입을 열면 남의 시비장단(是非長短)과 호오(好惡)를 말하니, 도(道)와 어긋나는 것입니다. 만약 마음에 집착하고 청정에 집착하면 곧 도를 가로막는 것입니다."

　　선사가 대중에게 말씀하셨다. : "여러분! 무엇을 좌선(坐禪)이라 합니까? 이 (돈교)법문 가운데 장애가 없고 막힘이 없으며, 밖으로는 일체의 선악(善惡) 경계에 대해 마음의 생각이 일어나지 않는 것을 '좌(坐)'라 하고, 안으로는 자신의 성품이 움직이지 않음을 보는 것을 '선(禪)'이라 합니다. 여러분! 무엇을 선정(禪定)이라 합니까? 밖으로 상(相)을 떠나는 것이 선(禪)이고, 안으로 어지럽지 않음이 정(定)입니다. 밖으로 상(相)에 집착하면 안으로 마음이 어지러워지고, 밖으로 상을 떠나면 마음이 어지럽지 않게 됩니다. 본성은 본래 스스로 청정하고 스스로 고요하나, 다만 경계를 보고 그 경계를 생각하면 어지러워지는 것입니다. 만약 모든 경계를 보아도 마음이 어지럽지 않다면, 이것이 진정한 정(定)입니다. 여러분! 밖으로 상(相)을 떠나는 것이 선(禪)이고, 안으로 어지럽지 않음이 정(定)입니다. 밖으로는 선(禪)을 이루고 안으로는 정(定)을 이루는 것이 바로 선정(禪定)입니다. 《보살계경(菩薩戒經)》에서 말씀하시기를, '나의 본래 성품은 스스로 청정하다'고 했습니다. 여러분! 생각생각(念念) 가운데에서 자신의 본성이 청정함을 보고, 스스로 닦고 스스로 행하여, 스스로가 불도(佛道)를 이루는 것입니다."

## 6. 참회품(懺悔品)

그때, 대사(大師)가 광주(廣州)와 소주(韶州) 그리고 사방에서 온 사람들이 산중에 모여 법을 듣는 것을 보시고, 이에 법좌에 오르셔서 대중에게 말씀하셨다. : 자, 여러분! 이 일은 반드시 자신의 일에서 시작되어야 하며, 모든 때에 생각생각(念念)마다 자신의 마음을 청정하게 하여야 합니다. 스스로 닦고 스스로 행하여, 자신의 법신(法身)을 보고, 자신의 마음속 부처를 보며, 스스로 깨달아 스스로 계율을 지켜야만 비로소 헛되이 여기에 온 것이 아니게 됩니다. 이미 먼 곳에서 와서 이곳에 함께 모였으니, 모두가 인연이 있는 것입니다. 이제 각자 무릎을 꿇고 앉으십시오. 먼저 자성(自性)의 오분법신향(五分法身香, 다섯 가지 법신의 향기)을 전하고, 다음에 무상참회(無相懺悔)를 전하겠습니다.

대중이 무릎(호궤, 胡跪)을 꿇었다.

선사가 말씀하셨다. : "첫째, 계향(戒香)입니다. 즉 자신의 마음속에 잘못이 없고 악이 없으며, 시기와 질투가 없고, 탐욕과 성냄이 없으며, 빼앗거나 해치려는 마음이 없는 것을 계향이라 합니다.

둘째, 정향(定香)입니다. 즉 모든 선악(善惡)의 경계를 보아도 자신의 마음이 어지럽지 않은 것을 정향이라 합니다.

셋째, 혜향(慧香)입니다. 자신의 마음에 걸림이 없어 항상 지혜로써 자성을 관조(觀照)하며, 모든 악을 짓지 않고, 비록 많은 선을 닦아도 마음에 집착하지 않으며, 윗사람을 공경하고 아랫사람을 생각하며, 외롭고 가난한 사람을 가엾이 여기는 것을 혜향이라 합니다.

넷째, 해탈향(解脫香)입니다. 즉 자신의 마음이 선악(善惡)에 매이지 않고, 선을 생각하지도 악을 생각하지도 않으며, 자재롭고 걸림이 없는 것을 해탈향이라 합니다.

다섯째, 해탈지견향(解脫知見香)입니다. 자신의 마음이 이미 선악에 매이지 않았으나, 공(空)에 빠져 고요함만 지키지 말고, 반드시 널리 배우고 많이 들어서 자신의 본심(本心)을 깨달아 모든 부처의 이치에 통달하며, 빛을 감추고 중생을 접하여 나와 남이 없이 곧바로 보리(菩提)에 이르되, 참된 성품이 변하지 않는 것을 해탈지견향이라 합니다. 여러분! 이 향은 각자가 스스로 내면에서 그윽하게 하는 것이니, 바깥에서 찾으려 하지 마십시오."

"이제 여러분에게 무상참회(無相懺悔)를 전하여, 삼세(三世)의 죄를 없애고 삼업(三業)이 청정해지게 하겠으니 여러분은 모두 저의 말을 따라 하십시오. : '제자 등은 앞의 생각, 지금의 생각, 그리고 뒤의 생각에 이르기까지, 생각생각마다 어리석음과 미혹에 물들지 않겠습니다. 이전에 지은 모든 악업과 어리석음, 미혹 등의 죄를 모두 참회하오니, 한꺼번에 소멸되어 다시는 일어나지 않게 하소서. 제자 등은 앞의 생각, 지금의 생각, 그리고 뒤의 생각에 이르기까지, 생각 생각마다 교만과 속임에 물들지 않겠습니다. 이전에 지은 모든 악업과 교만, 속임 등의 죄를 모두 참회하오니, 한꺼번에 소멸되어 다시는 일어나지 않게 하소서.' 여러분! 이상이 무상참회(無相懺悔)입니다. 무엇을 참(懺)이라 하고, 무엇을 회(悔)라 할까요? 참(懺)이란, 이전의 허물을 참회하는 것이니, 이전에 지은 모든 악업과 어리석음, 미혹, 교만, 속임, 시기, 질투 등의 죄를 모두 다 참회하여 다시는 일어나지 않게 하는 것을 참(懺)이라 합니다. 회(悔)란, 이후의 허물을 뉘우치는 것이니, 지금 이후로 모든 악업과 어리석음, 미혹, 교만, 속임, 시기, 질투 등의 죄를 이미 깨달아 모두 영원히 끊고 다시는 짓지 않는 것을 회(悔)라 합니다. 그래서 이를 참회(懺悔)라고 합니다. 범부(凡夫)는 어리석고 미혹하여, 다만 이전의 허물만 참회할 뿐, 앞으로 지을 잘못을 뉘우치지는 못합니다. 뉘우치지 않기 때문에 이전의 허물이 없어지지 않고, 이후의 허물이 다시 생깁니다. 이전의 허물이 이미 사라지지 않고, 이후의 허물이 또 다시 생긴다면, 이것을 어찌 참회(懺悔)라 부를 수 있겠습니까?"

여러분! 참회를 마쳤으니, 이제 선지식들과 함께 사홍서원(四弘誓願)을 발(發)하겠습니다. 각자 마음을 바르게 하고 귀 기울여 들으십시오.

　　제 마음의 중생이 끝없이 많으니, 맹세코 모두 제도하겠나이다.
　　제 마음의 번뇌가 끝없이 많으니, 맹세코 모두 끊겠나이다.
　　제 성품의 법문이 다함이 없으니, 맹세코 모두 배우겠나이다.
　　제 성품의 무상한 불도(佛道)를 맹세코 이루겠나이다.

여러분! 모든 분들이, 어째서 '중생이 끝없이 많으니 맹세코 제도 하겠나이다'라고 말하지 않겠습니까? (당연히 그런 서원을 말해야지요), 그렇게 말한다고 해서 제가(혜능이) 제도한다는 것은 아닙니다. 여러분! 마음속의 중생이란, 이른바 사악하고 미혹한 마음, 거짓되고 망령된 마음, 선하지 않은 마음, 시기와 질투의 마음, 악독한 마음 등과 같은 마음들입니다. 이러한 마음들이 모두 중생입니다. 각자 자신의 성품으로 스스로 제도해야 하니, 이를 참다운 제도라 합니다. 무엇을 '자성으로 스스로 제도 한다'고 합니까? 이는 자기 마음속의 사견(邪見)과 번뇌, 어리석음의 중생들을 바른 견해(正見)로 제도하는 것입니다. 바른 견해를 갖추면, 반야지혜(般若智慧)로 어리석고 미혹한 중생들을 깨뜨려 각자 스스로 제도하게 됩니다. 사악함이 오면 바름으로 제도하고, 미혹함이 오면 깨달음으로 제도하며, 어리석음이 오면 지혜로 제도하고, 악이 오면 선으로 제도합니다. 이와 같이 제도하는 것을 참다운 제도라고 합니다. 또한, '번뇌가 끝없이 많으니 맹세코 모두 끊겠다'는 것은, 자기 성품의 반야지혜로 허망한 생각과 마음을 제거하는 것입니다. 또한, '법문이 다함이 없으니 맹세코 모두 배우겠다'는 것은, 반드시 자신의 성품을 보고 항상 바른 법을 행하는 것입니다. 이를 참다운 배움이라고 합니다. 또한, '위없는 불도를 맹세코 이루겠다'는 것은, 항상 마음을 낮추어 진실 되고 바르게 행하며, 미혹을 떠나고 깨달음도 떠나서 항상 반야(般若)를 일으키는 것입니다. 진실함과 허망함을 제거하면 곧 불성을 보게 되고, 곧 언하에 불도를 이루는 것입니다. 항상 염(念, 마음에 두고 생각)하고 수행하는 것이 서원의 힘입니다.

여러분! 이제 사홍서원(四弘誓願)을 발하였으니, 다시 여러분에게 무상삼귀의계(無相 三歸依 戒)를 전하겠습니다. 여러분! 깨달음(覺)의 양족존(兩足尊)에 귀의하고, 바름(正)인 이욕존(離欲尊)에 귀의하고, 청정함(淨)인 중중존(衆中尊)에 귀의하십시오. 오늘부터 깨달음을 스승으로 삼고, 다시는 삿된 마귀와 외도(外道)에 귀의하지 말며, 자신의 성품 삼보(自性三寶)로 스스로를 증명하고, 자신의 성품 삼보에 귀의할 것을 여러분에게 권합니다. 불(佛)은 깨달음(覺)이고, 법(法)은 바름(正)이며, 승(僧)은 청정함(淨)입니다. 자신의 마음이 깨달음에 귀의하면, 사악함과 미혹이 생기지 않고, 소욕(少欲)으로 지족(知足)하며, 능히 재물과 색욕을 떠날 수 있으니, 이를 양족존(兩足尊)이라 합니다. 자신의 마음이 바름(正)에 귀의하면, 생각 생각마다 삿된 견해가 없고, 삿된 견해가 없으므로 나와 남을 구별하며 교만하거나, 탐욕과 집착이 없으니, 이를 이욕존(離欲尊)이라 합니다. 자신의 마음이 청정함에 귀의하면, 모든 번뇌와 애욕의 경계에 대해 자신의 성품이 더럽혀지지 않으니, 이를 중중존(衆中尊)이라 합니다. 이와 같이 수행하는 것이 바로 스스로 귀의(自歸依)하는 것입니다.

(그러나) 범부(凡夫)는 이를 깨닫지 못하고, 낮부터 밤까지 (형식적인) 삼귀의계(三歸依戒)를 받습니다. 만약 '불(佛)에 귀의 한다'고 말한다면, 불(佛)은 도대체 어디에 있는가? 불을 보지 못한다면, 무엇을 의지해 귀의한다는 말인가? 하면서, 이런 말들로 도리어 허망함을 만듭니다.

여러분! 각자 자신을 관찰하고, 마음을 잘못 쓰지 마십시오. 경문(經文)은 분명히 '스스로 불에 귀의 한다'고 말했지, '다른 불에 귀의 한다'고 말하지 않았습니다. 자신의 불(自佛)에 귀의하지 않으면, 의지할 곳이 없습니다. 이제 이미 스스로 깨달았으니, 각자 자신의 마음 삼보(自心三寶)에 귀의해야 합니다. 안으로는 마음과 성품을 다스리고, 밖으로는 다른 사람을 공경하는 것이 바로 스스로 귀의(自歸依)하는 것입니다.

여러분! 이미 자심의 삼보(自心三寶)에 귀의하였으니, 각자 마음을 다잡고, 제가 여러분에게 일체삼신자성불(一體三身自性佛)을 설명하여, 여러분으로 하여금 삼신(三身)을 분명히 보고 스스로 자성을 깨닫게 하겠습니다. 모두 저를 따라 말하십시오. : '나의 색신(色身)에 청정법신불(淸淨法身佛)에 귀의합니다. 나의 색신에 원만보신불(圓滿報身佛)에 귀의합니다. 나의 색신에 천백억화신불(千百億化身佛)에 귀의합니다.'

여러분! 색신은 집과 같아서 귀의할 대상이 아닙니다. 앞서 말한 삼신불(三身佛)은 자성(自性) 안에 있으며, 세상 사람들은 모두 가지고 있습니다. 다만 스스로 마음이 미혹하여 내면의 성품을 보지 못하고, 밖에서 삼신여래(三身如來)를 찾으니, 자신 안에 삼신불이 있음을 보지 못하는 것입니다. 이제 대중들은 잘 들으십시오. 여러분들은 자신 안에 있는 자성의 삼신불을 볼 수 있도록 해야 합니다. 이 삼신불은 자성에서 생겨난 것이지, 밖에서 얻는 것이 아닙니다. 무엇을 청정법신불(淸淨法

身佛)이라 하는가? 세상 사람들의 성품은 본래 청정하며, 모든 법은 자성에서 생겨납니다. 모든 악한 일을 생각하면 악한 행동이 생기고, 모든 선한 일을 생각하면 선한 행동이 생깁니다. 이와 같이 모든 법은 자성 안에 있으니, 하늘은 항상 맑고, 해와 달은 항상 밝으나, 뜬구름에 덮여 위는 밝고 아래는 어둡습니다. 바람이 불어 구름이 흩어지면 위아래가 모두 밝아지고, 모든 현상이 드러납니다. 세상 사람들의 성품도 항상 떠돌아다니니, 저 하늘의 구름과 같습니다. 여러분! 지혜(智)는 해와 같고, 총명(慧)은 달과 같아서 지혜는 항상 밝지만, 밖의 경계에 집착하면 망념(妄念)의 뜬구름이 자성을 덮어 밝게 빛나지 못합니다. 만약 선지식을 만나 참된 법을 듣고 스스로 미혹과 망상을 제거하면, 안팎이 환히 밝아져 자성 안에서 만법이 모두 나타나게 됩니다. 성품을 본 사람도 또한 이와 같으니 이를 청정법신불이라 합니다.

여러분! 자심(自心)이 자성(自性)에 귀의하는 것이 참된 부처에 귀의하는 것입니다. 자신에게 귀의한다는 것은 자성 안의 불선심(不善心), 질투심(嫉妬心), 아첨하는 마음(諂曲心), 아만심(吾我心), 속이는 마음(誑妄心), 남을 업신여기는 마음(輕人心), 남을 경멸하는 마음(慢他心), 사견(邪見心), 교만심(貢高心) 및 모든 때의 불선한 행동을 제거하고, 항상 자신의 허물을 보고 남의 좋고 나쁨을 말하지 않는 것이 자신에게 귀의하는 것입니다. 항상 마음을 낮추어 두루 공경을 행하는 것이 곧 성품을 보고 통달한 것으로서, 더 이상 막힘이 없게 되니, 이것이 자신에게 귀의한다는 것입니다.

무엇을 원만보신(圓滿報身)이라 하는가? 비유컨대 한 등불이 천 년의 어둠을 없애고, 한 지혜가 만 년의 어리석음을 소멸시키는 것과 같습니다. 과거를 생각하지 마십시오. 이미 지나간 것은 얻을 수가 없습니다. 항상 앞을 생각하여, 생각 생각마다 원만하고 밝게 하여 스스로 본성을 보십시오. 선악은 비록 다르나, 본성은 둘이 아닙니다. 둘이 아닌 성품을 실성(實性)이라고 합니다. 실성 안에서는 선악에 물들지 않으니, 이를 '원만보신불(圓滿報身佛)'이라고 합니다. 자성에서 한 생각 악을 일으키면 만 겁의 선한 인연이 소멸되고, 자성에서 한 생각 선을 일으키면 항하사(恒河沙) 같은 악이 다 없어집니다. 무상보리(無上菩提)에 이르기까지 생각 생각마다 자신의 본래 마음을 보되, 그 본래 마음을 잃지 않는 것을 '보신(報身)'이라고 합니다.

무엇을 천백억화신(千百億化身)이라 하는가? 만약 모든 법을 생각하지 않으면 성품은 본래 공(空)과 같고, 한 생각을 일으키면 이를 변화라 합니다. 악한 일을 생각하면 지옥으로 변화하고, 선한 일을 생각하면 천당으로 변화합니다. 독해(毒害)는 용과 뱀으로 변화하고, 자비는 보살로 변화하며, 지혜는 상계(上界)로 변화하고, 어리석음은 하방(下方)으로 변화합니다. 자성의 변화는 매우 많으나, 미혹한 사람은 이를 깨닫지 못하고 생각 생각마다 악을 일으켜 항상 악도(惡道)를 행합니다. 한 생각을 선하게 돌이키면 지혜가 즉시 생기니, 이를 '자성화신불(自性化身佛)'이라 합니다.

여러분! 법신(法身)은 본래 구족하니, 생각 생각마다 자성을 스스로 보는 것이 곧 보신불(報身佛)이고, 보신에서 생각하는 것이 곧 화신불(化身佛)입니다. 스스로 깨닫고 스스로 닦아 자성의 공덕을 이루는 것이 참된 귀의(歸依)입니다. 피부와 살은 색신(色身)이요, 색신은 집과 같아서 귀의할 대상이 아닙니다. 다만 자성의 삼신(三身)을 깨달으면 곧 자성불(自性佛)을 아는 것입니다. 여기 하나의 무상게(無相偈)가 있으니, 만약 이를 받들어 지니면 말씀 아래에서 여러분이 쌓은 겁의 미혹과 죄악이 한꺼번에 소멸될 것입니다. 게(偈)는 이러합니다. :

미혹한 사람은 복은 닦아도 도를 닦지 않아, 복을 닦는 것이 곧 도라 말하네.
보시와 공양으로 복은 무변하나, 마음속의 삼악(三惡)은 원래대로(처음부터 계속해서) 짓고 있네.
복을 닦아 죄를 없애려 하나, 후세에 복을 얻어도 죄는 남아 있네.
다만 마음속에서 죄의 인연을 없애면, 이름 하여 자성(自性)의 참된 참회라 하네.
홀연히 대승의 참된 참회를 깨달으면, 삿됨을 버리고 바름을 행하니 곧 죄가 없음이라.
도(道)를 배움은 항상 자성을 관(觀)하는 것이니, 곧 모든 부처와 동일한 부류가 되리라.
우리 조사(祖師)는 오직 이 돈법(頓法)을 전하셨고, 모두가 견성하여 한 몸이 되기를 원하셨네.
만약 장래에 법신을 찾고자 하면, 모든 법상(法相)을 떠나 마음을 씻으라.
노력하여 스스로 보라, 게으르지 말라, 후념(後念)이 홀연히 끊어지면 한 생이 끝나리.
대승을 깨달아 견성을 하려면, 공경히 합장하고 지극한 마음으로 구하라.

선사가 말씀하셨다. : 여러분! 모두 이를 외워 받들어 수행하십시오. 말씀 아래에서 성품을 볼 것입니다. 비록 나와 천 리를 떨어져 있어도 항상 내 곁에 있는 것과 같습니다. 이 말씀 아래에서 깨닫지 못하면, 곧 마주하고 있다 해도 천 리와 같으니, 어찌 애써 멀리서 올 필요가 있겠습니까? 몸 건강히, 잘들 가십시오.
대중은 법문을 듣고 깨닫지 못한 사람이 없었고, 기뻐하며 받들어 행하였다.

## 7. 기연품(機緣品): 근기와 인연에 따른 가르침

선사는 황매산에서 법을 얻고 소주(韶州) 조후촌(曹侯村)으로 돌아왔으나, 사람들은 선사를 알아보지 못하였다. (다른 본에는 '선사가 떠날 때 조후촌에 이르러 9개월 이상 머물렀다'고 하지만, 선사는 스스로 '30여 일을 넘기지 않고 황매산에 도착했다'고 말씀하셨다. 도를 구하는 마음이 간절했는데, 어찌 머물러 있었겠는가? '선사가 떠날 때'라는 기록은 옳지 않다.) 당시에 유학자 유지략(劉志略)이라는 사람이 있었는데, 선사를 매우 후하게 대접하였다. 유지략에게는 무진장(無盡藏)이라는 비구니 고모가 있었는데, 항상 《대반야경(大般若經)》을 외우고 있었다. 선사는 잠시 경전을 듣고는 곧 그 깊은 뜻을 알아차리고, 이에 비구니에게 해설을 해주셨다. 비구니가 경전을 들고 글자를 물으니, 선사가 말씀하셨다. "글자는 모르니, 뜻으로 물어주시오." 비구니가 말했다. "글자도 모르는데 어떻게 뜻을 이해한단 말인가요?" 선사가 말씀하셨다. "모든 부처님의 깊은 이치는 글자와 상관이 없습니다." 비구니는 놀라워하며 마을의 덕이 높은 어른들에게 널리 알렸다. "이는 도를 깨달은 사람이니, 모시고 공양해야 합니다." 위魏(일설에는 진晉)나라 무후(武侯)의 먼 자손인 조숙량(曹叔良)과 주민들이 다투어 선사를 찾아와 예를 올렸다. 이때 옛 절 보림사(寶林古寺)는 수나라 말기 전란으로 이미 폐허가 되어 있었는데, 마침내 옛 터 위에 절을 다시 짓고 선사를 모시니, 곧 보배로운 도량이 되었고, 선사는 9개월 이상 머무셨다. 그러나 악당들이 선사를 찾아와 쫓기자, 선사는 앞산으로 피신했는데, 그들이 풀과 나무에 불을 지르자, 선사는 몸을 숨겨 바위틈에 들어가 위기를 모면했는데, 그 바위에는 지금도 선사가 결가부좌한 무릎 자국과 옷 주름이 남아 있어, 이를 피난석이라 부른다. 선사는 오조 홍인 대사의 '회(懷)에서는 멈추고(止) 회(會)에서는 숨으라(藏)'는 당부를 떠올리고, 두 고을에 은둔하며 지내셨다.

법해(法海) 스님은 소주 곡강(韶州曲江) 사람이다. 처음 조사(祖師)를 참배하며 물었다. "즉심즉불(卽心卽佛)이라 하는데, 무슨 뜻인지 가르쳐 주십시오." 선사가 말씀하셨다. "앞의 생각이 생기지 않는 것이 마음이고, 뒤의 생각이 멸하지 않는 것이 부처이다. 모든 상(相)을 이루는 것이 마음이고, 모든 상을 떠나는 것이 부처이다. 내가 만일 자세히 말하려면 겁(劫)을 다해도 다하지 못하리라. 내 게송을 들으라.":

마음을 곧 지혜라 이름하며, 부처는 곧 선정이다.
선정과 지혜를 평등하게 지니면 뜻이 청정하리라.
이 법문을 깨닫는 것은 너의 습성에서 비롯된다.
본래 생겨남이 없는 근본을 사용하며, 선정과 지혜를 함께 닦는 것이 바른 길이다.

법해는 이 말에 크게 깨달아 게송으로 찬탄하였다. :

마음이 본래 부처이니, 깨닫지 못해 스스로 굽히는구나.
내 이제 선정과 지혜의 인연을 알았으니, 둘을 함께 닦아 모든 것을 떠나리라.

법달(法達) 스님은 홍주(洪州) 사람으로, 일곱 살에 출가하여 항상 《법화경(法華經)》을 외웠다. 조사를 참배하러 왔으나 머리를 땅에 대지 않았다. 선사가 꾸짖으며 말씀하셨다. "예를 올리되 머리를 땅에 대지 않는다면, 예를 올리지 않는 것과 무엇이 다르냐? 너의 마음속에 반드시 한 가지 걸림이 있구나. 평소 무엇을 익혔느냐?" 법달이 말했다. "《법화경》을 외운 것이 이미 3천 번입니다." 선사가 말씀하셨다. "네가 만일 1만 번을 외워 경의 뜻을 얻고도 그것을 뛰어나다고 여기지 않는다면, 나와 함께할 수 있으리라. 너는 지금 이 일을 자랑으로 여기고, 잘못을 전혀 알지 못하는구나. 내 게송을 들어라.":

예는 본래 교만을 꺾는 것이니, 머리가 어찌 땅에 닿지 않는가?
나(我)가 있으면 죄가 생기고, 공(功)을 잊으면 복이 비할 데 없느니라.

선사가 또 물으시길, "네 이름이 무엇이냐?" 하니, "법달(法達)입니다." 하매, 선사가 말씀하시길, "네 이름이 법달(法達)이지만, 어찌 일찍이 법에 통달한 적이 있겠는가?" 다시 게송으로 말씀하셨다. :

너의 지금의 이름은 법달이니, 부지런히 외우기를 그치지 않았도다.
헛되이 외우며 소리만 좇을 뿐, 마음을 밝혀야 보살이라 이름 하네.
네가 이제 인연이 있으니, 내가 너를 위해 말하리라.
다만 부처님은 말이 없음(佛 無言)을 믿는다면, 연꽃이 입에서 피어나리라.

법달은 게송을 듣고, 뉘우치며 사죄했습니다. "이제부터는 모든 일에 겸손하고 공경하겠습니다. 제자가 《법화경》을 외웠으나 경의 뜻을 이해하지 못해 마음에 항상 의심이 있었습니다. 스님의 지혜는 넓고 크시니, 간략히 경의 뜻을 말씀해 주소서." 선사가 말씀하셨다. "법달아! 법은 심히 통달되어 있으나, 네 마음이 통달하지 못한 것이다. 경전에는 본래 의심될 것이 없으나, 네 마음이 스스로 의심하는 것이다. 네가 이 경을 외울 때, 무엇을 종지(宗旨)로 삼았느냐?" 법달이 말했다. "학인은 근성이 어둡고 둔하여, 지금까지 단지 글자만 따라 외웠을 뿐이니, 어찌 종취(宗趣)를 알겠습니까?" 선사가 말씀하셨다. "나는 글자를 알지 못하니, 그대가 경전을 가져다가 한 번 외워 보아라. 내가 너를 위해 설명해 주리라." 법달이 즉시 큰 소리로 경을 외우다가 비유품(譬喩品)에 이르자, 선사가 말씀하셨다. "그만! 이 경전은 본래 인연으로 세상에 나온 것을 종지로 삼았다. 비록 여러 가지 비유를 말하더라도 이를 벗어나지 않는다. 어떤 인연인가? 경전에 이르기를, '모든 부처 세존은 오직 한 가지 큰일의 인연으로 세상에 나타났다'고 했다. 한 가지 큰일이란 부처님의 지견(知見)이다. 세상 사람들은 밖으로는 상(相)에 미혹되고, 안으로는 공(空)에 미혹된다. 만약 상을 떠나 상에 집착하지 않고, 공을 떠나 공에 집착하지 않는다면, 그것이 곧 안팎으로 미혹되지 않는 것이다. 만약 이 법을 깨닫는다면, 한 생각에 마음이 열리니, 이것이 바로 '부처님의 지견(佛知見)'을 연다는 것이다. 부처는 깨달음이다. 네 가지 문으로 나누어, (중생들에게) 깨달음의 지견을 열고, 깨달음의 지견을 보이고, 깨달음의 지견을 깨닫게 하고, 깨달음의 지견에 들어가게 하는 것이다. 만약 열고 보임을 듣고 곧 깨닫고 들어간다면, 곧 깨달음의 지견이니, 본래의 참 성품이 나타나는 것이다. 너는 삼가 경의 뜻을 잘못 이해하지 말라. 다른 이가 말하기를, '열고 보이며 깨닫게 하고 들어가게 함(開示悟入)은 본래 부처의 지견이니, 우리에게는 해당하지 않는다.'고 한다. 만약 이렇게 이해한다면, 이는 경전을 비방하고 부처를 훼손하는 것이다. 그분은 이미 부처님이시라, 이미 지견을 갖추었는데, 어찌 다시 열 필요가 있겠는가? 너는 이제 믿어라. 부처의 지견이란 오직 네 마음일 뿐이니, 별도의 부처가 없다. 모든 중생은 스스로 빛을 가리고, 번뇌의 경계를 탐내어 밖의 인연에 마음이 어지러워져, 기꺼이 채찍에 몸을 맡긴다. 그러므로 수고로이 저 세존께서 삼매에서 일어나 여러 가지 간절한 말로 권하시기를, '쉬고 멈추라, 바깥에서 구하지 말라. 그러면 부처와 다르지 않다'고 하셨다. 그러므로 (법화경에) 가로되, '부처의 지견을 열라'고 한 것이다. 나도 모든 사람에게 권하노니, 자기 마음속에서 항상 부처의 지견을 열라. 세상 사람들은 마음이 삿되고 어리석고 미혹하여 죄를 짓고, 입으로는 선을 말하나 마음으로는 악을 품으며, 탐욕과 성냄과 시기와 아첨과 아만으로 남을 침해하고 물건을 해치니, 스스로 중생의 지견을 여는 것이다. 만약 마음을 바르게 하여 항상 지혜를 내고, 자기 마음을 관찰하여 악을 그치고 선을 행한다면, 이는 스스로 부처의 지견을 여는 것이다. 너는 생각 생각마다 부처의 지견을 열고, 중생의 지견을 열지 말라. 부처의 지견을 여는 것이 곧 세상을 벗어나는 것이요, 중생의 지견을 여는 것이 곧 세속에 머무는 것이다. 네가 만일 수고롭게 (독송에 대한) 생각에 집착하여 (법화경 독송을) 공부의 성과로 삼는다면, 이는 들소가 꼬리를 사랑하는 것과 무엇이 다르겠는가."[15]

법달이 말했다. "그렇다면, 다만 뜻을 이해하고 경을 외우는 수고는 하지 않아도 됩니까?"

선사가 말씀하셨다. "경전에 무슨 허물이 있겠는가? 어찌 네가 외우는 것을 막겠는가? 다만 미혹과 깨달음이 사람에게 있고, 이익과 손해가 자기에게 달려 있을 뿐이다. 입으로 외우고 마음으로 행하면 곧 네가 경전을 굴리는 것이요, 입으로 외우고 마음으로 행하지 않으면 곧 경전이 너를 굴리는 것이다. 내 게송을 들어라." :

마음이 미혹되면 법화경이 굴리고, 마음이 깨달으면 법화경을 굴린다.
경을 오래 외워도 밝히지 못하면, 뜻과 원수가 되느니라.
없는 생각(無念의 念)이 곧 바르고, 있는 생각(有念의 念)이 곧 사악하니,

---

15) 수행은 마음의 변화와 자성의 깨달음에 있는데, 형식이나 공덕의 양에 집착하는, 헛된 집착에 대한 비유.

있고 없음을 모두 헤아리지 않으면, 항상 흰 소 수레(白牛車; 일불승, 一佛乘)를 몰고 다니리.

법달이 게송을 듣고 감동하여 눈물을 흘리며 언하에 크게 깨닫고 선사께 말씀드렸다. : "법달은 지금까지 진정으로 《법화경》을 굴리지 못하고, 오히려 《법화경》이 저를 굴렸습니다." 다시 여쭈었다. : "경전에 이르기를, '모든 대성문(大聲聞)과 보살들도 함께 생각하고 헤아려도 부처의 지혜를 측량할 수 없다'고 했습니다. 그런데 이제 범부에게 다만 자신의 마음을 깨달으라고 하여 이를 '부처의 지견(知見)'이라 합니다. 상근(上根)이 아닌 사람들은 의심하고 비방 할 수밖에 없을 것입니다. 또 경전에서는 세 가지 수레(三車), 즉 양차(羊車), 녹차(鹿車), 우차(牛車)와 흰 소 수레(白牛車)16)를 말씀하셨는데, 이들은 어떻게 구별됩니까? 선사께서 다시 가르쳐 주시기 바랍니다."

선사가 말씀하셨다. : "경전의 뜻은 분명한데, 너 스스로 미혹되어 등을 돌렸을 뿐이다. 모든 삼승(三乘, 성문·연각·보살)의 사람들이 부처의 지혜를 측량하지 못하는 것은 헤아리려는 데 문제가 있다. 그들이 아무리 생각하고 추론해도 오히려 더 멀어질 뿐이다. 부처는 본래 범부를 위해 설법한 것이지, 부처를 위해 설법한 것이 아니다. 이 이치를 믿지 못하는 사람들은 그에 따라 자리를 떠났는데, 흰 소 수레에 타고 있으면서도 오히려 문 밖에서 세 가지 수레를 찾고 있음을 전혀 알지 못하고 있다.17) 더욱이 경전의 문구가 분명히 너에게 말하고 있지 않느냐, '오직 일불승(一佛乘)만이 있을 뿐, 둘이나 셋 같은 다른 승(乘)은 없다.' 또한 수많은 방편과 갖가지 인연과 비유와 말씀은 모두 일불승을 위한 것이다. 너는 왜 살피지(省) 못하느냐? 세 가지 수레는 거짓이며, 옛날을 위한 것이고, 한 수레(一乘)는 진실이며, 지금을 위한 것이다. 다만 너에게 거짓을 버리고 진실로 돌아가라고 가르칠 뿐이다.

---

16) *양차(羊車, 양 수레) → 성문승(聲聞乘): 성문(聲聞, 아라한)은 부처님의 가르침을 듣고 깨달음을 얻는 수행자를 뜻합니다. 자기의 해탈을 목적으로 하며, 소승(小乘)으로 분류됩니다.
*녹차(鹿車, 사슴 수레) → 연각승(緣覺乘, 독각승): 연각(緣覺, 독각)은 부처 없이 스스로 깨달음을 얻은 자를 뜻합니다. 주로 인연을 관찰하여 진리를 깨닫는 수행 방식을 따릅니다. 마찬가지로 소승(小乘)에 속합니다.
*우차(牛車, 소 수레) → 보살승(菩薩乘): 보살(菩薩)은 깨달음을 구하면서도 중생을 제도하는 존재입니다. 성문승과 연각승보다 더 높은 수행의 길로, 대승(大乘)에 해당합니다. 그렇지만 일승(一乘)으로 가는 과정 중 하나로 봅니다.
*白牛車(백우차) → 큰 흰 소 수레(一乘, 하나의 큰 가르침)을 의미합니다. 즉, 부처님이 최종적으로 설하고자 한 법화경의 가르침, 대승불교의 궁극적인 진리를 뜻합니다. 처음에는 중생을 위해 삼승(三乘)을 설했지만, 궁극적으로는 오직 하나의 길(一乘)만이 존재한다는 것을 강조합니다.

17) 법화경의 내용 중에 설법을 믿지 않는 대중들은 자리에서 물러나 떠나간 것을 예를 들어 말하고 있습니다. (방편품 제2장) : "爾時世尊。止聲聞眾。勿復懷懼。於我所說。當生信力。世尊重宣此義。諸聲聞眾。增上慢者。千二百人。即從座起。作禮佛足。而退去矣。그 때 세존께서, 성문 대중에게 그치라고 하시며, 다시는 두려워하지 말고, 내가 말한 것에 대해 믿음을 가져야 한다고 말씀하셨다. 세존께서 이 뜻을 거듭 말씀하시자, 성문 대중 중에 교만한 자 1,200명이 즉시 자리에서 일어나 부처님의 발에 예를 올리고 물러갔다."

진실로 돌아간 후에는 진실 또한 이름이 없느니라. 마땅히 알아야 하느니라. 모든 보배는 너에게 속해 있으며, 네가 사용할 뿐이다. 아버지라고 생각하지도 말고, 아들이라고 생각하지도 말며, 사용한다는 생각도 없어야 한다. 이것을 《법화경》을 지닌다고 말하는 것이니, 겁(劫)에서 겁으로 두 손에 경전을 놓지 않으며, 낮부터 밤까지 항상 염(念)하지 않는 때가 없다."

법달은 가르침을 받고 뛸 듯이 기뻐하며 게송으로 찬탄하여 말했다. :

경전을 삼천 번 읽었지만, 조계(曹溪)의 한 마디에 모두 사라졌네.
출세(出世, 세상을 벗어남)의 뜻을 알지 못했으니, 어찌 여러 생의 미망(迷妄)을 그치리오.
양차(羊車), 녹차(鹿車), 우차(牛車)는 방편으로 설정되었고, 초·중·후의 선(善)[18]을 드날렸네.
누가 알았으리요? 불길 속 집 안에 원래 법 중의 왕이 있었음을.

선사가 말씀하셨다. "너는 이제야 비로소 경전을 읽는 스님이라 할 만하다." 법달은 이로부터 깊은 가르침을 깨닫고, 또한 경전 읽기를 멈추지 않았다.

지통(智通)스님은 수주 안풍(壽州 安豐) 사람으로, 처음에 《능가경》을 천여 번 읽었지만, 삼신(三身)과 사지(四智)를 이해하지 못하였다. 그리하여 선사를 참예하고 그 뜻을 풀이해 달라고 청하였다.
선사가 말씀하셨다. "삼신(三身)을 말하자면, 청정법신(淸淨法身)은 너의 성품(性)이고, 원만보신(圓滿報身)은 너의 지혜(智)이며, 천백억 화신(千百億化身)은 너의 행동(行)이다. 만약 본성(本性)을 떠나서 따로 삼신을 말한다면, 이는 몸만 있고 지혜가 없는 것이다. 만약 삼신에 자기 성품(自性)이 없음을 깨닫는다면, 곧 사지(四智)와 보리(菩提)를 밝히게 될 것이다. 내 게송을 들어라.":

자성(自性)은 삼신을 갖추고, 발명(發明)하여 사지(四智)가 되느니라.
보고 듣는 인연을 떠나지 않으면서도, 초연히 부처의 경지에 오르느니라.
내가 지금 너를 위해 말하노니, 진실로 믿어 영원히 미혹되지 말라.
밖을 향해 치달려 구함을 배우지 말라, 온종일 보리(菩提)만 말로 할 뿐이다!

지통이 다시 여쭈었다. "사지(四智)의 뜻을 들을 수 있겠습니까?"
선사가 말씀하셨다. "이미 삼신(三身)을 이해했다면, 사지(四智)를 곧바로 알 수 있거늘, 왜 다시 묻느냐? 만약 삼신을 떠나서 따로 사지를 말한다면, 이는 지혜만 있고 몸이 없는 것이다. 이런 지혜는 결국 지혜가 아니게 된다." 다시 게송으로 말

---

18) 성문승(羊車), 연각승(鹿車), 보살승(牛車)의 수행 과정도 방편이지만 선(善)한 것이며, 궁극적으로 일승(白牛車)으로 회통됨을 의미합니다.

씀하셨다. :

　　대원경지(大圓鏡智)는 성품이 청정하고, 평등성지(平等性智)는 마음에 병이 없으며,
　　묘관찰지(妙觀察智)는 보는 데에 공력(功力)을 들이지 않고,[19] 성소작지(成所作智)는 원경(圓鏡)과 같으니라.
　　오식(五識)과 팔식(八識)은 과보(果報)에서 전환되고, 육식(六識)과 칠식(七識)은 인(因)에서 전환되나[20], 다만 언어의 개념을 사용할 뿐 참된 성품은 없느니라.
　　번잡함이 끊임없이 일어나도 영원히 나가정(那伽定)[21]에 머무느니라.

　　[위와 같이 식(識)이 전환되어 지혜(智)가 된다. 교법(敎法)에서는 전오식(前五識)이 성소작지(成所作智)로, 제육식(第六識)이 묘관찰지(妙觀察智)로, 제칠식(第七識)이 평등성지(平等性智)로, 제팔식(第八識)이 대원경지(大圓鏡智)로 전환된다고 한다. 비록 육식과 칠식은 인(因)에서 전환되고, 오식과 팔식은 과(果)에서 전환되지만, 다만 이름만 바뀔 뿐 그 체(體)가 바뀌는 것은 아니다.]

　　지통은 몰록 성품의 지혜를 깨닫고, 게송을 지어 바쳤다. :

---

19) 묘관찰지란 비공(非功), 즉 힘을 들이지 않고 보는 것이니, 분별을 잘 하되 난상(亂想)을 일으키지 않으며, 걸리고 막힘이 없는 자재(自在)함을 얻는 것을 말한다.
20) * 우리의 마음이 부처님과 같은 지혜로운 마음으로 바꾸어지는 구조를 밝힌 것이 유식(唯識)에서 말하는 전식득지(轉識得智)의 구조입니다. 불교에서는 인간의 인식 작용을 8가지 식(識)으로 나눕니다. 이 식들은 미혹(迷)의 상태에서 깨달음(覺)의 상태로 전환될 때, 각각 해당하는 지혜(智)로 바뀝니다.
전오식(前五識): 눈, 귀, 코, 혀, 몸의 감각적 인식
제육식(第六識): 의식(意識), 즉 사고와 분별 작용
제칠식(第七識): 말나식(末那識), 즉 자아의식과 집착
제팔식(第八識): 아뢰야식(阿賴耶識), 즉 저장된 모든 업(業)과 종자(種子)의 근원
* 이 식들은 깨달음을 통해 다음과 같은 지혜로 전환됩니다:
전오식 → 성소작지(成所作智): 모든 일을 완성하는 지혜
제육식 → 묘관찰지(妙觀察智): 모든 현상을 명확히 관찰하는 지혜
제칠식 → 평등성지(平等性智): 모든 것에 평등하게 대하는 지혜
제팔식 → 대원경지(大圓鏡智): 모든 것을 비추는 거울 같은 지혜
* 육식과 칠식은 인(因)에서 전환된다는 의미: 육식(의식)과 칠식(말나식)은 수행 과정에서 직접적으로 전환이 되어, 이들은 수행의 원인(因)으로 작용하며, 수행자가 마음을 다스리고 집착을 버리는 과정에서 지혜로 전환됨: 제육식(의식)은 분별과 사고를 버리고 묘관찰지로 전환되며, 제칠식(말나식)은 자아의 집착을 버리고 평등성지로 전환된다는 것을 의미합니다.
* 오식과 팔식은 과(果)에서 전환된다는 의미: 오식(전오식)과 팔식(아뢰야식)은 수행의 결과(果)로서 자연스럽게 전환되어, 이들은 수행의 원인이 아니라, 수행의 결과로써 지혜로 바뀌게 됨: 전오식은 수행의 결과로 성소작지로 전환되고, 아뢰야식은 수행의 결과로 대원경지로 전환된다는 것을 의미입니다.
21) 나가(那伽)라는 말은 용(龍)을 뜻하는데 부처님이 선정에 들어 자유자재하심이 마치 용이 허공이나 바다에서 자유자재하게 노니는 것과 같음을 비유하여 나가정(那伽定)이라고 한 것이다.

삼신(三身)은 원래 나의 몸이고, 사지(四智)는 본래 마음의 밝음이네.
몸과 지혜가 융합하여 걸림이 없으니, 대상에 응하고 형편에 따라 맡김이라.
마음을 일으켜 수행한다면 모두 망령된 움직임이고, 지켜 머무는 것도 참된 본질이 아니네.
오묘한 뜻을 스승의 가르침으로 깨달으니, 마침내 오염된 이름이 없어지게 되었네.

지상(智常)스님은 신주 귀계(信州 貴溪) 사람으로, 어려서 출가하여 뜻이 깨달음(見性)을 구(求)함에 있었다. 어느 날 선사를 참예(參禮)하니 선사가 물으셨다. : "너는 어디에서 왔으며, 무엇을 구하려 하느냐?"

지상이 대답했다. "학인(學人)은 최근에 홍주(洪州) 백봉산(白峯山)에 가서 대통(大通) 스님을 참배하고, '견성성불(見性成佛)'에 대한 가르침을 들었습니다. 그러나 여전히 의심이 풀리지 않아 멀리 와서 참배하오니, 선사께서 자비(慈悲)로 가르쳐 주시기 바랍니다."

선사가 말씀하셨다. "그 스님이 무슨 말씀을 하셨느냐? 한번 말해 보아라."

지상이 대답했다. 「"지상이 그곳에 가서 석 달을 머물렀지만, 가르침을 받지 못했습니다. 법을 구하는 마음이 간절하여 어느 날 밤 방에 들어가 여쭈었습니다. '제 본심(本心)과 본성(本性)은 무엇입니까?'"

대통 스님이 말씀 하셨습니다. "너는 허공을 보느냐?"

제가 대답 했습니다. "네, 봅니다."

대통 스님이 말씀 하셨습니다. "너는 허공에 형상이 있는 것을 보았느냐?"

제가 대답 했습니다. "허공은 형체가 없는데, 무슨 형상이 있겠습니까?"

대통 스님이 말씀 하셨습니다. "너의 본성은 허공과 같아서, 한 물건도 볼 수가 없으니, 이것을 정견(正見)이라 하고, 한 물건도 알 수가 없으니, 이것을 참된 앎(眞知)이라 한다. 푸르거나 누르거나 길거나 짧은 것이 없으며, 다만 본원(本源)이 청정하고 깨달음의 체(體)가 원만하고 밝은 것을 보면, 이것을 견성성불(見性成佛)이라 하고, 또한 여래지견(如來知見)이라 한다."」

"학인은 이 말을 들었지만, 여전히 이해가 되지 않습니다. 선사께 가르침을 청합니다."

선사가 말씀하셨다. "그 스승의 말은 아직도 '보는 것'과 '아는 것'에 머물러 있기 때문에 네가 이해하지 못한 것이다. 내가 너에게 한 게송을 보여 주리라." :

한 법도 보지 않음은 무견(無見)을 보존하는 것인데, 이는 마치 뜬구름이 해를 가리는 것과 같고,
한 법도 알지 않음은 공지(空知, 공에 대한 개념적 앎)를 지키는 것이니, 이는 마치 허공에 번개가 치는 것과 같으니라.[22]

---

22) 천둥번개는 구름들 속에서 일어나는 현상인데, 멀쩡한 허공에서 갑자기 번개가 치는 것

이러한 지견(知見)이 언뜻 일어날 때에, 잘못 알면, 어찌 방편[23]을 이해할 수 있겠는가?

너는 마땅히 한 생각에 그른 줄 알라, 그러면 너의 영묘한 빛이 항상 드러나리라.

지상은 게송을 듣고 마음이 활짝 열려, 이에 게송을 지어 바쳤다. :

부질없이 지견(知見)을 일으키고, 형상에 집착하여 보리(菩提)를 구하며,
한 생각 깨달았다는 식정(識情)을 간직하니, 어찌 옛날의 미혹(迷惑)을 넘어서리오.
자성(自性)은 깨달음의 근원체(源體)인데, 비추는 대로 헛되이 옮겨 흐른다.
조사(祖師)의 방에 들어가지 않았다면, 아득히 두 갈래 길로 나아갔으리.

지상이 어느 날 선사께 여쭈었다. "부처님은 삼승법(三乘法)을 말씀하시고, 또 최상승(最上乘)을 말씀하셨습니다. 제자가 이해하지 못하오니, 가르쳐 주십시오."

선사가 말씀하셨다. "너는 자신의 본심(本心)을 보라. 외부의 법상(法相)에 집착하지 말라. 법에는 네 가지 승(乘)이 없고, 사람의 마음에 차등이 있을 뿐이다. 보고 듣고 외우는 것은 소승(小乘)이고, 법을 깨닫고 뜻을 이해하는 것은 중승(中乘)이며, 법에 따라 수행하는 것은 대승(大乘)이고, 만법(萬法)을 모두 통달하고, 만법을 모두 갖추어, 모든 것에 물들지 않고, 모든 법상(法相)을 떠나, 아무것도 얻지 않는 것을 최상승(最上乘)이라 한다. 승(乘)은 행(行)한다는 뜻이지, 입으로 다툴 것이 아니다. 너는 스스로 닦아야 하니, 나에게 묻지 말라. 모든 때에 자성(自性)이 스스로 그러하니라."

지상 스님은 예를 갖추어 감사하며, 선사의 생애가 다할 때까지, 스승을 섬기고 시중들었다.

지도(志道) 스님은 광주 남해(廣州南海) 사람인데, 선사께 가르침을 받고자 물었다. "학인이 출가한 이래로 《열반경(涅槃經)》을 10년 이상 보았으나, 그 대의(大意)를 분명히 이해하지 못하겠습니다. 선사께서 가르쳐 주시기 바랍니다."

선사가 말씀하셨다. "너는 어디에서 이해하지 못했느냐?"

지도가 말했다. "'제행(諸行)[24]은 무상(無常)하여 생멸(生滅)의 법(法)이며, 생멸이 멸한 뒤 적멸(寂滅)이 즐거움이다'라는 구절에서 의심이 생깁니다."

선사가 말씀하셨다. "너는 어떻게 생겨난 의심을 짓는 것이냐?"

지도가 말했다. "모든 중생은 두 가지 몸이 있습니다. 색신(色身)과 법신(法身)

---

처럼 말도 안 된다, 부질없다는 뜻.
23) 중생을 깨우치기 위한 부처님의 가르침.
24) 인연 화합에 의해 만들어진 모든 것, 인연 따라 형성된 것은 인연이 다하면 항상 변화하고 사라지게 된다.

입니다. 색신은 무상하여 생멸이 있지만, 법신은 항상(常住)하여 지각(知覺)함이 없습니다. 경전에서 말한 '생멸이 멸하여 없어지니, 적멸이 즐거움이 된다.'라는 구절에서, 어떤 몸이 적멸하는지, 어떤 몸이 즐거움을 받는지 분명하지 않습니다. 만약 색신이라면, 색신이 멸할 때 사대(四大)가 분산되어 모두 고통뿐인데, 고통을 즐거움이라 말할 수는 없습니다. 만약 법신이 적멸한다면, 이것은 곧 (저 지각없는) 초목(草木)이나 기와, 돌과 같은 것인데, 누가 즐거움을 받겠습니까? 또 법성(法性)은 생멸의 체(體)이고, 오온(五蘊)은 생멸의 작용(用)입니다. 하나의 체에 다섯 가지 작용(用)으로 생멸이 항상(常) 합니다. 생(生)은 체에서 용이 일어나는 것이고, 멸(滅)은 용이 체로 돌아가는 것입니다. 그런데 만약 다시 태어난다면, 유정(有情)의 종류는 끊어지지 않고, 멸하지 않을 것입니다. 그러나 다시 태어나지 않는다면, 영원히 적멸에 돌아가 무정물(無情物)과 똑같아질 것입니다. 이렇게 되면 모든 법이 열반에 의해 금복(禁伏, 제어하고 누름)되어[25] 여전히 태어날 수 없는 것인데, 무슨 즐거움이 있겠습니까?"

선사가 말씀하셨다. "너는 부처님의 제자인데, 어찌 외도의 단상(斷常, 단멸론과 영원론)의 사견(邪見)을 익혀 최상승법(最上乘法)을 논하느냐? 네가 말한 바에 따르면, 색신 밖에 따로 법신이 있고, 생멸을 떠나 적멸을 구하는 것이 된다. 또 열반의 상락(常樂)을 추론하여, 어떤 몸이 있어 그것을 받아들인다고 말한다. 이것은 생사(生死)에 집착하고 세속의 즐거움에 탐닉하는 것이다. 너는 지금 마땅히 알아야 한다. 부처님은 '모든 미혹한 중생이 오온(五蘊)의 화합을 자기 몸의 모습으로 여기고, 모든 것들을 분별하여 바깥세상의 모습(外塵相, 바깥 경계의 모습)으로 삼고, 삶을 좋아하고 죽음을 싫어하며, 생각생각이 끊임없이 변해 가는데, (이것들이) 꿈과 환상처럼 허망한 것임을 알지 못하고, 헛되이 윤회(輪廻)를 받고, 항상 즐거움인 열반(常樂涅槃)을 거꾸로 괴로운 모습으로 만들어 종일토록 쫓아다니니', 이것을 가엾게 여겨 열반의 참된 즐거움을 보이신 것이다. 한 순간도 생(生)하는 모습이 없고, 한 순간도 멸(滅)하는 모습이 없으며, 다시 소멸할 생멸(生滅)의 모습이 없으니, 이것이 바로 눈앞에 드러나 있는 적멸이다. 적멸이 드러날 때에 드러났다는 생각 또한 없으니, 이것을 일러 항상 하는 즐거움(常樂)이라고 한다. 이 즐거움은 받는 자도 없고, 받지 않는 자도 없다. 그러므로 어찌 하나의 체에 다섯 가지 용이 있다는 개념이 있겠는가? 하물며 더욱이 열반이 모든 법을 금복(禁伏)하여 영원히 생겨나지 못하게 한다고 말한다면, 이것은 곧 부처를 비방하고 법을 훼손하는 것이다.[26] 나의

---

25) 열반으로 모든 것이 죽고 사라져 버림.
26) 지금 지도(志道)스님은 두 가지 질문을 하고 있습니다. 이것은 두 가지 견해라 할 수 있습니다. 하나는 사람이 죽게 되면 아무것도 남겨지는 것이 없이 완전한 무(無)로 돌아간다는 것입니다. 다른 하나는 모든 것은 생멸을 반복하고 그래서 계속해서 존재한다는 것입니다. 지도(志道)스님의 질문은 위와 같은 이해로부터 만들어진 것입니다.
  불교에서는 이러한 견해를 두 가지 사견(혹은 변견邊見)이라고 하고, 올바른 견해인 중도의 정견을 가져야 한다고 말합니다. 중도(中道)란 두 가지 사견을 떠난 연기적 관점입니다. '연기(緣起) 혹은 중도(中道)'의 이해가 없으면 영원주의(상견常見, eternalism)나 허무주의(단견斷見, annihilation)의 입장을 취합니다. 모든 것은 연기적으로 존재하기 때문

게송(偈)을 들으라.":

　　무상대열반(無上大涅槃)이여, 원만하고 밝아 항상 고요히 비추나,
　　어리석은 범부는 죽음이라 하고, 외도(外道)는 단멸(斷滅)이라 집착하네.
　　모든 이승(二乘)을 구(求)하는 사람들은, 그것(열반)을 무작(無作, 짓지 않음)이라 여긴다.
　　이 모두가 망정(妄情)의 계산일 뿐, 육십이견(六十二見, 모든 견해)의 근본(뿌리)이로다.
　　헛되이 가짜 이름을 세우니, 어찌 진실한 뜻이라 하리오?
　　오직 깨달은 사람만이, 취하고 버림 없이 통달하리라.
　　오온(五蘊)의 법과 그 속의 '나'를 아니(知),
　　바깥에 나타나는 여러 색상(色象), 각각의 소리들,
　　평등하여 꿈과 같으니, 범성(凡聖)의 견해도 일어나지 않으며,
　　열반도 생각하지 않으니, 이변삼제(二邊三際)27)가 끊어지네.
　　항상 제근(諸根, 六根)에 응(應)하여 쓰되, 쓴다는 생각이 일지(起) 않고,
　　모든 법을 분별하되, 분별한다는 생각이 일지 않는다.
　　겁화(劫火)가 바다 밑을 태우고, 바람이 산을 두드려 서로 부딪쳐도,
　　진실하고 영원한 적멸의 즐거움, 열반의 모습이 이와 같으니라.
　　내 이제 억지로 말함은, 너의 사견(邪見) 버리게 하려 함이니,
　　말만 따라 해석하지 않으면, 네게 앎이 조금은 있다고 허락하리라.

　　지도(志道)는 이 게송을 듣고 크게 깨달아, 뛸 듯이 기뻐하며 예배하고 물러났다.

　　행사선사(行思禪師)는 길주(吉州) 안성(安城)의 유씨(劉氏) 집안에서 태어났다. 조계(曹溪)의 법석(法席)이 성대하다는 말을 듣고 곧장 참예(參禮)하러 와서 물었다. "어떻게 해야 계급(階級)에 떨어지지 않겠습니까?"
　　선사가 말씀하셨다. "그대는 일찍이 무엇을 하다 왔는가?"
　　행사가 대답했다. "성제(聖諦, 성인의 진리)도 하지 않았습니다."
　　선사가 말씀하셨다. "그렇다면 어떤 계급에 떨어져 있단 말인가?"
　　행사가 대답했다. "성제도 하지 않는데, 무슨 계급이 있겠습니까?"

---

　　에 자신의 (독립적) 실체를 가지고 있지 않습니다. (독립된) 실체가 없이 연기적으로 존재합니다. 그러므로 다음과 같이 말해 집니다. : <열반경>에 "불성은 존재한다고도 할 수 없고, 존재하지 않는다고도 할 수 없다." 이것은 존재임과 동시에 존재가 아닙니다(비존재). 이 두 가지가 하나로 된 것을 중도(中道)라고 부릅니다. '불성'은 존재나 비존재로 생각되어서는 안 됩니다. 다른 모든 것도 마찬가지입니다.
27) 이변(二邊): 변견(邊見), 양 극단에 치우친 견해. 유무(有無), 단상(斷常) 등.
　　삼재(三際): 혹은 삼세(三世), 즉 과거, 현재, 미래.

선사는 깊이 그릇으로 여겨, 행사로 하여금 대중의 수좌(首座)가 되게 하였다.

어느 날 선사가 그에게 말했다. "그대는 마땅히 한 곳을 나누어 교화하여 법이 끊어지지 않게 하라."

행사는 법을 얻은 후, 길주 청원산(靑原山)으로 돌아가서 법을 널리 펴고 교화를 이었다. (시호諡號는 홍제선사弘濟禪師이다.)

회양선사(懷讓禪師)는 금주(金州) 두씨(杜氏)의 아들이었다. 처음에는 숭산(嵩山)의 안국사(安國師)를 참배했는데, 안국사는 그를 조계(曹溪)로 보내 참학(參學)하게 하였다. 회양이 도착하여 예를 올리자, 선사가 말씀하셨다. "어디에서 왔는가?"

회양이 대답했다. "숭산에서 왔습니다."

선사가 말씀하셨다. "무슨 물건이 어떻게 왔는가?"

회양이 대답했다. "한 물건이라 해도 맞지 않습니다."

선사가 말씀하셨다. "그렇다면 닦아 증득할 수 있겠는가?"

회양이 대답했다. "닦고 증득함은 없지 않지만, 오염되지는 않습니다."

선사가 말씀하셨다. "바로 이 오염되지 않음이 모든 부처님들이 보호하고 염원하시는 바이다. 그대가 이와 같고, 나 또한 이와 같다. 서천(西天)의 반야다라(般若多羅, 보리달마의 스승)께서 예언하기를, '그대의 발아래서 한 마리의 망아지가 나와 천하 사람들을 밟아 죽이리라.' 하였으니, 마땅히 마음에 간직하고 서둘러 말할 필요는 없다." (어떤 판본에는 '서천 이하 27자'가 없다.) 회양은 문득 깨달아 스님을 좌우로 모시며 15년 동안 지냈고, 나날이 점점 깊고 심오한 경지에 이르렀다. 이후 남악(南嶽)으로 가서 선종(禪宗)을 크게 펼쳤다. [칙명으로 대혜선사(大慧禪師)라는 시호를 받았다.]

영가현각선사(永嘉玄覺禪師)는 온주(溫州) 대씨(戴氏)의 아들이었다. 어려서부터 경론(經論)을 공부하고 천태종(天台宗)의 지관법문(止觀法門)에 정통했다. 《유마경(維摩經)》을 읽고 마음의 근본을 깨달았다. 우연히 육조 선사의 제자 현책(玄策)이 찾아와 그와 깊은 대화를 나누었는데, 하는 말들이 은연중에 여러 조사(祖師)들의 가르침과 맞아 떨어졌다. 현책이 물었다. "그대가 법을 얻은 스승은 누구입니까?"

현각이 대답했다. "내가 방등경론(方等經論, 여러 대승 불교의 경전과 논서들)을 배움에는, 각각의 경론에서 그 각각의 스승들이 전승하신 가르침을 따라 배웠소. 그 후 《유마경》에서 부처의 마음 종지를 깨달았으나, 아직 증명해 줄 이가 없소."

현책이 말했다. "위음왕(威音王)28) 이전이라면 몰라도, 위음왕 이후에 스승 없이 스스로 깨친 자는 모두 천연외도(天然外道, 정법의 인가 없이 스스로 깨달았다고 하는 사람)요."

현각이 말했다. "바라건대 그대가 나를 증명해 주시오."

---

28) <법화경>에 등장하는 최초의 부처님으로 아주 먼 과거를 비유하는 관용적인 표현, 예) 위음왕불 이전, 부모미생전(父母未生前).

현책이 말했다. "저는 감당할 수 없으니, 조계(曹溪)에 육조 대사가 계시니, 사방에서 사람들이 모여들어 모두 법을 받고 있소. 만약 가겠다면 함께 가겠소."

현각은 현책과 함께 조계로 찾아가 스님을 세 바퀴 돌고 석장(錫杖)을 울리며 서 있었다.

선사가 말씀하셨다. "출가자는 삼천 위의(三千威儀)와 팔만 세행(八萬細行)을 갖추어야 하는데, 대덕(大德)은 어디에서 왔기에 이렇게 큰 아만(我慢)을 내는가?"

현각이 대답했다. "생사(生死)가 큰일이고, 무상(無常)이 빠르기 때문입니다."

선사가 말씀하셨다. "그렇다면 어찌 무생(無生)을 체득하여 빠름이 없음을 료달하려 하지 않는가?"

현각이 대답했다. "체득이란 곧 생함이 없음(無生)이요, 료달함은 본래 빠름이 없습니다."

선사가 말씀하셨다. "그렇고, 그렇다!"

이에 현각이 비로소 위의를 갖추어 예를 올리고 곧 하직을 청했다.

선사가 말씀하셨다. "돌아가는 것이 너무 빠르지 않은가?"

현각이 대답했다. "본래 움직임이 없는데, 어찌 빠름이 있겠습니까?"

선사가 말씀하셨다. "누가 움직임이 없음을 아는가?"

현각이 대답했다. "선사께서 분별하고 계십니다."

선사가 말씀하셨다. "그대는 참으로 무생의 뜻을 얻었구나."

현각이 말했다. "무생에 어찌 뜻이 있겠습니까?"

선사가 말씀하셨다. "뜻이 없다면, 누가 분별하는가?"

현각이 대답했다. "분별 또한 뜻이 아닙니다."

선사가 말씀하셨다. "훌륭 하구다! 하룻밤 머물러 가거라."

이때의 인연으로 사람들이 일숙각(一宿覺)이라 불렀다. 후에 그가 지은 《증도가(證道歌)》가 세상에 널리 퍼졌다. [시호는 무상대사(無相大師), 당시 사람들은 그를 진각(眞覺)이라 불렀다.]

선승(禪僧) 지황(智隍)은 처음에 오조 홍인(五祖弘忍) 스님을 참배하고 스스로 깨달음을 얻었다고 여겼다. 그는 오두막에 머물며 오랫동안 좌선하면서, 무려 20년을 보냈다. 육조 선사의 제자 현책(玄策)이 방랑하던 중 하북(河朔) 지방에 이르러 지황의 소문을 듣고 암자에 찾아가 물었다. "당신은 여기서 무엇을 하십니까?"

지황이 대답했다. "선정(禪定)에 든 중이요."

현책이 말했다. "당신이 선정에 든다고 하는데, 마음이 있어서(有心) 들어간 것인가요, 마음 없이(無心) 들어간 것인가요? 만약 마음이 없이 (선정에) 들어간 것이라면, 모든 무정물(草木瓦石)도 선정에 들 수 있어야 할 것이요. 만약 마음이 있어서 들어간 것이라면, 모든 유정중생(含識之流, 마음과 의식을 가진 존재)도 선정에 들 수 있어야 할 것입니다."

지황이 말했다. "내가 바르게 선정에 들 때는, 유무(有無)의 마음이 있음을 보지 않습니다."

현책이 말했다. "유무의 마음이 보이지 않는다면, 그것은 이미 항상적인 선정(常定)인데, 어찌 들어가고 나옴이 있겠습니까? 만약 들어가고 나옴이 있다면, 그것은 참다운 대정(大定)이 아닙니다."

지황은 대답하지 못하고 한참 있다가 물었다. "스님은 누구의 법을 이었습니까?"

현책이 대답했다. "저의 스승은 조계(曹溪)의 육조(六祖)이십니다."

지황이 물었다. "육조 스님은 무엇을 선정(禪定)이라 하십니까?"

현책이 말했다. "우리 스님께서 말씀하시길, '묘하게 고요하고 오롯이 적멸(寂滅)하며, 체(體)와 용(用)이 여여(如如)하다. 오온(五陰)은 본래 공(空)하고, 육진(六塵)은 존재하지 않으니, 나가지도 않고 들어오지도 않으며, 안정도 아니고 산란함도 아니다. 선(禪)의 성품은 머무름이 없어서, 머무름을 떠난 것이 선적(禪寂)이고, 선(禪)의 성품은 생함(生)이 없어서, 생함(生)을 떠난 것이 선상(禪想)이다. 마음이 허공 같아, 허공이라는 헤아림조차 없다'고 하셨습니다."

지황은 이 말을 듣고 곧장 육조 스님을 찾아가 예를 올렸다.

선사가 말씀하셨다. "그대는 어디에서 왔는가?"

지황은 앞서 있었던 일을 자세히 말했다.

선사가 말씀하셨다. "참으로 말한 그대로다. 그대는 다만 마음을 허공과 같이 하여, 공(空)이라는 견해에 집착하지 말고, 응용함에 장애가 없고, 동정(動靜)에 무심(無心)하며, 범부니 성인이니 하는 식정(識情)을 잊어야 할 것이다. 능(能, 주체)과 소(所, 대상)가 모두 사라지고, 성(性)과 상(相)이 여여(如如)하면, 어느 때라도 선정이 아닌 때가 없을 것이다."(다른 판본에는 '그대는 다만...' 이하 35자가 없고, 대신 '스님은 그가 먼 곳에서 온 것을 가엾게 여겨 깨우쳐 주셨다'고만 기록되어 있다.)

지황은 이 말을 듣고 크게 깨달았으며, 지난 20년 동안 얻었다고 생각했던 모든 것이 자취 없이 사라졌다. 그날 밤 하북의 사람들은 공중에서 소리가 나는 것을 들었다. "지황 선사가 오늘 도(道)를 얻었다." 지황은 이후 육조 선사께 예를 올리고 하북으로 돌아가, 사방의 대중을 교화하였다.

한 스님이 선사께 물었다. "황매(黃梅, 오조 홍인)의 뜻은 누가 얻었습니까?"

선사가 말씀하셨다. "불법을 아는 자가 얻었다."

그 스님이 다시 물었다. "스님께서는 얻으셨습니까?"

선사가 말씀하셨다. "나는 불법을 알지 못한다."

선사가 하루는 전수받은 가사를 씻을 만한 좋은 샘이 없어, 절 뒤로 5리쯤 가니 산림이 울창하고 상서로운 기운이 소용돌이치고 있었다. 선사가 지팡이를 떨치고 땅에 세우니, 샘이 솟아나 연못을 이루었다. 선사는 무릎을 꿇고 돌 위에서 옷을 빨았다. 그때에 갑자기 한 스님이 와서 예배하며 말했다. "방변(方辯)은 서측(西蜀)

사람입니다. 어제 남천축국(남인도)에서 달마 대사를 뵈었는데, 저에게 당나라로 빨리 가라 하셨습니다. 대사께서 마하가섭의 정법안장과 승가리(僧伽梨, 대가사大袈裟)를 전하셨는데, 지금까지 6대에 걸쳐 소주 조계(曹溪)에 전해지고 있으니, 가서 예배하라 하셨습니다. 제가 멀리서 왔사오니 바라건대 스승이 전한 가사와 발우를 볼 수 있겠습니까?"

선사가 보여주고 물으셨다. "스님은 무슨 일을 주로 하시오?"

"조각을 잘합니다."

선사가 진지하게 말씀하셨다. "그럼 한번 (나의 상을) 만들어 보시오."

방변은 당황하여 어찌할 바를 몰랐다. 그러던 중 며칠 후 실물과 같은 7촌(寸) 높이로 만들어 냈는데, 그 정교함이 극에 달했다. 선사가 웃으며 말씀하셨다. "그대는 조각의 성품은 알지만, 불성은 알지 못하는구나." 선사는 손을 펴서 방변의 머리를 쓰다듬으며 말씀하셨다. "영원히 인간과 하늘의 복 밭이 될지어다." [선사가 또 법의(가사)를 보답으로 주니 방변은 법의를 셋으로 나누어 하나는 조각상에 걸치고, 하나는 자신이 간직하며, 하나는 종(棕, 종려나무)으로 싸 땅에 묻고, 맹세하며 말했다. "이후에 이 법의를 얻는 자는, 곧 내가 (다시) 세상에 나타나는 것이니, 이곳에 주지로 머물며 전각을 재건할 것이다." 송나라 가우(嘉祐) 8년(1063년), 유선(惟先) 스님이 이 전각을 수리하다 땅을 파니 옷이 새것 같았다. 조각상은 고천사(在高泉)에 모셔져 기도하면 항상 응답이 있었다.]

한 스님이 와륜(臥輪) 선사의 게송을 들어 말했다. :

와륜은 재주가 있어
능히 백 가지 생각을 끊으니
경계를 대함에 마음이 일지 않고
보리(菩提)가 날로 자라네.

선사가 그 게송을 듣고 말씀하셨다. "이 게송은 아직 마음자리를 밝히지 못했으니, 따라 행하면 더욱 속박될 뿐이다." 그리고는 게송을 보여 말씀하셨다. :

혜능은 재주가 없어
백 가지 생각을 끊지 않는다.
경계를 대하면 마음을 자주 일으키니
보리가 어떻게 자라나리요.

# 8. 돈점품(頓漸品): 단박과 점차

때(時)에 조사(祖師)께서는 조계(曹溪)의 보림사(寶林)에 계시고, 신수대사(神秀大師)는 형남(荊南)의 옥천사(玉泉寺)에 계셨다. 이때 두 종파가 크게 교화되어 사람들이 모두 남쪽의 혜능(南能)과 북쪽의 신수(北秀)라 칭하였으므로, 남북 두 종파의 돈(頓)과 점(漸)의 구분이 생겼다. 그러나 학자들은 그 종지(宗趣)를 알지 못하였다. 선사께서 대중에게 말씀하셨다. "법(法)은 본래 한 종파인데 사람에게 남북이 있을 뿐이요, 법은 같은 하나인데 깨달음에 빠르고 느림이 있을 뿐이다. 무엇을 돈(頓)과 점(漸)이라 하는가? 법에는 돈과 점이 없으나 사람에게 예리함과 둔함(利鈍)이 있으므로 돈과 점이라 이름 하는 것이다." 그러나 신수의 제자들이 남종(南宗)의 조사를 비웃으며, "글자 하나도 모르는데 무슨 장점이 있겠는가?" 하였다. 신수가 말했다. "그는 스승 없이 지혜(無師之智)를 얻어 상승(上乘)을 깊이 깨달았으니, 내가 미치지 못하는 바이다. 또한 나의 스승 오조(五祖)께서 친히 가사와 법을 전하셨으니 어찌 헛되이 하셨겠는가! 내가 그분이 있는 곳으로 가서 친근히 하지 못하고, 헛되이 나라의 은혜를 받고 있음이 한스러울 뿐이다. 너희들은 여기에 머물러 있지 말고 조계로 가서 묻고 깨달음을 얻도록 하라."

하루는 제자 지성(志誠)에게 명하여 말씀하셨다. "너는 총명하고 지혜가 많으니 나를 위해 조계에 가서 법을 듣거라. 만약 들은 바가 있으면 마음 다해 기억해 두었다가 돌아와 나에게 말하라." 지성이 명을 받들어 조계에 가서 대중을 따라 참례하고 청법(請法)하였으나, 자신의 온 곳을 말하지 않았다. 이때 선사께서 대중에게 말씀하셨다. "지금 법을 훔치는(盜法) 사람이 이 모임에 잠입해 있다." 지성이 곧 나와 예배하고 자초지종을 아뢰었다. 스승께서 말씀하셨다. "네가 옥천사에서 왔으니 분명 첩자(細作)로다."

지성(志誠)이 대답했다. "아닙니다."

선사께서 말씀하셨다. "어찌 그렇지 않을 수 있겠는가?"

지성이 대답했다. "말하지 않았을 때는 그렇지만, 말한 후에는 아닙니다."

선사께서 말씀하셨다. "네 스승은 어떻게 대중에게 보이시는가?"

지성이 대답했다. "항상 대중을 가르치시되, 마음을 머물게 하고 고요함을 관(觀)하며, 오래 앉고 눕지 말라고 하십니다."

선사께서 말씀하셨다. "마음을 머물게 하고 고요함을 관하는 것은 병(病)이요 선(禪)이 아니며, 오래 앉아 몸을 구속하는 것이 이치(理)에 무슨 이익이 있겠는가? 내 게송을 들어라.":

살아서는 앉아 눕지 않고
죽어서는 눕고 앉지 않으니,
한 무더기 냄새나는 뼈다귀다.
어찌 공부를 이루리오?

지성(志誠)이 다시 절하며 말했다. "제자가 신수대사(神秀大師) 회상에서 도를 배운 지 9년이 되었으나, 깨달음을 얻지 못했는데, 이제 화상(和尙)의 말씀을 듣고 곧 본심(本心)에 계합했습니다. 제자는 생사의 문제가 매우 중대하니, 화상께서 큰 자비를 베푸시어 다시 한 번 가르침을 내려 주십시오."

선사가 말씀하셨다. "내가 듣건대 네 스승은 학인(學人)에게 계(戒)·정(定)·혜(慧)의 법을 가르치신다 하니, 네 스승이 말한 계·정·혜의 실천 방식(行相)이 어떠한지 나에게 말해 보라."

지성이 말했다. "신수대사께서 말씀하시기를, '모든 악을 짓지 않는 것을 계(戒)라 하고, 모든 선을 받들어 행하는 것을 혜(慧)라 하며, 자기 마음을 스스로 깨끗이 하는 것을 정(定)이라 한다.'고 하셨습니다. 그분의 가르침은 이와 같은데, 화상께서는 어떤 법으로 사람을 가르치십니까?"

선사가 말씀하셨다. "내가 만약 법이 있어 누군가에게 준다고 말한다면, 그것은 너를 속이는 것이다. 다만 방편으로 속박을 풀어줄 뿐이니, 임시로 삼매(三昧)라 이름 할 뿐이다. 네 스승이 말한 계·정·혜는 참으로 불가사의(不可思議)하나, 내가 보는 계·정·혜는 또 다르다."

지성이 말했다. "계·정·혜는 한 가지인 것이 합당할 터인데, 어떻게 다시 다릅니까?"

선사가 말씀하셨다. "네 스승의 계·정·혜는 대승인(大乘人)을 제접하는 것이고, 나의 계·정·혜는 최상승인(最上乘人)을 제접하는 것이다. 깨닫고 이해함이 다르고, 견해에 빠르고 느림이 있다. 너는 내 말이, 너의 스승의 법문과 같은지 들어보라. 내가 설하는 법은 자성(自性)을 떠나지 않는다. 체(體)를 떠나 법을 말하는 것은 '모양으로 말하는 것(相說)'이며, 자성에 항상 미혹(迷惑)한 것이다. 모든 만법(萬法)이 다 자성(自性)에서 일어나 작용함을 알아야 하니, 이것이 참된 계·정·혜 법이다. 내 게송을 들으라.":

마음자리에 그릇됨이 없음이 자성의 계요,
마음자리에 어리석음 없음이 자성의 혜요,
마음자리에 어지러움 없음이 자성의 정이라.
늘지도 않고 줄지도 않고 본래가 금강(金剛)이니,
몸이 가고 옴이 본래 삼매로다.

지성이 게송을 듣고 뉘우치며 사죄하고, 한 게송을 지어 바쳤다. :

오온(五蘊)의 허환(虛幻)한 몸,
허환(虛幻)함이 어찌 최종적인 경지이겠는가?
진여(眞如)로 다시 돌아가려 한다면,
법은 이미 맑지 못하네!

선사는 그렇다 여기시고, 다시 지성에게 말씀하셨다. "네 스승의 계·정·혜는 소근(小根)의 지혜를 가진 이들에게 권하는 것이고, 나의 계·정·혜는 대근(大根)의 지혜를 가진 이들에게 권하는 것이다. 만약 자성을 깨달으면, 보리(菩提)도 열반(涅槃)도 세우지 않으며, 해탈지견(解脫知見)도 세우지 않느니라. 한 법(法)도 얻을 것이 없어야 비로소 만법(萬法)을 세울 수 있다. 이 뜻을 안다면 그것을 곧 '불신(佛身)'이라 하고, '보리·열반'이라 하고, '해탈지견'이라 하느니라. 자성을 본 이는 세워도 좋고 세우지 않아도 좋으며, 오고 감이 자유롭고 막힘과 걸림이 없어, 행해야 할 때는 따라 행하고, 말해야 할 때는 따라 대답하며, 널리 화신(化身)을 나타내나 자성을 떠나지 않으니, 곧 자재신통(自在神通)과 유희삼매(遊戲三昧)를 얻은 것이니, 이를 견성(見性)이라 하느니라."

지성이 다시 여쭈었다. "어떤 것이 '세우지 않음(不立)'의 뜻입니까?"

선사가 말씀하셨다. "자성에는 그릇됨(非)도, 어리석음(癡)도, 어지러움(亂)도 없으니, 생각마다 반야(般若)로 관조(觀照)하며 항상 법의 형상(法相)을 떠나 자유자재하다. 종횡으로 다 얻으니 무엇을 세우겠는가? 자기의 성품이 스스로 깨닫는 것이요, 돈오(頓悟)와 돈수(頓修)라 점차(漸次)가 없느니라. 그러므로 일체 법을 세우지 않으니, 모든 법이 적멸(寂滅)한데 무슨 차례(次第)가 있겠는가?"

지성이 정성스럽게 절하며 선사를 모시고 아침저녁으로 게을리 하지 않겠다고 서원 하였다. (지성志誠은 길주吉州 태화太和 사람이다.)

지철(志徹) 스님은 강서(江西) 사람으로, 본래 성은 장(張), 이름은 행창(行昌)이며, 젊어서는 의협심이 강했다. 남북종(南北宗)이 분화된 이후, 두 종파의 스승들(宗主, 혜능과 신수)은 서로를 배척하지 않았지만(亡彼我), 제자들 사이에는 다투어 애정과 미움이 일었다. 당시 북종(北宗)의 제자들은 스스로 신수(神秀)를 제6조(第六祖)로 삼고, 혜능 조사에게 전해진 가사가 천하에 알려질 것을 시기하여, 행창(行昌)을 보내 혜능을 암살하려 했다. 선사는 타심통(他心通)으로 미리 이 일을 아시고, 자리 옆에 금 10냥을 놓아두셨다. 어느 날 밤, 행창이 조사실(祖室)에 들어와 혜능을 해치려 하자, 선사는 목을 펴서 내미셨다. 행창이 칼을 세 번 휘둘렀으나, 실로 아무런 상해도 입히지 못했다.

선사께서 말씀하셨다. "올바른 칼은 삿되지 않고, 삿된 칼은 올바르지 않다. (전생에) 네게 금(金)을 빚졌을 뿐, 네게 목숨을 빚진 것은 아니다."

행창은 놀라 쓰러졌다가 한참 후 깨어나, 용서를 구하며 허물을 뉘우치고, 곧 출가하기를 원했다.

선사께서는 금을 주며 말씀하셨다. "너는 일단 가거라. 내 제자들이 너를 해칠까 염려되니, 후에 모습을 바꾸어 온다면, 내가 너를 받아들이리라."

행창은 그 말씀을 듣고 밤에 피하였다. 훗날 승가(僧伽)에 몸을 맡겨 출가하여 계(戒)를 받고 정진하였다. 어느 날 선사의 말씀이 생각나 멀리서 와서 예를 갖추어 알현했다.

선사가 말씀하셨다. "내가 오래도록 너를 생각했었는데, 어찌 이제야 왔느냐?"

행창이 대답했다. "전에 스님께 용서받고 출가해 고행을 하였지만, 은혜를 다 갚기 어렵습니다. 그것은 오직 법을 전해 중생을 제도하는 것뿐일 듯합니다! 제가 항상 《열반경》을 보지만, '상(常)'과 '무상(無常)'의 뜻을 알 수 없습니다. 화상께서 자비로 간략히 설명해 주시기를 청합니다."

선사가 말씀하셨다. "무상(無常)이 바로 불성(佛性)이요, 상(常)이란 모든 선악과 제법(諸法)을 분별하는 마음이다."

행창이 의아해하며 말했다. "스님의 말씀은 경전과 크게 어긋납니다."

선사가 말씀하셨다. "나는 부처님께서 마음에서 마음으로 서로 인가한 법(心印)을 전하는데, 어찌 감히 부처님의 경전에 어긋날 수 있겠느냐?"

행창이 말했다. "경전에서는 불성이 항상(常)하다고 말씀하셨는데, 화상께서는 도리어 무상(無常)하다고 말씀하십니다. 또한, 선악의 법(善惡之法)과 심지어 보리심(菩提心)까지도 모두 무상하다고 하였는데, 화상께서는 도리어 항상(常)하다고 말씀하십니다. 이것은 서로 모순되니, 수행하는 저로 하여금 더욱 의혹이 깊어지게 합니다."

선사께서 말씀하셨다. "《열반경(涅槃經)》을, 예전에 내가 비구니 무진장(無盡藏)이 독송하는 것을 한 번 듣고, 곧바로 설법하였는데, 단 하나의 글자도, 단 하나의 뜻도 경전의 내용과 어긋난 것이 없었다. 너를 위해서도 끝까지 두 가지로 말하지 않을 것이다."

행창이 말했다. "학인이 식견이 얕고 우매하니, 원컨대 화상께서 자세히 가르쳐 주십시오."

선사께서 말씀하셨다. "너는 아느냐? 만약 불성(佛性)이 항상 하는 것(常)이라면, 무슨 선악과 제법(諸法)을 말하겠으며, 나아가서 영원토록 한 사람도 보리심(菩提心)을 발(發)하는 사람이 없을 것이다. 그래서 내가 '무상(無常)'이라 말한 것이다. 바로 이것이 부처님이 말씀하신 '참된 상(眞常)'의 도리다. 또한, 만약 모든 법이 무상(無常)이라면, 모든 사물이 제각기 자성(自性)을 가지고 생사를 받아들일 터인데, 그렇다면 참된 상(眞常)의 성품이 두루 하지 못한 곳이 생긴다. 그러므로 내가 '상(常)'이라 말한 것이다. 바로 이것이 부처님이 말씀하신 '참된 무상(眞無常)'의 뜻이다.29) 부처님께서는 대조적(比)으로30) 범부와 외도들이 그릇된 상(邪常)에 집착하고,

---

29) 앞서 7장에서 지도(志道)스님에게 주었던 가르침은 유무중도(有無中道)에 대한 내용이었습니다. 즉, 유견·무견 이라는 치우친 견해를 벗어나서 중도라는 정견으로 보아야 한다는 말입니다. 지금 여기서 말해지는 내용은 단상중도(斷常中道)에 대한 내용입니다. 단상중도란 상견과 단견(무상견)의 한쪽으로 치우친 견해에 빠지지 말고, 중도로서 올바로 보아야 한다는 것입니다. 상견(常見)이란 변함없이 영원히 항상 한다는 견해이고, 단견(斷見, 무상견無常見)은 단절되고 끊어져 소멸하는 것으로 항상 하지 않는다는 견해입니다. '일체중생 실유불성'이란 모든 중생이 다 불성을 가지고 있다는 말인데, 이 佛性 -부처님의 성품- 이란 中道를 말합니다. 중도로서 보는 눈이 正眼이고, 중도로서 보는 견해가 正見입니다. 불교의 근본 사상은 연기론입니다. 이 연기의 기본 개념은, "이것이 있으므로 저것이 있고, 이것이 일어남으로 저것이 일어난다. 이것이 없으므로 저것이 없고, 이

모든 이승(二乘)의 사람들은 상(常)을 무상(無常)으로 오해하여 함께 여덟 가지 전도(八倒)[31]를 이루니, 이에 《열반경》의 궁극적 가르침(了義敎)으로 그 편견을 깨뜨리시고, 진상(眞常)·진락(眞樂)·진아(眞我)·진정(眞淨)을 드러내 말씀하셨다. 그런데 너는 지금 말(言)만 좇고 뜻(義)은 등져, 단멸적인 무상(斷滅無常)과 굳어져 죽은 상(確定死常)으로써 부처님의 원만하고 오묘한 최후의 미묘한 말씀(圓妙最後微言)을 그르쳐 이해하고 있다. 설령 (경전을) 천 번을 본다한들 무슨 이익이 있겠는가?"

행창은 홀연히 대오하여, 게송을 말하여 이르기를 :

무상(無常)하다 생각하는 마음을 고수하니,
부처님은 유상(有常)의 성품을 말씀하셨네.
방편(方便)을 알지 못하는 사람은,
마치 봄 연못에서 조약돌을 줍는 것과 같다.[32]
나는 이제 애써 노력하지 않아도, 부처님의 성품이 나타나 있네.

---

것이 소멸하므로 저것이 소멸한다."는 상의상관성(相依相關性, 서로 의존하고 서로 관계함)을 말합니다. 그래서 모든 존재하는 것들은 서로 의지하여 일어나는 것이고 서로 의지되어 있으므로 하나가 소멸하면 다른 것도 소멸됩니다. 어떤 실체가 있는 것이 아니고 인연따라 생기하고 인연따라 소멸한다는 것입니다. 실체가 있는 것이 아니기 때문에 있다·없다(有無)라고 말할 수 없습니다(非有非無). 그렇지만 이 일체의 현상은 인연따라 연기하여 나타나고 인연따라 연기하여 소멸하여 있기도 하고 없기도 합니다(亦有亦無). 그래서 모든 존재의 실상을 바로 보는 중도 정견에서 세상은 있는 것도 아니고 없는 것도 아니면서 있기도 하고 없기도 합니다(非有非無亦有亦無). 이와 같이 연기의 관점에서 존재의 실상을 여실히 보는 것을 중도라고 합니다. 뗏목이 강물을 따라 잘 흘러가려면 양쪽의 강변에 걸리지 않아야 하듯이, 常見도 여의고 無常見 여의어서 중도의 견해를 가져야 한다는 것을 여기서 육조 선사는 지적을 하고 있습니다. 진상(眞常)이란 그저 모든 것을 상(常)이라 여겨서 변하지 않는 실체가 있는 것으로 여겨서는 안 되고 상역불상(常亦不常)으로서 항상 하면서도 또한 항상 하지 않는 도리가 진상(眞常)이라 말씀하시고, 또한 무상(無常)을 단절되고 소멸되는 개체적인 것으로, 허무한 것으로 보는 관점 또한 잘못된 것으로, 참된 무상(眞無常)은 무상역상(無常亦常)으로 무상하면서도 또한 항상함이 있다는 가르침을 보이는 대목입니다. 반야심경에 '색불이공 공불이색 색즉시공 공즉시색'이란 대목이 있습니다. '색은 색이고, 공은 공이다'가 아니고, 색이 공과 다르지 않고 공이 색과 다르지 않으며 색이 곧 공이고 공이 곧 색이란 말입니다. 마찬가지로 지금의 내용은, 상(常)은 불상(不常)과 다르지 않고 불상(不常)은 상(常)과 다르지 않으며 상(常)이 곧 불상(不常)이고 불상(不常)이 곧 상(常)이라는 뜻입니다.

30) 여기서 대조(比)란: 부처님은 다른 그룹(凡夫·外道·二乘)의 그릇된 견해와 <u>대조적으로</u>, 《열반경》에서 진리를 설하셨다는 것을 말한다.
31) 범부는 본능적으로 불변하는 존재와 영원한 행복을 추구하여, 욕망과 집착 때문에 생사의 본질을 올바르게 보지 못하고, 윤회를 즐겁고 아름다운 것으로 여기고, 외도는 불교 외의 사상을 가진 사람을 말하는데, 잘못된 철학과 관념에 집착하여 벗어나지 못한다. 그래서 범부와 외도는 생사윤회의 <u>無常·苦·無我·不淨</u>을 <u>常·樂·我·淨</u>으로 오해하고, 이승인(二乘人, 성문·연각)은 생사의 고통에서 벗어나는 것을 목표로 삼아 열반을 단절된 무(無), 단순한 소멸(멸진)로 착각하기 때문에 常·樂·我·淨을 <u>無常·苦·無我·不淨</u>으로 오해한다.
32) 진리의 연못은 보지 못하고, 편견과 전도견(顚倒見)으로 어리석음에 빠져 있음을 비유.

스승이 주신 것도 아니요, 나 또한 얻은 바가 없네.

선사가 말씀하셨다. "너는 이제 철저히 통달하였으니, 이름을 '지철(志徹)'이라 하라."

지철은 큰 절로 감사를 표한 뒤 물러났다.

한 동자(童子)가 있었는데 이름은 신회(神會)로, 양양(襄陽) 고씨(高氏)의 아들이었다. 나이 열세 살에 옥천사(신수 스님이 머물던 절)에서 찾아와 예를 올리니, 선사가 말씀하셨다. "수좌(首座)는 먼 길 오느라 고생이 많았겠구먼! 본래 면목을 가지고 왔는가? 만약 본래 면목이 있다면 마땅히 주인을 알 터이니, 한번 말해 보거라."

신회가 대답했다. "머무름 없음(無住)을 근본으로 삼고, 보는 것(見)이 바로 주인입니다."

선사가 말씀하셨다. "이 사미(沙彌)가 어찌 그런 경솔한 말을 하는가?"

신회가 다시 물었다. "화상께서는 좌선하실 때 보십니까, 보지 않으십니까?"

선사가 지팡이로 세 번을 때리며 말씀하셨다. "내가 너를 때리니 아픈가?"

신회가 대답했다. "아프기도 하고 아프지 않기도 합니다."

선사가 말씀하셨다. "나도 보기도 하고 보지 않기도 하느니라."

신회가 물었다. "어떤 것이 보기도 하고 보지 않기도 하는 것입니까?"

선사가 말씀하셨다. "내가 보는 것은 항상 내 마음의 허물이요, 남의 옳고 그름이나 좋고 나쁨은 보지 않는다. 그러므로 보기도 하고 보지 않기도 하느니라. 네가 말하기를 '아프기도 하고 아프지 않기도 하다' 했는데, 그것은 어떠한 것인가? 만약 아프지 않으면 그것은 나무나 돌과 같고, 만약 아프다면 범부와 같아서 성냄을 일으킬 것이다. 네가 앞에서 말한 '본다, 보지 않는다' 한 것은 두 극단(二邊)에 떨어진 것이요, '아프다, 아프지 않다' 한 것은 생멸(生滅)이다. 너는 자신의 성품조차 보지 못하면서 감히 사람을 희롱하는가!" 신회는 예배하고 뉘우치며 감사해 하였다.

선사가 또 말씀하셨다. "만약 네 마음이 미혹하면 보지 못하니, 선지식에게 물어서 길을 찾아라. 만약 네 마음이 깨달았다면 스스로 성품을 볼 것이니 법에 따라 수행하라. 네가 스스로 미혹해 스스로의 마음도 보지 못하면서, 도리어 내게 보는지, 보지 않는지를 묻는가? 내가 보는 것은 나만 알 터이니, 어찌 너의 미혹을 대신하겠느냐? 네가 스스로 본다면, 또한 내 미혹을 대신하지 않으리라. 어찌 스스로 알고 스스로 보지 못하며, 나에게 보는지, 보지 않는지를 묻느냐?"

신회는 다시 백여 번을 절하며 허물을 빌고, 부지런히 스승을 모시며 좌우를 떠나지 않았다.

하루는 선사께서 대중에게 말씀하셨다. "내게 한 물건이 있으니, 머리도 없고 꼬리도 없으며, 이름도 없고 글자도 없고, 등도 없고 얼굴도 없다. 너희들은 아느냐?"

신회가 나서서 말하였다. "이는 모든 부처의 근원이요, 신회의 불성입니다."

선사가 말씀하셨다. "너에게 '이름도 없고 글자도 없다' 했는데, 너는 도리어 '근원이니 불성'이니 하며 이름을 지어 부르니, 네가 이후에 어느 곳에 주지(把茆蓋頭)33)가 되어 머문다 해도, 그저 지해(知解)에 매인 종도(宗徒)에 불과할 것이다."

조사께서 열반하신 후, 신회는 낙양에 들어가 조계의 돈교(頓敎)를 크게 펴고 《현종기(顯宗記)》를 저술하여 세상에 널리 퍼뜨렸다 [이분이 하택(荷澤) 선사다].

육조 선사께서는 여러 종파들이 서로 어려운 질문들을 하며 다투고 악심을 일으키는 것을 보시고, 많은 사람들이 그의 법좌 아래에 모였을 때, 그들을 불쌍히 여기며 이렇게 말씀하셨다. "도를 배우는 사람은 모든 선한 생각과 악한 생각을 다 없애야 한다. 이름 붙일 수 없는 것을 '자성(自性)'이라 하고, 둘이 없는 성품이 진실한 성품이다. 이 진실한 성품 위에 모든 교문(敎門)이 세워지니, 언하에 곧 스스로 보아야 한다."

대중이 이 말씀을 듣고 모두 절하며, 스승으로 모실 것을 청하였다.

---

33) 묘(茆)는 띠풀인데, 초가집을 짓는 재료다. 파묘개두(把茆蓋頭)는 파모개두(把茆蓋頭)와 같은 말로, 띠풀로 머리를 덮다, 띠풀로 초암을 짓고 머리 위를 덮음으로써 비바람을 막는다는 뜻이다. 스스로 독립하여 대중을 이끄는 지위가 되거나 일가의 종사가 된다는 뜻이다.

## 9. 선조품(宣詔品): 조정에서의 초대

　　신룡 원년(神龍元年, 705년) 상원일(上元日, 1월 15일), 측천(則天)황후와 중종(中宗)이 조서를 내렸다. "짐(朕, 임금이 자신을 가리키는 말)이 안(慧安)과 수(神秀) 두 스님을 궁중에 모시어 공양하며, 바쁜 가운데서도 틈을 내어 늘 일승(一乘)을 배우고자 했습니다. 두 스님이 사양하며 말씀하시기를, '남방에 혜능(慧能) 선사가 계시니, 비밀히 홍인(弘忍) 대사의 의법(衣法)을 전수받고 부처의 심인(心印)을 전하였으니, 그를 청하여 물으소서.' 하시니, 이제 내시(內侍) 설간(薛簡)을 보내어 조서를 받들어 모시고자 하오니, 스님은 자비로 여기시어 속히 상경(上京)하시길 바랍니다."

　　선사께서는 상표(上表)를 올려 병을 이유로 사양하고, 남은 여생을 산중에서 머물고자 하였다.

　　설간이 말하였다. "경성(京城)의 선덕(禪德)들은 모두 말하기를, '도를 깨치려면 반드시 좌선(坐禪)을 하여 선정(定)을 익혀야 하고, 선정을 닦지 않고 해탈을 얻은 사람은 아직 없었다.' 하였는데, 스님의 가르침은 어떠하십니까?"

　　선사께서 대답하셨다. "도는 마음으로 깨닫는 것이니, 어찌 앉음에 있겠습니까? 경전에 이르되, '만약 여래가 앉거나 눕는다고 말하는 자는 사도(邪道)를 행하는 자이다.' 하였으니, 무슨 까닭이겠습니까? 온 곳도 없고, 갈 곳도 없기 때문입니다. 생함도 없고 멸함도 없음이 여래의 청정선(淸淨禪)이요, 모든 법이 공적(空寂)함이 여래의 청정좌(淸淨坐)입니다. 궁극적으로 증득할 바가 없는데, 하물며 앉음이겠습니까?"

　　설간이 말하였다. "제가 돌아가면 주상(主上)께서 반드시 물으실 것입니다. 스님께서 자비로 여기시어 마음의 요체(心要)를 가르쳐 주시어, 양궁(兩宮, 측천무후와 중종)과 경성의 학도들에게 전하게 하소서. 비유하자면 한 등불이 수많은 등불을 켜듯이, 어두운 사람들은 모두 밝아져 밝음이 다함이 없을 것입니다."

　　선사가 말씀하셨다. "도에는 밝음과 어두움이 없으니, 밝음과 어둠은 서로 바뀌는 뜻(代謝之義)일 뿐입니다. '밝음이 다함이 없다'는 것도 또한 다함이 있는 것이니, 상대적으로 세워진 이름이기 때문입니다.[34] 《유마경》에 이르되, '법에는 비교할 바가 없으니, 서로 대립할 것이 없기 때문이다.' 하였습니다."

　　설간이 말하였다. "밝음은 지혜를 비유하고, 어둠은 번뇌를 비유합니다. 수도하는 사람이 만약 지혜로 번뇌를 비추어 깨뜨리지 않는다면, 무시(無始) 이래의 생사를 무엇으로 벗어나겠습니까?"

---

[34] 상대입명(相待立名)은 모든 개념이나 명칭(이름)은 상대적인 비교 속에서 성립한다는 뜻으로, 우리가 어떤 것을 '무한(無盡)'이라고 부르는 것도, 사실 '유한(有盡)'이라는 개념이 있기 때문에 가능한 것입니다. 즉, 절대적인 "무한"이 존재하는 것이 아니라, "유한"과의 대비 속에서 "무한"이라는 개념이 성립하는 것입니다. 그러므로 "무한한 것(無盡)"도 사실 상대적인 개념이며, "유한한 것(有盡)"과의 관계 속에서만 존재하는 이름입니다.

선사가 말씀하셨다. "번뇌가 곧 보리(菩提)이니, 두 가지가 없고 차별이 없습니다. 만약 지혜로 번뇌를 비추어 깨뜨린다면, 이것은 이승(二乘)의 소견이요, 양(羊)과 사슴(鹿) 등의 근기(根機)입니다. 높은 지혜를 가진 큰 근기들은 모두 이와 같지 않습니다."

설간이 말하였다. "어떤 것이 대승(大乘)의 견해입니까?"

선사가 말씀하셨다. "밝음과 어두움을 범부는 둘로 보지만, 지자(智者)는 그 성품이 둘이 아님을 통달합니다. 둘이 아닌 성품이 바로 실성(實性)입니다. 실성(實性)이라는 것은, 범부와 어리석은 이에게 있어도 줄지 않고, 현자와 성인에게 있어도 늘지 않으며, 번뇌에 머물러도 어지럽지 않고, 선정에 거처해도 고요하지 않습니다. 끊어짐도 없고 항상함도 없으며, 오지도 않고 가지도 않으며, 중간과 그 안팎에 있지도 않고, 생하지도 멸하지도 않으며, 성품과 모양이 여여(如如)하여 항상 머물고 옮기지 않으니, 이것을 이름하여 도(道)라고 합니다."

설간이 말하였다. "스님께서 말씀하신 '생하지도 멸하지도 않는다'는 것은 외도(外道)와 무엇이 다릅니까?"

선사가 말씀하셨다. "외도가 말하는 '생멸이 없다'는 것은, 멸(滅)로써 생함을 멈추려 하고, 생(生)으로써 멸(滅)을 드러내어, 멸(滅)이 오히려 불멸(不滅)이고, 생(生)을 불생(不生)이라 말하는 것입니다. 제가 말하는 '불생불멸(不生不滅)'은 본래 자체가 생(生)이 없고 지금도 불멸(不滅)이니, 그러므로 외도와 다릅니다. 당신이 만약 마음의 요체를 알고자 한다면, 오직 모든 선악을 생각하지 마십시오. 자연히 청정한 마음 체성에 들어가, 맑고 항상 적멸(寂滅)하며, 오묘한 작용이 항하사(恒河沙)와 같을 것입니다."

설간이 가르침을 받고 홀연히 크게 깨달았다. 예를 올리고 궁궐로 돌아가 선사의 말씀을 조서에 기록하여 아뢰었다.

그해 9월 3일, 다시 조서를 내려 선사를 칭송하였다. "선사께서는 늙고 병들었다고 사양하시며, 짐(朕)을 위해 수도하시니, 이는 나라의 복전(福田)입니다. 선사께서는 유마거사(維摩詰)가 비야(毘耶, 인도 바이샬리)에서 병을 빙자하여 대승(大乘)을 펼치듯, 제불의 마음을 전하시며 불이법(不二法)을 말씀하시는 것과 같습니다. 설간이 전한 선사의 가르침은 여래의 지견(知見)을 전한 것이니, 짐이 쌓은 선(善)업의 남은 복덕(餘慶)으로, 전생에 심은 선근(善根)이 있어 선사의 출세(出世)를 만나 상승(上乘)을 단박에 깨달았습니다. 선사의 은혜에 감사함을 머리 숙여 다할 길 없습니다."

그리하여 마납(磨衲) 가사와 수정 발우를 보내며, 소주(韶州) 자사(刺史)에게 명하여 사원을 수리하게 하고, 선사의 옛 거처를 '국은사(國恩寺)'로 부르게 하였다.

# 10. 부촉품(附囑品): 당부와 – 전법

선사께서 어느 날 문인인 법해(法海)、지성(志誠)、법달(法達)、신회(神會)、지상(智常)、지통(智通)、지철(志徹)、지도(志道)、법진(法珍)、법여(法如) 등을 불러 말씀하셨다. : 너희들은 다른 사람들과 다르니, 내가 멸도한 후에 각기 한 지역의 스승이 될 것이다. 내가 이제 너희에게 설법하는 법을 가르치리니, 근본종지(本宗)를 잃지 않도록 하라. 먼저 삼과법문(三科法門)을 들어야 하며, 그 다음으로 삼십육쌍(三十六對)으로 대비되는 개념을 사용해야 한다. 또한, 어떤 법문을 설하든(出沒), 항상 양극단(兩邊)을 떠나야 한다. 모든 법을 말할 때 자성(自性)을 떠나지 말라. 갑자기 누군가 너에게 법을 묻거든, 말을 내놓을 때 다 쌍으로 하여 대법(對法)을 취하고, 오고 감이 서로 인(因)이 되게 하라. 궁극적으로 두 법을 다 제거하여 더 갈 곳이 없어야 한다.[35]

삼과법문이란 음(陰)·계(界)·입(入)이다. 음(陰)은 오음(五陰)으로 색수상행식(色·受·想·行·識)이 그것이다. 입(入)은 12입으로 외육진 -- 색성향미촉법(外六塵: 色·聲·香·味·觸·法) -- 과 내육문 -- 안이비설신의(內六門: 眼·耳·鼻·舌·身·意) -- 이 그것이다. 계(界)는 18계로서 육진(六塵)·육문(六門)·육식(六識)이 그것이다. 자성은 능히 만법을 포함하니 '함장식(含藏識)'이라 이름 한다. 만약 사량(思量)을 일으키면 곧 '전식(轉識)'이 되어 육식(六識)을 내고, 육문(六門)을 출입(통)해서 육진(六塵)을 보느니, 이와 같은 18계는 모두 자성에서 일어나는 작용이다. 자성이 사특하면 18사(邪)가 일어나고, 자성이 바르면 18정(正)이 일어난다. 악하게 쓰면 중생의 용(用)이요, 선하게 쓰면 부처의 용(用)이다.

작용은 무엇으로 말미암는가? 자신의 성품(自性)으로 말미암아 있게 된다. 상대되는 법(對法)은 바깥 경계(外境)에 무정(無情)의 다섯 쌍이 있다. 하늘과 땅이 상대되고, 해와 달이 상대하며, 밝음과 어둠이 상대하고, 음(陰)과 양(陽)이 상대하며, 물과 불이 상대한다. 이것이 다섯 가지 상대(五對)되는 것이다. 사물의 모습을 나타내는 말에는 12가지 상대(十二對)가 있다. 말(語)과 사물(法)이 상대되고, 있음(有)과 없음(無)이 상대되고, 색 있음(有色)과 색 없음(無色)이 상대되고, 형상 있음(有相)과 형상 없음(無相)이 상대되고, 번뇌 있음(有漏)과 번뇌 없음(無漏)이 상대되고, 색(色)과 공(空)이 상대되고, 움직임(動)과 고요함(靜)이 상대되고, 맑음(淸)과 탁함(濁)이 상대되고, 범부(凡)와 성인(聖)이 상대되고, 승려(僧)와 속인(俗)이 상대되고, 늙음(老)과 젊음(少)이 상대되고, 큼(大)과 작음(小)이 상대된다. 이것이 12가지 상대(對) 됨이다(此是十二對也). 자신의 성품에서 일어나는 작용에는 19가지 상대(對)되는 것

---

35) 세 가지로 분류한 법문(三科法門)이라는 오온, 십이처, 십팔계란 일체법(모든 것)에 대한 설명으로, 모든 것이 연기(緣起)적 존재로서 실체가 없다는 것을 설명하는 것입니다. 마찬가지로 삼십육대법(三十六對法)이라는 것도 상대적 개념의 상호 의존성을 말하는 것으로, 궁극적 실체란 존재하지 않으며 일체는 서로가 서로의 원인과 결과가 되어 상호의 존적으로 존재한다는 불교의 핵심 가르침인 연기법(緣起法)을 가르쳐 주어야 한다는 것입니다.

이 있다. 장점(長)과 단점(短)이 상대되고, 그름(邪)과 바름(正)이 상대되고, 어리석음(癡)과 지혜(慧)가 상대되고, 미련함(愚)과 슬기로움(智)이 상대되고, 어지러움(亂)과 고요함(定)이 상대되고, 자비(慈)와 독함(毒)이 상대되고, 계율(戒)과 어긋남(非)이 상대되고, 곧음(直)과 굽음(曲)이 상대되고, 참됨(實)과 거짓(虛)이 상대되고, 험함(險)과 평탄함(平)이 상대되고, 번뇌(煩惱)와 깨달음(菩提)이 상대되고, 영원함(常)과 무상함(無常)이 상대되고, 자비(悲)와 해침(害)이 상대되고, 기쁨(喜)과 성냄(瞋)이 상대되고, 버림(捨)과 아낌(慳)이 상대되고, 나아감(進)과 물러남(退)이 상대되고, 생김(生)과 사라짐(滅)이 상대되고, 법신(法身)과 색신(色身)이 상대되고, 화신(化身)과 보신(報身)이 상대된다. 이것이 19가지의 상대되는 것이다(此是十九對也).

선사가 말씀하셨다. : 이 36쌍의 대법(三十六對法)을 이해하여 활용함이 곧 도(道)라, 일체경법(一切經法)을 관통하는 것이고, 언제나(出入) 곧 양변을 여의는 것이고, 자신의 성품이(自性) 작동하는 것이고, 다른 사람과 대화할 때에는 밖으로는 상(相)에서 상을 떠나고, 안으로는 공(空)에서 공을 떠나는 것이다. 만약 전적으로 상(相)에 집착하면 삿된 견해가 길러지고, 만약 전적으로 공(空)에 집착하면 무명이 길러진다. 공에 집착하는 사람 중에는 경전을 비방하며, 곧바로 문자는 쓸모가 없다고 말한다. '문자는 쓸모가 없다'고 말한다면, 그 사람은 또한 말하는 것에 부합되지 않는다. 이 말 자체가 문자의 모습(相)이기 때문이다. 또한 '곧바로, 문자를 세우지 않는다.' 라고 말하지만, 이 '세우지 않는다(不立)'라는 두 글자 역시 문자인 것이다. 다른 사람이 말하는 것을 보면, 곧바로 그를 비방하며, 문자에 집착하고 있다고 말한다. 너희들은 분명히 알아야 한다. 스스로 미혹한 것은 그렇다 치더라도, 다시 부처님의 경전을 비방하는가! 경전을 비방하지 말라, 그 죄악의 장애(罪障)가 한이 없다. 만약 밖의 상(相)에 집착하여, 규범을 세워서 진리를 구하거나(作法求眞)36), 도량을 지나치게 확장하고, '있음과 없음'의 허물을 논하는 사람은, 이런 사람은 누겁이 지나도 본성을 보지 못하리라. 오직 (가르침을) 듣고 법대로 수행할 뿐, 모든 것을 생각하지 않음(百物不思, 空에 대한 집착)으로 도의 본성을 가로막지 말라. 듣기만 하고 실천하지 않으면, 도리어 사악한 생각(邪念)을 낳을 뿐이니라. 오직 법에 의지하여 수행하며, 상(相)에 머무르지 않는 법(無住相法)을 베풀어야 한다. 너희가 깨달았다면, 이대로 말하고, 이대로 쓰며, 이대로 행하고, 이대로 지어라. 그러면 본래의 종지를 잃지 않으리라. 만약 누군가 너에게 그 뜻을 묻는다면, '있음(有)'을 물으면 '없음(無)'으로 대답하고 '없음'을 물으면 '있음'으로 대답하며 '범부(凡)'를 물으면 '성인(聖)'으로 '성인'을 물으면 '범부'로 답하라. 두 길이 서로를 빌어(二道相因) 중도(中道)의 뜻이 나타나리니, 한 질문에 한 대답으로, 나머지 물음에도 동일하게 이것(對法)에 의해 지으면, 참된 이치를 잃지 않으리라. 가령 누군가 묻기를, '무엇

---

36) 형식(법, 작법)을 통해 진리를 구하려는 것, 즉 겉모양에 매달려 진리를 얻을 수 있다고 착각하는 것으로, 예를 들면 많은 절을 세운다거나, 예불을 많이 올린다거나, 금강경을 수천 번 독송한다거나, 좌선을 몇 만 시간 한다거나 등등, 이러한 형식 자체에 집착하여, 그것이 곧 깨달음의 본질이라 생각하는 것으로, 형식적 수행을 진리 자체로 착각하는 오류.

이 어둠입니까?'하면 '밝음이 원인(因)이요, 어둠은 조건(緣)이라, 밝음이 사라지면 곧 어둠이다' 하고 대답하라. 밝음으로 어둠을 드러내고, 어둠으로 밝음을 드러내며, 오고 감이 서로가 원인이 되어 중도의 진리가 이루어지리라. 나머지 물음도 실로 모두 이와 같다. 너희들이 후세에 법을 전할 때, 이것에 의지해 전하여 서로 가르쳐 주어(轉相敎授), 종지를 잃지 말지어다.

선사께서는, 태극 원년 임자년(太極元年壬子, 712년) 연화(延和) 7월 [해당 년도 5월에 연호를 '연화(延和)'로 바꾸었고, 8월 현종(玄宗) 즉위 후 비로소 연호를 '선천(先天)'으로 개원(改元)하였다. 다음 해에 다시 '개원(開元)'으로 연호를 바꾸었다. 다른 기록에서 '선천(先天)'으로 표기한 것은 잘못된 것이다.] 제자들에게 신주 국은사(新州國恩寺)에 가서 탑을 세울 것을 명하시고, 공사를 재촉하여 이듬해(713년) 여름 말에 완공하였다. 7월 1일, 제자들을 모아 말씀하셨다. "내가 8월이면 세상을 떠날 것이니, 너희들 중 의심이 있으면 빨리 물어보라. 내가 의심을 깨뜨려 미혹을 다하게 하리니, 내가 간 뒤엔 가르쳐 줄 이가 없을 것이다."

법해(法海) 스님 등은 이 말씀을 듣고 모두 눈물을 흘리는데, 오직 신회(神會)만은 안색이 변하지 않고 울지도 않았다.

선사께서 말씀하셨다. "신회는 어린 스님이지만 도리어 선(善)과 불선(不善)을 평등이 보고, 헐뜯음과 칭찬에 흔들리지 않으며, 슬픔과 기쁨이 일어나지 않는구나. 나머지는 얻지 못했으니, 수년 동안 산속에서 도대체 무엇을 닦았느냐? 너희들이 지금 슬피 우는 것은 누구를 걱정함이냐? 만일 (너희들이) 내가 갈 곳을 모를까봐 걱정하는 것이라면, 나는 내 갈 곳을 안다. 내가 만일 갈 곳을 모른다면, 끝내 미리 너희들에게 알리지 않았으리라. 너희들의 슬픔은 아마 내가 가는 곳을 모르기 때문이니, 만일 내가 가는 곳을 안다면 마땅히 슬퍼하지 않으리라. 법성(法性)에는 본래 생멸(生滅)과 거래(去來)가 없느니라. 모두 앉아라. 내가 너희들에게 게송을 하나를 들려주리니, 이름하여 '진가동정게(眞假動靜偈)'다. 너희들이 이 게송을 외워 간직하고 나의 뜻과 같게 하여, 이에 따라 수행하면 종지(宗旨)를 잃지 않으리라.

대중스님들은 절을 하고, 선사께 게송을 말씀해 주시길 청하였다. 게송에 가로되 :

일체에 진실이 없나니 (一切無有眞),
진실은 보는 것이 아니다. (不以見於眞).
만일 진실을 본다고 한다면 (若見於眞者),
그 보는 것 모두 진실이 아니리라 (是見盡非眞).

만약 참됨을 스스로 가질 수 있다면 (若能自有眞),
거짓을 떠남이 곧 마음에 참됨이다. (離假卽心眞).
자신의 마음이 거짓을 떠나지 못하면 (自心不離假),
참됨도 없으니, 어디에서 참됨을 찾으리오? (無眞何處眞?)

생명 있는 것은 움직임을 알고 (有情即解動),
생명 없는 것은 움직이지 않느니 (無情即不動).
만일 움직이지 않는 행을 닦는다면 (若修不動行),
생명 없는 것과 같으리라 (同無情不動).

참된 부동(不動)을 찾고자 하면 (若覓眞不動),
움직임 속에 움직이지 않음이 있는 것이니 (動上有不動).
고요함만을 고요함이라 한다면 (不動是不動),
생명 없는 것에는 불성(佛種)이 없으리라 (無情無佛種).

능히 상(相)을 잘 분별하라 (能善分別相),
제일의(第一義)는 움직임이 없도다 (第一義不動).
단지 이 같은 견해를 짓는다면 (但作如此見),
곧 이것이 진여(眞如)의 작용이다 (即是眞如用).

모든 수행자들에게 알리노니, (報諸學道人)
부디 힘써 마음을 쓰라. (努力須用意)
대승의 문에서는, (莫於大乘門)
도리어 생사의 지혜를 고집하지 말라 (却執生死智).

언하에 상응하면 (若言下相應),
곧 함께 논할 것이요 (即共論佛義)
실로 상응하지 못하면, (若實不相應)
합장하며 (게송의 가르침에) 환희의 마음을 내어라 (合掌令歡喜).

이 종문(宗門)은 본래 다툼이 없나니, (此宗本無諍)
다툼이 있으면 곧 도의 뜻을 잃는 것이다. (諍即失道意)
거슬림에 집착하여 법문을 다툰다면, (執逆諍法門)
자성(自性)이 생사에 들어가리라 (自性入生死).

이때, 제자들이 게송을 듣고는 모두 예를 올리며 스님의 뜻을 깨닫고, 각각 마음을 가다듬어 법에 따라 수행하니, 더 이상 감히 다투지 않았으며, 또한 대사께서 머지않아 세상에 머물지 않으실 것을 알았다. 그래서 법해 상좌(法海上座)가 다시 절하며 물었다. "선사께서는 열반에 드신 후, 가사와 법은 누구에게 전하시겠습니까?"

선사께서 말씀하셨다. "내가 대범사(大梵寺)에서 설법한 이래 지금까지 기록되어 유포된 것을 『법보단경(法寶壇經)』이라 이름 하라. 너희들은 이를 잘 지켜서 서로 전하라. 중생을 제도함에 이 설법을 따르면, 이름 하여 정법(正法)이라 하리라. 지금 너희들에게 법을 설하지만, 가사는 전하지 않노라. 이는 너희들이 믿음의 뿌리가 순수하고 무르익어, 결코 의심이 없으며 대사(大事)를 감당할 만하기 때문이니라. 그리고 선조(先祖) 달마 대사가 전하신 게송의 뜻에 따라 가사는 전해져서는 안 되느니라. 그 게송은 이러하다. :

내 본래 이 땅에 온 것은 (吾本來茲土)
법을 전해 미혹한 중생을 구함이었네. (傳法救迷情)
한 꽃에서 다섯 잎이 피어나리니 (一華開五葉)
열매는 자연스레 이루어지리라 (結果自然成).

선사께서 다시 말씀하셨다. "모든 수행자들이여! 너희들은 각각 마음을 깨끗이 하여 내 설법을 들으라. 만약 온갖 지혜(種智)를 성취하고자 한다면, 모름지기 일상삼매(一相三昧)와 일행삼매(一行三昧)를 통달해야 한다. 만약 모든 곳에서 상(相)에 머물지 않고, 그 상(相)에 대해 미워하거나 애착하는 마음이 없으며, 취하거나 버리는 생각 없이, 이익이나 성패 등을 생각하지 않고, 평안하고 고요하며, 텅 비어 조화롭고 담박한 것, 이것을 일러 일상삼매(一相三昧)라 하느니라. 모든 곳에서 걷고, 머물며, 앉고, 누울 때 (行住坐臥), 오직 한결같은 마음이라면, 움직임 없는(不動) 도량(道場)인 것이니, 참된 정토를 이루는 것이라, 이를 일행삼매(一行三昧)라 하느니라. 이 두 삼매를 갖춘 사람은 마치 땅이 씨앗을 품어 기르듯 열매를 맺게 되리라. 일상삼매와 일행삼매도 또한 이와 같다. 내가 지금 설법함은 때맞춘 비가 대지를 적시는 것과 같고, 너희들의 불성(佛性)은 씨앗과 같아서, 이 비를 만나 모두 싹틀 것이니, 나의 뜻을 이은자(承吾旨者)는 반드시 보리를 얻을 것이요, 나의 가르침대로 행하는 자는 분명히 묘과(妙果)를 증득하리라. 나의 게송을 들으라." :

마음 밭에 모든 씨를 품었으니 (心地含諸種),
두루 내리는 비에 싹이 트리라 (普雨悉皆萌).
꽃다운 정서 단박에 깨달으매 (頓悟華情已, 華情=佛性)
보리 열매 스스로 이루리라 (菩提果自成).

선사께서 게송을 말씀하신 뒤 이어 말씀하시기를, "그 법(法)은 둘이 없고, 그 마음 또한 그러하다. 그 도(道)는 청정하여 모든 상(相)이 없나니, 너희들은 조심하여 고요함을 관(觀)하거나 그 마음을 공적하게 만들려고 하지 말지니라. 이 마음은 본래 청정하여, 가히 취하거나 버릴 것이 없느니라. 각자 스스로 노력하고, 인연 따라 잘 가거라." 그때 제자들이 절을 올리고 물러갔다.

대사께서 7월 8일에 문인들에게 갑자기 말씀하셨다. "나는 신주(新州)로 돌아가고자 하니, 너희들은 빨리 배편을 준비하라." 대중이 애통해하며 간절히 머물러 주길 청하자, 선사께서 말씀하셨다. "모든 부처님의 나타나심과 열반을 보이심은 같은 것이다. 옴이 있으면 반드시 감이 있으니, 이 이치는 항상 그러하다. 나의 이 몸도 반드시 돌아갈 곳이 있느니라."

대중이 말했다. "스님께서 여기서 떠나시면 조만간 돌아오십니까?"
선사께서 말씀하셨다. "잎은 떨어져 뿌리로 돌아가고, 오는 때는(來時) 입이 없다(無口)."[37]
또 여쭈었다. "정법안장(正法眼藏)은 누구에게 전하셨습니까?"
선사께서 말씀하셨다. "도(道)가 있는 자가 얻고, 마음 없는 자가 통한다."
또 여쭈었다. "이후에 어려움은 없겠습니까?"
선사께서 말씀하셨다. "내가 멸한 후 5~6년이 지나면 한 사람이 내 머리를 가져갈 것이다. 내 예언을 들으라. :

머리 위로 부모를 봉양하고 (頭上養親)
입으로는 끼니를 해결해야 한다. (口裏須餐)
만(滿)의 난(難)을 만날 때 (遇滿之難)
양(楊)과 류(柳)가 그때의 관리(官)일 것이다 (楊柳爲官).[38]

또 말씀하셨다. "내가 떠난 지 70년이 지나면, 두 보살이 동방에서 오리니, 한 사람은 출가자고, 다른 한 사람은 재가자(在家)다. 그들이 함께 교화를 일으켜 나의 종지를 세우고, 가람(伽藍)을 건립하고 정비하며 법맥을 크게 이어가리라."
제자가 물었다. "옛 부처님께서 세상에 나타나신 이래로 몇 대를 전하셨는지 알 수 있도록 가르침을 주십시오."
선사께서 말씀하셨다. "옛 부처님들이 세상에 응하여 출현하신 것은 이미 셀 수 없이 많아 헤아릴 수 없다. 지금은 그 중에서 일곱 부처님을 시작으로 삼는다.

---

[37] 《금강경(金剛經)》에 다음과 같은 문장이 있습니다. 須菩提！若人言'如來有所說法'即爲謗佛, 不能解我所說故。須菩提！說法者, 無法可說, 是名說法。: "수보리여! 만약 어떤 사람이 '여래가 설법한 바가 있다'고 말한다면, 그는 곧 부처님을 비방하는 것이니라. 이는 내가 설한 바를 올바로 이해하지 못했기 때문이니라. 수보리여! 설법이란, 본래 설할 법이 없는 것이니, 이를 가리켜 설법이라 하느니라."

[38] 육조 선사의 정상(두개 골) 탑에 대한 이야기는 [부록] 부분에 나옵니다. 이 내용을 알아야 위의 게송을 이해할 수 있습니다. --- 신라승 김대비(金大悲)가 육조 선사의 머리를 취하여 공양하고자, 장정만(張淨滿)에게 2만 냥의 돈을 주고 부탁하니, 장정만은 부모를 봉양하기 위해 돈을 받고 조계로 가서 머리를 자르려 했는데, 들켜서 체포되었다. 이때 이 일을 담당했던 관리는 양간(楊侃)과 류무첨(柳無忝) 이었다. --- 이 이야기를 통해 위의 게송 내용을 정리하면:
頭上養親 : 머리를 높인 자리(사리탑, 불단 등)에서 사람들이 혜능 선사께 예경을 드리게 하고자 함이었다.
口裏須餐 : 부모를 봉양하는 것은 자식의 도리인지라.
遇滿之難 : 장정만은 부모 봉양을 위해 돈을 받고 머리를 훔치려 조계에 들어갔으나 체포되었다.
楊柳爲官 : 그때에 이 일은 관리 양간(楊侃)과 류무첨(柳無忝)이 담당했다.

과거 '장엄겁(莊嚴劫)'에는 비바시불(毘婆尸佛), 시기불(尸棄佛), 비사부불(毘舍浮佛)이 계셨고, 현재 '현겁(賢劫)'에는 구류손불(拘留孫佛), 구나함모니불(拘那含牟尼佛), 가섭불(迦葉佛), 석가모니불(釋迦文佛)이 계셨다. 이분들이 곧 '칠불(七佛)'이시다."
위의 일곱 부처님 가운데, 지금은 석가모니불(釋迦文佛)을 시초로 하여 전해지기를, 제1 마하가섭(摩訶迦葉) 존자 · 제2 아난(阿難) 존자 · 제3 상나화수(商那和修) 존자 · 제4 우바굽다(優波鞠多) 존자 · 제5 제다가(提多迦) 존자 · 제6 미차가(彌遮迦) 존자 · 제7 바수밀다(婆須蜜多) 존자 · 제8 불타난제(佛馱難提) 존자 · 제9 복타밀다(伏馱蜜多) 존자 · 제10 협(脇) 존자 · 제11 부나야사(富那夜奢) 존자 · 제12 마명(馬鳴) 대사 · 제13 가비마라(迦毘摩羅) 존자 · 제14 용수(龍樹) 대사 · 제15 가나제바(迦那提婆) 존자 · 제16 라후라다(羅睺羅多) 존자 · 제17 승가난제(僧伽難提) 존자 · 제18 가야사다(伽耶舍多) 존자 · 제19 구마라다(鳩摩羅多) 존자 · 제20 사야다(闍耶多) 존자 · 제21 바수반두(婆修盤頭) 존자 · 제22 마나라(摩拏羅) 존자 · 제23 학륵나(鶴勒那) 존자 · 제24 사자(師子) 존자 · 제25 바사사다(婆舍斯多) 존자 · 제26 불여밀다(不如蜜多) 존자 · 제27 반야다라(般若多羅) 존자 · 제28 보리달마(菩提達磨) 존자 (이 땅의 초조初祖이시다) · 제29 혜가(慧可) 대사 · 제30 승찬(僧璨) 대사 · 제31 도신(道信) 대사 · 제32 홍인(弘忍) 대사. 혜능(惠能)이 곧 제33조이니라. 위의 모든 조사들은 각각 서로 이어받았느니라. 너희들은 이후로 대대로 전하여, 그릇됨이 없게 하라.

대사(大師)께서 선천(先天) 2년 계축년(癸丑年, 713년) 8월 3일(그해 12월에 개원(開元)으로 연호를 고침)에 국은사(國恩寺)에서 공양을 마치신 후 제자들에게 말씀하셨다. "너희들 각자 자리에 앉아라. 내가 너희와 작별하리라."
법해(法海)가 아뢰었다. "화상(和尙)이시여! 어떤 가르침을 남기셔서, 훗날의 미혹된 사람들이 불성(佛性)을 볼 수 있도록 하시겠습니까?"
선사가 말씀하셨다. "너희들은 자세히 들으라! 후세의 미혹한 이가 만약 중생을 안다면, 곧 그것이 부처의 성품이요, 만약 중생을 알지 못하면 만겁(萬劫)을 두고 부처를 찾아도 만나기 어려우리라. 내 이제 너희들에게 가르치노니, 너희 마음속의 중생을 알고, 너희 마음속의 부처 성품을 보라. 부처를 보고자 하면 오직 중생을 알라. 다만 중생이 부처를 미혹할 뿐, 부처가 중생을 미혹하는 것이 아니니라. 자성이 깨달아지면 중생이 곧 부처요, 자성이 미혹하면 부처도 중생이 되느니라. 자성이 평등하면 중생이 부처요, 자성이 간사하고 위태로우면 부처도 중생이 되느니라. 너희 마음이 만약 위태롭고 굽어 있으면 부처가 중생 속에 있고, 한 생각이 평등하고 곧으면 중생이 곧 부처가 되느니라. 나의 마음에 본래 부처가 있으니, 스스로의 부처가 참 부처이니라. 만약 스스로 부처 마음이 없다면, 어디에서 참 부처를 구하겠느냐? 너희들 마음이 곧 부처이니, 다시 의심하지 말라. 바깥에 한 물건도 세울 수 없으니, 모두 본심(本心)에서 만 가지 법이 생기는 것이니라. 그러므로 경에 이르되, '마음이 일어나면 갖가지 법이 일어나고, 마음이 멸하면 갖가지 법이 멸하느니라.'

하였느니라. 내 이제 한 게송을 남겨 너희들과 작별하리라. 이름하여 '자성진불게(自性眞佛偈)'니, 후세 사람이 이 게송의 뜻을 알면 스스로 본심을 보고 스스로 불도(佛道)를 이룰 것이니라." 게송으로 말씀하셨다. :

진여자성이 곧 참된 부처요,
삿된 견해와 삼독(탐욕, 분노, 어리석음)은 마왕이라.
마음이 어지러우면 마(魔)가 몸에 깃들고,
바른 견해를 가지면 부처가 마음속에 계신다.
자성 가운데 삿된 견해와 삼독이 생기면,
곧 마왕이 몸에 머무는 것이요,
바른 견해로 삼독을 없애면,
마(魔)는 변해 부처가 되니, 참되고 거짓됨이 없다.
법신(法身), 보신(報身), 화신(化身),
이 세 가지 몸은 본래 하나이니,
만약 자성 안에서 스스로 볼 수 있다면,
그것이 바로 부처가 되는 보리의 씨앗이다.
본래 화신에서 청정한 성품이 나며,
그 청정한 성품은 항상 화신 속에 있다.
성품이 화신을 이끌어 바른 길을 가게 한다면,
미래에는 완전하고 참되어 끝이 없을 것이다.
음욕의 본성도 본래는 청정한 성품의 근본,
음욕을 끊으면 그것이 곧 청정한 몸이 된다.
자성(自性) 속에서 오욕(五欲)을 각각 벗어나니,
자성을 보는 찰나가 곧 진실이다.
금생에 만약 '돈교(頓敎)'의 문을 만나,
홀연히 자성을 깨달으면 세존을 보는 것이다
만약 수행하여 부처가 되기를 원한다면,
어느 곳에서 참된 것을 찾을지 알 수가 없네.
만약 마음속에서 스스로 진실를 본다면,
진실함이 바로 성불(成佛)의 원인이라.
자성을 보지 못하고 바깥에서 부처를 찾는다면,
그 마음을 일으키는 자는 모두 큰 어리석은 사람이다.
이 돈교의 법문은 이제 남겨졌으니,
세상 사람들을 구제하려면 스스로 닦아야 한다.
후일 도를 배우려는 자들에게 이르노니,
이 견해를 믿지 않는 자는 참으로 어리석고 한가한 자(者)일 것이다.

선사께서 게송을 설해 마치고 말씀하셨다. "너희들은 잘 머무르라. 내가 열반한 후에 세속적인 정으로 슬퍼하며 눈물을 흘리고, 남의 조문을 받거나 상복을 입는 자는 내 제자가 아니요, 또한 바른 법도 아니다. 다만 너희 자신의 본심을 알고, 자신의 본성을 보아라. 움직임도 없고 고요함도 없으며, 생겨남도 없고 소멸함도 없고, 가는 것도 없고 오는 것도 없으며, 옳음도 없고 그름도 없고, 머무름도 없고 떠남도 없다. 너희들이 마음이 미혹되어 내 뜻을 이해하지 못할까 염려하니, 이제 다시 너희에게 당부하여 너희로 하여금 성품을 보게 하겠다. 내가 열반한 후에 이 가르침대로 수행하면 마치 내가 살아 있을 때와 같을 것이요, 만일 내 가르침을 어기면 비록 내가 세상에 있다 해도 너희에게 이로움이 없으리라." 다시 게송으로 말씀하셨다. :

우뚝하여 선을 닦지 않고,
홀가분하여 악을 짓지 않으며,
고요하여 보고 듣는 것조차 끊고,
텅 비어 집착 없는 마음이네.

선사가 게송을 마치시고 단정히 앉아 계시다가 삼경(밤 11시~1시)에 이르러 갑자기 제자들에게 말씀하시기를, "나는 떠난다!" 하시고는 문득 열반에 드셨다. 이 때 이상한 향기가 방에 가득하고 흰 무지개가 땅에 닿았으며, 숲의 나무들이 하얗게 변하고 새와 짐승들이 슬피 울었다. 11월에 광주(廣州), 소주(韶州), 신주(新州)의 세 고을 관리들과 스님의 제자들, 승속(僧俗)들이 다투어 진신(眞身)을 모시려 하여 결정하지 못하자, 향을 피워 기도하였다. "향 연기가 가리키는 곳이 스님께서 돌아가시는 곳이리라." 이때 향 연기가 곧바로 조계(曹溪)를 향해 뻗쳤다. 11월 13일에 신감(神龕, 신상을 모시는 함)과 전해 받은 가사와 발우를 모시고 돌아왔다. 이듬해 7월에 신감에서 모시고 나와, 제자 방변(方辯)이 향니(香泥, 향기나는 진흙)로 스님의 진신을 보호하였다. 제자들은 선사께서 생전에 머리를 보호하라는 말씀을 기억하고, 철엽(鐵葉)과 칠포(漆布)로 스님의 목 부분을 단단히 보호하여 탑 안에 모셨다. 갑자기 탑 안에서 흰 빛이 나타나 하늘로 곧게 치솟아 3일 만에 사라졌다. 소주(韶州)에서 이 사실을 조정에 보고하니, 황제의 명으로 비를 세워 선사의 도행(道行)을 기록하였다.

선사의 세수는 76세였으며, 24세에 가사를 전해 받고, 39세에 머리를 깎고 승려가 되셨다. 중생을 이롭게 하는 법을 설하신 지 37년이었고, 법을 이은 제자 43인이며, 도를 깨달아 범인을 초월한 이는 그 수를 알 수 없었다. 달마(達磨)가 전한 신표(信衣-서역 굴신포屈眴布, 유연한 서역의 직물), 중종(中宗)이 하사한 마납(磨衲)과 보배발우, 그리고 방변(方辯)이 조성한 선사의 진신상(眞身像)과 도구(道具)는 영원히 보림도량(寶林道場)에 모셔졌다. 《단경(壇經)》을 남겨 전하여, 종지(宗旨)를 드러내고, 삼보(三寶)를 흥륭하게 하여 널리 중생을 이롭게 하였다.

**육조대사 법보단경 끝** (六祖大師 法寶壇經 終)

# 글을 따라 쓰며 명상하기

## 육조단경 사경

### 六祖壇經 寫經

# 육조대사법보단경(六祖大師法寶壇經)

風旛報恩光孝禪寺住持嗣祖比丘宗寶編
바람과 깃발, 은혜에 보답하는, 광효선사의 주지, 조사를 계승하는, 비구, 종보가 편찬하다39)

## 1. 행유품(行由品): 행적의 연유

그때 대사께서 보림사(寶林寺)에 이르셨다. 소주(韶州)의 자사(刺史, 벼슬 이름) 위거(韋璩)와 관료들이 산속으로 스님을 모시러 와서, 성(城) 안의 대범사(大梵寺) 강당으로 나오시어 대중에게 법을 설해 주시길 청하였다. 스님께서 법좌에 오르시자, 자사(刺史)와 관료 30여 명, 유학자 30여 명, 스님과 일반 신도들 1,000여 명이 한자리에 모여 예를 올리며, 법의 요지를 듣기를 원하였다.

---

39) 광효사는 '비풍비번(非風非幡)'의 화두를 낳은 곳이며, 혜능 스님의 삭발수계 도량이다. 옛 이름은 법성사.

대사께서 대중에게 말씀하셨다. "여러분! 보리(菩提, 깨달음)의 자성은 본래 청정하니, 단지 이 (청정한) 마음을 사용하면 곧 부처가 되는 것입니다. 여러분! 잠시 저(慧能)의 수행해 온 과정과 법을 얻은 인연을 들어 보십시오. 저의 아버지 고향은 범양(范陽)이며, 관직을 빼앗기고 영남(嶺南)으로 유배되어 신주(新州)의 백성이 되었습니다. 저는 불행하게도 아버지를 일찍 여의었고, 어머니는 홀로 남아 남해(南海)로 이사하여, 어렵고 가난한 생활 속에서 시장에서 땔감을 팔았습니다. 그때, 한 손님이 땔감을 사서 여관에 가져다 달라고 하였습니다. 손님에게 나무를 건네고 돈을 받아 문 밖으로 나올 때에, 한 손님이 경전을 읽는 것을 보았는데, 그때 경전의 말씀을 한번 듣고 곧장 마음이 열려 깨달음을 얻었습니다. 그래서 물었습니다. '손님은 어떤 경전을 읽고 계십니까?' 손님이 대답했습니다. '《금강경》입니다.' 또 물었습니다. '어디서 오셨기에 이런 경전을 가지고 있습니까?' 손님은 대답했습니다. '나는 기주 황매현 동선사(東禪寺)에서 왔습니다. 그 절은 오조 홍인대사가 주석하며 교화하시는데, 제자가 천여 명 있습니다. 나도 그곳에 가서 예배하고 이 경을 듣고 받았습니다. 대사께서는 항상 승속(僧俗)에게 다만 《금강경》의 뜻을 지니면, 그대로 스스로 성품을 보아 곧장 부처를 이루어 마친다고 하셨습니다.' 저는 이 말을 듣고 숙세의 인연이 있음을 알았습니다. 때마침 그 손님이 은 10냥을 저에게 주며, 그것으로 어머니의 의식비를 충당하고, 곧바로 황매에 가서 오조를 참배하라고 하였습니다."

저는 어머니가 편히 계시도록 하며 작별을 하고 떠나서 30여 일이 지나지 않아 황매에 도착하여 오조(五祖)에게 예배드렸습니다. 오조께서 물으셨습니다. "너는 어디 사람이고, 무엇을 구하고자 하느냐?"

제가 답했습니다. "제자는 영남(嶺南) 신주(新州) 백성으로, 먼 길을 와서 스승께 예배드립니다. 다만 부처가 되고자 할 뿐, 다른 것은 구하지 않습니다."

오조께서 말씀하셨습니다. "네가 영남 사람이면 야만인(獦獠)인데, 어떻게 부처가 될 수 있겠느냐?"

제가 답했습니다. "사람에게 남쪽과 북쪽의 구분은 있을지라도, 부처의 성품(佛性)에는 본래 남북이 없습니다. 야만인의 몸이 비록 스님과 다를지라도, 부처의 성품에 무슨 차이가 있겠습니까?"

오조께서 더 말씀하시려 하였으나, 많은 제자들이 주위에 있음을 보고, 제에게 대중을 따라서 일을 하라고 말씀하셨습니다.

제가 여쭈었습니다. "스님, 제자는

본래 마음에서 항상 지혜가 생기며, 본성을 떠나지 않는 것이 곧 복전(福田)이라 생각합니다. 스님께서는 저에게 어떤 일을 맡기시고자 하십니까?"

오조께서 말씀하셨습니다. "이 야만인은 근기가 매우 뛰어나구나! 다시는 말하지 말고 방앗간으로 가거라."

저는 뒷마당으로 가서 한 수행자의 지시에 따라 장작을 패고 절구를 밟아 곡식을 찧는 일을 하였습니다. 8개월이 지난 어느 날, 오조께서 갑자기 저를 찾아와 말씀하셨습니다. "나는 네가 법을 볼 수 있는 경지에 이르렀음을 알고 있었지만, 악한 사람들이 너를 해칠까 두려워 일부러 너와 말을 나누지 않았다. 너도 알고 있었느냐?"

제가 답했습니다. "제자 역시 스승님의 뜻을 알고 있었습니다. 감히 법당 앞에 나아가지 않고, 사람들이 알아차리지 못하게 지냈습니다."

어느 날, 오조(五祖)께서 모든 문도를 불러 말씀하셨다. "내가 너희에게 말하노니, 세상 사람들에게 있어 생사의 문제는 가장 큰일이다. 그런데 너희들은 하루 종일 복전(福田)만을 구할 뿐[40], 생사의 고해(苦海)에서 벗어나려 하지 않는구나. 만약 스스로의 본성을 깨닫지 못한다면, 복이 어찌 너희를 구제할 수 있겠느냐? 너희들은 각자 가서 자신의 지혜를 살펴보고, 본래 마음속의 반야(般若, 지혜)의 본성을 찾아 한 편의 게송(偈頌, 깨달음을 표현한 시)을 지어 나에게 가져오너라. 만약 그 뜻을 크게 깨달은 자가 있다면, 내가 그에게 법(法)과 가사를 전하여 제6대 조사가 되게 하리라. 매우 급하니 빨리 가라, 결코 지체해서는 안 된다. 생각으로 헤아려서 되는 것이 아니니라. 본성을 깨달은 사람이라면, 한마디의 말에도 즉시

---

[40] 단순히 불공을 드리거나 선행을 베푸는 것에만 집착하고, 깨달음을 얻어 자유인이 되고자 노력하지 않는 태도.

깨달음을 얻을 것이다. 만약 그러한 경지에 이른다면, 설령 칼날이 빙빙 도는 전쟁터 한가운데에서도 본성을 볼 수 있을 것이다." (이 말씀은 근기가 예리한 자를 가리키는 비유이다.)

제자들은 분부를 받고 물러나 서로 말하였다. "우리 같은 사람들이 굳이 마음을 가다듬고 게송을 지어 스승께 올린다고 한들, 무슨 소용이 있겠는가? 지금 신수(神秀) 상좌(上座)께서 이미 교수사(教授師)로 계시니, 분명히 그분이 조사의 지위를 받을 것이다. 우리가 괜히 게송을 지어 보인다고 해도 헛되이 힘을 낭비하는 것뿐이다." 이 말을 들은 다른 이들도 모두 마음을 접고 말하였다. "우리야말로 장차 신수 스승을 따를 터인데, 무엇하러 애써 게송을 지으려 하겠는가?"

이때 신수 스님은 홀로 깊이 생각하였다. '다른 사람들이 게송을 올리지 않는 것은, 내가 그들의 교수사이기 때문이다. 그러니 나는 반드시 게송을 지어 스승께 올려야 한다. 만약 올리지 않는다면, 스승께서 어찌 나의 깨달음의 깊이를 아실 수 있겠는가? 내가 게송을 올리는 것이 법을 구하기 위한 것이면 옳은 일이지만, 만약 조사의 지위를 얻고자 하는 마음이 있다면 그것은 그릇된 것이다. 그것은 도리어 범부의 마음과 다름없이 성인의 지위를 빼앗으려는 것과 무엇이 다르겠는가? 하지만 만약 게송을 올리지 않는다면, 끝내 법을 얻지 못할 것이다. 아, 어렵구나, 어려워!'

　　오조(五祖)의 법당 앞에는 세 칸짜리 복도가 있었는데, 마침 공봉(供奉)41) 노진(盧珍)에게 《능가경(楞伽經)》변상도(變相圖)와 오조의 법맥도(法脈圖)를 그려 후대에 전하고 예경하도록 하려 하였다. 이때 신수(神秀)는 게송을 완성

---

41) 관직(官職) 이름

한 뒤 여러 차례 스승께 올리려 했으나, 법당 앞에 이르기만 하면 마음이 흔들리고 온몸에 땀이 흘러 결국 올리지 못하였다. 이렇게 앞뒤로 나흘 동안, 열세 번이나 게송을 올리지 못하였다.

그러자 신수는 스스로 생각하였다. '차라리 복도 벽에 써 두고 스승께서 보시도록 하자. 만약 스승께서 이 게송을 좋다고 하시면 나아가 예배드리며, 이것이 제가 지은 것이라 말씀드리면 될 것이다. 하지만 만약 보잘것없다고 하시면, 이것은 내가 괜히 산속에서 수년 동안 머물며 사람들의 예배를 받았을 뿐일 터이니, 더 이상 무슨 수행을 할 수 있겠는가?'

그날 밤 삼경(三更, 밤11~01시)이 되어, 아무도 모르게 스스로 등불을 들고 남쪽 복도 벽에 게송을 써서 자신의 깨달음을 표현하였다. 게송은 다음과 같았다.

몸은 보리수42)요 (身是菩提樹),
　　　마음은 밝은 거울대43)라 (心如明鏡臺).
　　　때때로 부지런히 털고 닦아 (時時勤拂拭)
　　　티끌과 먼지가 묻지 않게 하라 (勿使惹塵埃).

　　신수(神秀)는 게송을 쓴 후, 곧바로 방으로 돌아갔으나, 사람들은 그가 무엇을 했는지 알지 못했다. 신수는 다시 생각했다. "내일 오조께서 이 게송을 보시고 기뻐하신다면, 그것은 내가 법과 인연이 있다는 뜻일 것이다. 그러나 만약 미흡하다고 하신다면, 그것은 다름 아닌 내가 미혹되어 숙업(宿業)의 장애가 크기 때문에 법을 얻을 수 없는 것일 게다. 성스러운 뜻은 가늠하기 어렵구

---

42) 부처님이 보리수 아래에서 깨달음을 얻으셨다 하여 '수행과 깨달음'을 상징함 (깨달음이 이루어지게 되는 나무).
43) 명경대(明鏡臺) 혹은 거울대(鏡臺)란 단순히 비추는 거울이 아니라, 거울이 놓여 있는 바탕, 즉 '기반'을 의미한다.

나!" 방 안에서 생각에 잠겨, 앉고 눕고 하여도 마음이 편하지 않았다. 그렇게 밤을 세워 오경(五更, 새벽 3~5시)까지 계속되었다. 오조는 이미 신수가 아직 문(門)에 들어오지 못하고 자성(自性)을 깨닫지 못한 것을 알고 있었다.

　날이 밝자, 오조(五祖)께서 화공(畵工)인 노공봉(盧供奉)을 불러 남쪽 복도의 벽에 변상도(變相圖)를 그리도록 하였다. 그런데 뜻밖에도 벽에 적힌 게송(偈頌)을 발견하고 말씀하였다. "공봉(供奉)은 굳이 그림을 그릴 필요가 없겠소. 멀리서 수고스럽게 와 주었는데 헛수고하게 되었구려. 경전에 이르기를, 『모든 형상 있는 것은 다 허망한 것이다.』라고 하였소. 그냥 이 게송을 그대로 남겨두고, 사람들이 이를 외우고 간직하게 하면 되겠소. 이 게송에 따라 수행하면 악도(惡道)에 떨어지지 않을 것이며, 이 게송에 따라 수행하면 큰 이익을 얻을 것이오." 그리고 문도들에게 향을 사르고 공경히 예배한 후, 모두 이 게송을 암송하게 하였다. 문도들이 게송을 외우면서 모두 감탄하며 찬탄하였다. "참으로 훌륭하구나!"

어느 날 밤 삼경(三更)에 오조(五祖)께서 신수(神秀)를 법당으로 불러 물으셨다. "이 게송(偈頌)은 네가 지은 것이냐?" 신수가 대답하였다. "참으로 제가 지은 것입니다. 감히 조사의 자리를 구하고자 한 것은 아니오니, 부디 스님께서 자비를 베푸시어, 제자가 조금이나마 지혜가 있는지 살펴 주십시오."

오조께서 말씀하셨다. "네가 지은 이 게송은 아직 본성을 보지 못한 것이다. 이는 문밖에 다다랐을 뿐, 문 안으로 들어오지는 못한 것과 같다. 이러한 깨달음으로는 무상보리(無上菩提, 최고의 깨달음)를 구해도 이를 수 없느니라. 무상보리는 한마디 말 속에서 스스로 본래 마음을 깨닫고, 스스로의 본성을 보아 그것이 생멸(生滅)이 없음을 알아야 한다. 언제나 생각 생각에 스스로 만법이 걸림이 없음을 보니, 하나가 참되니 일체가 참되고, 만 가지 경계가 스스로 여여(如如, 그대로 그러) 하며, 여여(如如)한 그 마음이 바로 진실한 것이다. 만약 이와 같이 본다면, 그것이 곧 무상보리의 본래 성품이다. 너는 당분간 가서 하루 이틀 동안 더 깊이 생각하고, 다시 한 편의 게송을 지어 나에게 가져오너라. 만약 그 게송이 문 안으로 들어올 수 있다면, 너에게 가사와 법을 전해 주겠다."

신수는 예를 올리고 물러났다. 그러나 며칠이 지나도록 새로운 게송을 완성하지 못하고, 마음이 혼란스러워지고 정신이 불안해졌다. 마치 꿈을 꾸는 것처럼 어지러웠고, 앉으나 서나 편치가 않았다.

어느 날, 이틀이 지난 후, 한 동자가 방앗간을 지나가며 신수(神秀)의 게송을 외우고 있었다. 헤능(惠能)은 그 소리를 듣자마자, 그 게송이 아직 본성을 보지 못한 것임을 알아차렸다. 비록 가르침을 직접 받아본 적은 없었으나, 이미 그 뜻을 깊이 이해하고 있었다. 헤능이 동자에게 물었다. "네가 외우고 있는 게송이 무엇이냐?" 동자가 대답했다. "너 같은 야만인은 알 리가 없지. 대사(五祖)께서 말씀하시길, '세상 사람들에게 있어 생사의 문제는 가장 큰일이다. 가사와 법(法)을 전하고자 하니 너희들은 게송을 지어 보이라. 만약 그 뜻을 크게 깨달은 자가 있다면, 그에게 법을 전할 것이다.' 하셨는데, 신수 상좌께서 남쪽 복도 벽에 무상(無相)의 게송을 써 놓았고, 대사께서는 모든 사람이 그 게송을 외우게 하셨소. 이 게송을 따라 수행하면, 악도(惡道)에 떨어지지 않으며 큰 이익을 얻게 된다 하셨소."

헤능이 말했다. (다른 책본에는 '나

또한 이 게송을 외워서 내생來生의 인연을 맺고 싶다'라는 문장이 있음.) "상인(上人)[44]이여! 저는 이 방앗간에서 8개월 넘게 일했지만, 한 번도 법당 앞에 나가 본 적이 없습니다. 부디 저를 게송 앞까지 인도하여 예배드릴 수 있도록 해주십시오." 그러자 동자는 혜능을 게송이 쓰여 있는 벽 앞까지 데려갔고, 혜능은 게송을 향해 절을 올렸다. 그리고 말했다. "나는 글을 알지 못하니, 상인께서 읽어주시면 감사하겠습니다." 마침 그곳에 강서(江州)의 별가(別駕, 지방 관직)로 있던 장일용(張日用)이라는 사람이 있었는데, 그는 큰 소리로 게송을 읽어주었다. 혜능이 다 듣고 난 후 말했다. "저도 한 편의 게송을 지었으니, 별가님께서 써주실 수 있겠습니까?"

별가가 말했다. "네가 게송을 짓는다고? 그것 참 희한한 일이로군." 그러

---

44) 승려를 높여 이르는 말

차 혜능이 별가에게 말했다. "무상 보리를 배우고자 한다면, 초학자를 가벼이 여겨서는 안 됩니다. 가장 낮은 지위에 있는 사람도 가장 높은 지혜가 있을 수 있으며, 가장 높은 지위에 있는 사람도 뜻과 지혜가 없는 사람이 있을 수 있습니다. 만약 사람을 업신여긴다면, 무량무변한 죄를 짓는 것입니다." 이에 별가가 말했다. "그럼 게송을 외우시게, 내가 그것을 쓰도록 할 테니. 만일 자네가 법을 얻게 되면, 제일 먼저 나를 제도해 주게. 이 말을 잊지 말게." 그리하여 혜능이 게송을 읊었다.

　　보리는 본래 나무가 없고 (菩提本無樹),
　　명경(明鏡) 또한 명경대(臺)에 있는 것이 아니네 (明鏡亦非臺).
　　본래 한 물건도 없는데 (本來無一物),

어디에 티끌과 먼지가 일겠는가 (何處惹塵埃)?

이 게송이 써지자, 대중들은 모두 깜짝 놀라며 감탄하지 않는 이가 없었다. 서로 말하며 이르기를, "놀랍구나! 사람을 외모로만 판단해서는 안 되겠구나." "어찌 이렇게 오랫동안 그가 보살임을 알아보지 못했단 말인가?" 하였다. 오조(五祖)는 사람들이 크게 놀라며 수군거리는 것을 보고, 혹여나 누군가 혜능에게 해를 가할까 염려하여, 신발로 게송을 문질러 지워버리며 말씀 하셨습니다. "아직 본성을 보지 못하였다." 대중들은 그 말을 듣고 모두 그러하다고 여겼다.

다음 날, 오조(五祖)께서 몰래 방앗간으로 가서 보니, 혜능(惠能)이 허리에 돌을 매고 방아를 찧고 있었다. 오조가 말씀하셨다. "도를 구하는 사람은 법을 위해 몸을 잊어야 하는 것인데, 마땅히

(너는) 그와 같은가?" 그러고 나서 물으셨다. "쌀이 다 익었느냐?"

혜능이 대답하였다. "쌀은 오래전에 익었으나, 아직 체로 쳐내는 것이 부족합니다."

오조는 지팡이로 절구를 세 번 치고 떠나셨다. 혜능은 곧장 오조의 뜻을 깨닫고, 밤 삼경(三更)에 방으로 들어갔다. 오조는 가사를 둘러쳐 가리고 아무도 보지 못하게 한 후, 《금강경》을 설하였다. 그러다 "머무는 바 없이 그 마음을 낸다(應無所住而生其心)"는 구절에 이르자, 혜능은 그 자리에서 크게 깨달았다: "일체의 만법이 자신의 본성에서 떠나지 않는 구나!" 그리하여 오조께 아뢰었다. :

어찌 알았으리오, 자성(自性)이 본래 청정한 줄을!

어찌 알았으리오, 자성이 본래 나지

도 멸하지도 않는 줄을!

어찌 알았으리오, 자성이 본래 구족(具足)한 줄을!

어찌 알았으리오, 자성이 본래 흔들림이 없는 줄을!

어찌 알았으리오, 자성이 능히 만법을 낳는 줄을!


오조께서는 혜능이 본성을 깨달은 것을 아시고 말씀하셨다. "본래 마음(本性)을 알지 못하면, 법을 배워도 소용이 없느니라. 만약 스스로 본래 마음을 깨닫고 본성을 보면, 그것이야말로 장부(丈夫)이자, 천인(天人)의 스승이며, 부처(佛)라 할 것이다." 이렇게 하여 한밤 중에 법을 전하셨으나, 그 누구도 이를 알지 못했다. 그리하여 혜능에게 돈오(頓悟)의 가르침과 법맥(衣鉢)을 전하며 말씀하셨다. "너는 이제 6대 조사(祖師)가 되느니라. 마땅히 스스로를 잘 보호하며 널리 중생을 제도하고, 이 법이 끊어지지 않도록 먼 미래까지 널리 퍼뜨리도록 하여라." 그리고 게송을 읊으셨다. :

유정(有情)이 와서 씨를 심으니,
그 원인된 땅에서 다시 열매가 나리라.
무정(無情)은 이미 씨가 없으니,
성품도 없고 생(生)도 없느니라.

조사가 다시 말했다. "옛날 달마 대사께서 처음 이 땅에 오셨을 때, 사람들이 그를 믿지 않았다. 그래서 이 가사를 전하여 믿음의 증표로 삼아, 대대로 이어지게 하셨다. 그러나 법(法)이란 마음에서 마음으로 전하는 것이며, 모두 스스로 깨닫고 이해하도록 하는 것이다. 예로부터 부처는 부처에게 본래의 진리를 전하고, 스승은 제자에게 본래의 마음을 은밀히 전해 주었느니라. 그러나

이 가사(衣)는 다툼의 원인이 될 것이니, 이제 너는 전하지 말아라. 만약 이 가사를 전하면, 네 목숨이 실에 매달린 것처럼 위태로울 것이다. 너는 서둘러 떠나거라. 사람들이 너를 해칠까 두렵다."

혜능이 여쭈었다. "어디로 가야 합니까?"

조사가 대답하였다. "회(懷)를 만나면 멈추고, 회(會)를 만나면 숨어 지내라." 45) 혜능은 밤 삼경(三更)에 가사와 발우(衣鉢)를 전수받고 말했다. "저는 본래 남쪽 지방 출신이라, 이 산길을 잘 알지 못합니다. 어떻게 하면 강어귀까지 나갈 수 있겠습니까?"

오조가 말씀하셨다. "걱정할 필요 없다. 내가 너를 직접 데려다 주겠다." 조사는 혜능을 배웅하여 바로 구강역(九江驛)에 이르렀다. 혜능에게 배에 오르라고 하였고, 직접 노(橹)를 저어 주

---

45) 회(懷)는 회집현(懷集縣)으로 현재 광둥성 서북부, 회(會)는 사회현(四會縣, 지금은 四會市)으로 광둥성 중서부 지역.

었다. 이에 혜능이 말했다. "부디 스승께서는 앉으십시오, 제자가 마땅히 노를 젓겠습니다." 그러자 오조가 말씀하셨다. "마땅히 내가 너를 저쪽으로 건너가도록 하겠다." 혜능이 말했다. "미혹할 때는 스승이 제자를 건네주시지만, 깨달음에 이른 후에는 스스로 건너가야 합니다. 비록 '건넌다(度)'는 말은 같으나, 그 쓰임은 다릅니다. 저 혜능은 변방에서 태어나 말씨도 바르지 못하나, 스승님께 법을 전해 받고 이제 깨달음을 얻었습니다. 그러므로 오직 자성(自性)으로 스스로 건너는 것이 합당합니다."

오조가 말씀하셨다. "그렇고, 그렇다! 앞으로 불법(佛法)은 너로 인해 크게 행해질 것이다. 네가 떠난 후 3년이 지나면 내가 세상을 떠나게 되리라. 너는 이제 조심해서 남쪽을 향해 힘써 가거라. 너무 성급히 설법하지 말라. 불법(佛法)은 세우기 어렵느니라."

혜능(惠能)은 스승과 작별한 후 남쪽으로 길을 떠났다. 두 달 동안 걸어가 대유령(大庾嶺)에 이르렀다. [한편, 오조(五祖)께서는 돌아와서 며칠 동안 설법을 하지 않으셨다. 대중들이 의아하게 여겨 물었다. "스님께서는 병이 나셨습니까? 혹은 근심이라도 있으신지요?" 오조께서 말씀하셨다. "병은 없지만, 법과 가사는 이미 남쪽으로 갔느니라." 대중들이 다시 물었다. "누가 전수받았습니까?" 오조께서 대답하셨다. "(혜)능能이 그것을 얻었느니라." 이제야 대중들은 그 사실을 알게 되었다.]

그 후 몇 백 명이 혜능을 쫓아가 법의 상징인 가사와 발우(鉢)를 빼앗으려 하였다. 그중에 한 사람, 속성이 진(陳)이며 이름은 혜명(惠明)이라고 하는 승려가 있었다. 그는 원래 품계가 사품(四品) 장군이었으며, 성격이 거칠고 급했는데, 사력을 다해 쫓아 와서 무리에 제일 앞질러 혜능을 뒤쫓았다. 혜능은 가사와 발우를 바위 위에 던지며 말했다. "이 가사는 믿음의 상징일 뿐이다. 힘으로 다툴 것이냐?" 그리고는 풀숲에 몸을 숨겼다. 혜명이 도착하여 가사를 집어 들려 하였으나 전혀 움직이지 않았다. 이에 소리쳐 불렀다. "행자(行者)여! 행자여! 나는 법을 구하러 온 것이지, 가사를 빼앗으러 온 것이 아니오!" 그러자 혜능이 나와 바위 위에 앉았다. 혜명이 예를 올리며 말했다. "행자께서 저를 위해 법을 설해 주시기를 바랍니다." 혜능이 말했다. "네가 이미 법을 구하러 왔다면, 모든 인연을 끊고 일체의 생각을 내지 말라. 그러면 내가 너를 위해 설하리라." 혜명이 침묵하며 고요히 했다.

그러자 혜능이 말했다. "선을 생각하지도 말고, 악을 생각하지도 말라. 바로 이와 같은 순간에, 그대의 본래 면목

(本來面目)은 무엇인가?"

혜명은 그 자리에서 큰 깨달음을 얻었다. 그리고 다시 물었다. "방금 하신 깊은 말씀 외에, 또 다른 은밀한 가르침이 있습니까?"

혜능이 대답했다. "내가 네게 말한 것은 무슨 은밀한 것이 아니다. 네가 스스로 돌이켜 본다면, 그 은밀한 가르침은 바로 네 안에 있다."

혜명이 말했다. "저는 비록 황매에 있었으나, 사실 제 본래 면목을 알지 못했습니다. 그러나 이제 행자의 가르침을 받아 마치 사람이 물을 마시면 차고 더운 것을 스스로 알듯이 깨달음을 얻었습니다. 이제 행자가 바로 저의 스승이십니다."

혜능이 말했다. "네가 이와 같이 깨달았다면, 너와 나는 같은 스승인 황매 오조의 제자이다. 스스로 잘 지키도록 하라."

혜명이 다시 물었다. "이제 저는 어디로 가야 합니까?"

혜능이 말했다. "원(袁)을 만나면 멈추고, 몽(蒙)을 만나면 머물도록 하시오."

혜명은 절을 올리고 작별하였다. [그 후 혜명은 대유령 아래로 내려가 무리들에게 말했다. '험한 산길을 올랐으나 그의 흔적을 찾을 수 없었으니, 다른 길로 찾아보자.' 뒤쫓던 무리들은 모두 그의 말에 그러려니 했다. 그 후 혜명은 자신의 이름을 '도명(道明)'으로 바꾸었는데, 이는 스승 혜능의 이름 '혜(惠)' 자를 피하기 위함이었다.]

혜능은 이후 조계(曹溪)로 갔으나, 다시 악인들이 그를 찾아 쫓아왔다. 이에 사회(四會)에서 난을 피해 사냥꾼 무리 속에 숨어 지냈고, 그렇게 15년을 보냈다. 그는 사냥꾼들과 함께 지내면서 때때로 법을 설하였다. 사냥꾼들은 그에게 그물을 지키게 했으나, 그는 생명을 보면 모두 놓아주었다. 식사 때가 되면 채소를 고기 삶는 솥에 넣어 함께 끓였고, 누군가 이유를 묻자 "나는 고기 옆의 채소만 먹는다."라고 대답했다.

　어느 날, 혜능은 이렇게 생각했다. "이제 때가 되었으니, 법을 널리 펼쳐야 한다. 끝까지 숨어 지낼 수는 없다." 이에 광주(廣州)의 법성사(法性寺)로 나아갔다. 그때 마침 인종(印宗) 법사가 《열반경(涅槃經)》을 강설하고 있었다. 그때, 바람이 깃발을 흔들자 한 스님이 "바람이 움직인다."라고 하였고, 다른 스님은 "깃발이 움직인다."라고 하며 논쟁을 벌이고 있었다. 혜능이 나아가 말하였다. "바람이 움직이는 것도 아니고, 깃발이 움직이는 것도 아니다. 움직이는 것은 다름 아닌 그대들의 마음이다." 이에 대중은 크게 놀라워했다. 인종 법사는 혜능을 높은 자리에 앉히고 깊은 뜻을 물었다. 그는 혜능이 말은 짧으나 이치에 맞고 문자에 의지하지 않는 것을 보고 말했다. "이 행자는 반드시 범상한 인물이 아니다. 오래전부터 황매(黃梅, 오조 홍인)가 법과 가사를 남쪽으로 전했다고 들었는데, 혹시 그대가 그 행자가 아닌가?" 혜능이 대답하였다. "그렇다고 말하려니 좀 …" 이에 인종 법사는 예를 갖추고, 혜능이 전수받은 법맥(衣鉢, 가사와 발우)을 대중에게 보여 줄 것을 요청하였다. 또한 인종 법사는 다시 물었다. "황매(홍인) 스님께서는 법을 어떻게 전수하셨습니까?"

혜능이 대답했다. "따로 가르침을 준 것은 없습니다. 다만 '본성을 깨닫는 것 (見性)'을 말할 뿐, '선정(禪定)'이나 '해탈(解脫)'을 논하지 않았습니다."

인종이 물었다. "왜 선정과 해탈을 논하지 않는 것입니까?"

혜능이 대답했다. "그것은 두 가지 법이므로 불법(佛法)이 아닙니다. 불법은 '둘이 아닌 법(不二法)'입니다."

인종이 다시 물었다. "어떤 것이 '불이법(不二法)'입니까?"

혜능이 대답했다. : 법사께서 강설하신 《열반경》에 불성을 밝혀 놓았는데, 그것이 불법의 불이법(不二法)입니다. 고귀한 덕왕보살(高貴德王菩薩)이 부처님께 여쭙기를 "사중금계(四重禁戒)[46)]를 범하거나 오역죄(五逆罪)[47)]를 짓거나, 일천제(一闡提)[48)]라면 선근(善根)과 불성이 끊어지는 것입니까?" 하니, 부처님께서 대답하겼습니다. "선근에는 두 가지가 있으니, 그 하나는 '항상 하는 것(常)과 항상 하지 않는 것(無常)'이니

---

46) 승려가 절대 범해서는 안 되는 네 가지 무거운 계율로 출가수행자가 어기면 승단에서 추방되는 계율; 사바라이죄(波羅夷罪).
살생(殺生): 사람을 죽이는 것
도둑질(偸盜): 남의 물건을 훔치는 것
사음(邪淫): 승려가 성적인 관계를 맺는 것
망어(妄語): 깨닫지 못한 자가 깨달았다고 거짓말하는 것
47) 가장 무거운 다섯 가지 죄; 지옥에 떨어지는 중대한 악업
살부(殺父): 아버지를 죽이는 것
살모(殺母): 어머니를 죽이는 것
살아라한(殺阿羅漢): 아라한(깨달은 성자)을 죽이는 것
출불신혈(出佛身血): 부처님 몸에 상처를 내어 피를 흘리게 하는 것
파화합승(破和合僧): 승단(僧團)을 분열시키는 것
48) 불법을 전혀 믿지 않거나 거부하는 자(불성을 부정하고, 깨달음을 추구하지 않는 사람); 초기 경전에서는 "구제받을 수 없는 존재"로 여겨졌으나, 대승불교에서는 모든 중생이 결국은 구제될 수 있다고 봄.

라. 그러나 불성은 항상 하는 것도 아니고, 항상 하지 않는 것도 아니므로, 끊어지지지 않는다. 이것을 바로 '불이(不二)'라 한다. 다른 하나는 '선한 것(善)과 선하지 않은 것(不善)'이다. 불성은 '선한 것도 아니고, 선하지 않은 것도 아니므로' 이것을 '불이(不二)'라 한다. 오온(蘊)과 십팔계(界)를 범부는 둘(二)이라 여기나, 지혜로운 이는 그 성품에 둘이 없음(無二)을 료달하니, 둘이 없음(無二)의 성품이 바로 불성이니라."

인종 법사는 이 말을 듣고 크게 기뻐하며 합장하고 말했다. "나의 강설은 마치 깨진 기와 조각 같고, 그대의 논의는 마치 순금(純金)과 같소이다!" 이에 그는 혜능에게 머리를 깎아주며 스승으로 모시겠다고 청하였다. 그리하여 혜능은 보리수(菩提樹) 아래에서 '동산법문(東山法門)'을 열었다.

혜능이 말했다. "나는 동산(東山, 황

매산)에서 법을 얻을 때, 온갖 고난을 겪었으며, 목숨이 마치 실에 매달린 듯 위태로웠소. 그러나 오늘, 이렇게 사군(使君=자사刺史)과 관료들, 스님들과 여러 재가자분들이 함께 모인 것은 여러 생에 걸쳐 맺어온 깊은 인연이고, 또한 과거 생에서 여러 부처님을 공양하며 함께 선근(善根)을 심었기에, 여러분들이 바야흐로 비로소 이상과 같은 돈교(頓教)의 가르침을 듣고 깨달음을 얻는 인연이 될 것입니다. 이 가르침은 옛 성현들이 전해주신 것이지, 내 자신의 지혜가 아닙니다. 부디 선대 성현들의 가르침을 듣고자 하는 분들은, 각자가 마음을 깨끗이 하고, 듣고 난 후에는 스스로 의심을 버리기를 바랍니다. 그러면 옛 성인들과 다르지 않게 될 것이오."

그 말을 들은 모든 사람들은 크게 기뻐하며, 예를 올리고 물러갔다.

## 2. 반야품 (般若品)

다음 날, 위사군(韋使君)이 더 배우기를 청하였다. 스승께서 법좌에 올라 대중에게 말씀하셨다. "마음을 깨끗이 하여 '마하반야바라밀다(摩訶般若波羅蜜多)'를 염송하시오." 그리고 다시 말씀하셨다. "여러분! 보리(菩提)와 반야(般若)의 지혜는 세상 사람들이 본래부터 지니고 있는 것입니다. 다만 마음이 미혹하여 스스로 깨닫지 못할 뿐이니, 반드시 훌륭한 선지식(善知識)의 인도를 받아 본성을 보아야 합니다. 마땅히 알아야 할 것은, 어리석은 사람도 지혜로운 사람도 부처의 성품은 본래 차별이 없지만, 다만 미혹함과 깨달음의 차이로 인해 어리석음과 지혜로움의 차이가 생기는 것입니다. 이제 내가 마하반야바라밀 법을 설하여 여러분들이 각자 지혜를 얻도록 하겠으니, 정성을 다해 잘 들으십시오. 여러분들을 위해 설하겠습니다. 여러분! 세상 사람들은 하루 종일 반야를 입으로 외우지만, 자기 본성의 반야를 알지 못합니다. 이는 마치 음식에 대해 말하기만 하고 실제로 먹지 않아 배부르지 못한 것과 같습니다. 입으로만 '공(空)'을 말하고, 억겁의 세월이 흘러도 본성을 보지 못한다면, 아무런 이익이 없습니다. 여러분! '마하반야바라밀'은 범어(梵語)로 '큰 지혜로 저 언덕에 이른다'는 뜻입니다. 이는 마음으로 실천해야 하는 것이지, 입으로 외우는 데 있는 것이 아닙니다. 입으로 외우고 마음이 실천하지 않으면, 환상과 같고 허깨비와 같으며, 이슬과 같고 번개와 같은 것입니다. 입으로 외우면서 마음도 함께 실천하면, 마음과 입이 서로 상응합니다. 본성이 곧 부처이고, 본성을 떠나면 따로 부처가 없습니다. 무엇을 '마하(摩訶)'라 하는가? 마하는

'크다'는 뜻입니다. 마음의 품은 넓고 커서 허공과 같아 끝이 없으며, 네모지거나 둥글거나 크거나 작음도 없고, 청·황·적·백의 색깔도 없으며, 위아래나 길고 짧음도 없고, 성냄도 기쁨도 없으며, 옳고 그름도, 선과 악도, 처음과 끝도 없습니다. 모든 부처님의 세계는 허공과 같고, 세인의 묘한 성품은 본래 공(空)하여 하나의 법도 얻을 것이 없습니다. 자성(自性)의 진공(眞空) 또한 이와 같습니다. 여러분! 내가 '공'을 말한다고 하여 곧바로 '공'에 집착해서는 안 됩니다. 가장 먼저 '공'에 집착하지 말아야 합니다. 마음을 비운 채 가만히 앉아 있기만 하면, 이는 무기공(無記空)에 빠진 것입니다.

여러분! 이 세상의 허공은 만물의 형상을 담을 수 있어 해와 달, 별들, 산과 강, 대지, 샘과 계곡, 풀과 나무, 숲, 선한 사람과 악한 사람, 선한 법과 악한 법, 천당과 지옥, 큰 바다, 수미산과 같은 모든 것을 포함합니다. 세상 사람의 성품의 공(性空)도 이와 같습니다. 여러분! 자성(自性)은 만법을 포함할 수 있기에 크다고 하는 것이며, 모든 법이 사람들의 본성(性) 안에 있습니다. 만약 모든 사람, 선한 자와 악한 자를 보고도 집착하지 않고 버리지도 않으며 오염되지도 않는다면, 그 마음은 허공과 같으니 이를 '크다(摩訶)'고 합니다. 여러분! 미혹한 사람은 말로만 하지만, 지혜로운 사람은 마음으로 실천합니다. 또 미혹한 사람 가운데는 마음을 비운 채 조용히 앉아 아무런 생각도 하지 않으면서 자신이 위대하다고 하는 사람들이 있습니다. 이런 사람들과는 말을 쉴 수도 없습니다. 그들은 삿된 견해에 빠져있기 때문입니다.

여러분! 마음의 품이 넓고 크면 법계를 두루 통하여, 쓸 때는 분명히 알아차리며, 응용하면 곧 모든 것을 알게 됩니다. 모든 것은 하나이며, 하나가 곧 모든 것입니다. 자유롭게 오고 가며, 마음의 본체에 막힘이 없으니, 이것이 곧 반야입니다. 여러분! 모든 반야의 지혜는 다 자성(自性)에서 나오며, 외부에서 들어오는 것이 아닙니다. 뜻을 잘못 사용하지 마십시오. 이를 '참된 성품을 스스로 사용한다'고 하니, '하나가 진실하면 모든 것이 진실하다'는 것입니다. 마음의 품이 큰 자는 좁은 길을 가지 않습니다. 입으로는 온종일 '공(空)'을 말하면서 마음속으로 이를 실천하지 않는다면, 마치 평범한 사람이 스스로 왕이라 칭하는 것과 같아서 결국 왕이 될 수 없는 것과 같습니다. 이런 사람은 저의 제자가 아닙니다."

여러분! 무엇을 '반야(般若)'라고 합니까? '반야'란 우리말로 '지혜(智慧)'라는 뜻입니다. 모든 장소, 모든 시간 속에서 매 순간 어리석지 않고 늘 지혜롭게 행동하는 것이 곧 '반야의 실천'입니다. 한 순간 어리석으면 반야는 끊어지고, 한 순간 지혜로우면 반야가 생깁니다. 세상 사람들은 어리석고 미혹하여 반야를 보지 못하고, 입으로는 반야를 말하지만 마음속에는 늘 어리석음이 가득하여, 늘 스스로 말하기를 "나는 반야를 닦는다." 하면서도 매 순간 공(空)을 말할 뿐, 진정한 공을 알지 못합니다. 반야는 형상이 없으며, 지혜로운 마음이 곧 반야입니다. 만약 이렇게 이해한다면, 이를 '반야의 지혜'라고 합니다. 무엇을 '바라밀(波羅蜜)'이라 합니까? 이는 인도 말이며, 우리말로 '저 언덕에 이른다(到彼岸)'는 뜻입니다. 그 의미는 '생멸(生滅)에서 벗어난다'는 것입니다. 경계(境)에 집착하면 생멸이 일어나니, 이는 마치 물에 물결이 있는 것과 같아서 '이 언덕(此岸)'이라고 합니다. 경계를 떠나 생멸이 없으면, 이는 마치 물이 항상 흐르는 것과 같아서 '저 언덕(彼岸)'이라고 하니, 그래서 이를 '바라밀'이라고 합니다. 여러분! 미혹한 사람은 입으로만 염송할 뿐, 염송할 때조차 망념과 잘못된 생각이 있습니다. 매 순간 실천하는 것이 곧 '참된 성품(眞性)'입니다. 이 법을 깨닫는 것이 '반야법(般若法)'이고, 이 행을 닦는 것이 '반야행(般若行)'입니다. 닦지 않으면 범부(凡夫)이고, 한결같은 마음의 수행은 스스로가 부처와 동등합니다. 여러분! 범부가 곧 부처이며, 번뇌가 곧 보리(菩提)입니다. 이전 순간 미혹하면 범부이고, 이후 순간 깨달으면 부처입니다. 이전 순간 경계에 집착하면 번뇌이고, 이후 순간 경계를 떠나면 보리입니다.

여러분! '마하반야바라밀(摩訶般若波羅蜜)'은 가장 존귀하고, 가장 뛰어나며, 가장 으뜸가는 법입니다. 그것은 때 무름도 없고, 가고 옴도 없으며, 과거·현재·미래의 모든 부처님이 이 법에서 나옵니다. 마땅히 큰 지혜를 사용하여 오온(五蘊)과 번뇌의 티끌과 괴로움을 깨뜨려야 합니다. 이와 같이 수행하면 반드시 불도(佛道)를 이루게 되며, 탐·진·치(貪瞋癡) 삼독(三毒)을 계·정·혜(戒定慧)로 변화시킬 수 있습니다. 여러분! 내가 말하는 이 법문(法門)은 하나의 반야에서 비롯되어 팔만사천(八萬四千) 가지의 지혜를 낳습니다. 왜냐하면, 세상 사람들에게는 팔만사천 가지의 번뇌와 티끌이 있기 때문입니다. 만약 번뇌와 티끌이 없다면, 지혜는 항상 드러나고 자성을 떠나지 않습니다. 이 법을 깨닫는 사람은 곧 '무념(無念, 생각)' 이며, '무억(無憶, 기억)' 이요, '무착(無著, 집착)' 이며, 거짓된 망상을 일으키지 않습니다. 자신의 진여(眞如)의 본성을 사용하여 지혜로써 관조하면 모든 법에서 취함도 버림도 없으니, 이것이 곧 자성을 보고 부처의 길을 이루는 것입니다. 여러분! 만약 깊고 심오한 법계(法界)와 반야삼매(般若三昧)에 들어가고자 한다면, 반드시 반야행을 닦고 《금강반야경(金剛般若經)》을 독송해야 합니다. 그러면 곧 자성을 보게 될 것입니다. 이 경전의 공덕은 한량없고 끝이 없음을 마땅히 알아야 됩니다. 경문 속에서도 분명히 찬탄하고 있지만 온전히 다 말할 수가 없습니다.

이 법문은 가장 높은 가르침(最上乘)이며, 큰 지혜를 지닌 사람들에게 설하는 것이며, 뛰어난 근기를 지닌 사람들에게 설하는 것입니다. 근기가 작고 지혜가 부족한 사람은 이 법문을 들어도 믿음을 내지 못합니다. 왜 그럴까요? 비유컨대 마치 큰 용(龍, 구름들)이 땅(閻浮提)에 비를 내리면, 성읍과 마을이 몽땅 떠내려가 마치 대추 잎처럼 표류하는 것과 같습니다. 그렇지만 바다에 비가 내리면 바다는 조금도 줄어들거나 불어나지 않습니다. 만일 대승인(大乘人)과 최상승인(最上乘人)이 《금강경》을 들으면 마음이 열리고 깨달음을 얻을 것입니다. 그러므로 본래 자성이 반야의 지혜를 갖추고 있어서, 스스로 그 지혜를 사용하여 항상 관조(觀照)하기 때문에 문자에 의존하지 않는다는 것을 알아야 합니다. '비유컨대 마치 빗물이 하늘에서 생기는 것이 아니라, 구름들이 일어나 모든 중생, 모든 풀과 나무, 유정(有情)·무정(無情) 모두가 그 은혜를 입고, 모든 강과 시냇물은 결국 큰 바다로 흘러들어 하나가 되듯이, 중생의 본성에 깃든 반야의 지혜도 이와 같습니다.' 49) 여러분! 근기가 작은 사람들은 이 돈교(頓敎)를 들으면 마치 뿌리가 약한 풀과 나무가 큰비를 만나는 것과 같

---

49) * 하늘에 있는 구름들의 작용을, 용이 하늘에서 움직이는 모습으로 형상화한 표현으로 보며 '구름 작용'이라 번역함.
* 이 비유는 지혜와 본성을 비와 큰 바다에 대비하여 표현하고 있음.

습니다. 실로 모든 것이 스스로 쓰러지고 성장하지 못하는데 근기가 작은 사람들도 또한 그와 같습니다. 원래 있는 반야의 지혜는 대지혜인(大智人)과 본질적으로 다를 것이 없는데, 왜 법문을 듣고서 스스로 깨닫지 못하는 것일까요? 삿된 견해(邪見)의 장애가 깊고, 번뇌의 뿌리가 깊기 때문입니다. 마치 두터운 주름이 태양을 가려서, 바람이 불지 않으면 햇빛이 드러나지 못하는 것과 같습니다. 반야의 지혜에는 본래 크고 작음이 없지만, 모든 중생 스스로의 마음에 미혹함과 깨달음이 같지가 않아서 (지혜의 크고 작음)이 있습니다. 미혹한 마음으로 바깥을 찾아 수행하며 부처를 구할 뿐, 자성을 깨닫지 못하니 이것이 바로 근기가 작은 사람입니다. 만약 돈교를 깨달으면 밖에서 부처를 구할 필요가 없으며, 오직 자신의 마음속에서 항상 바른 견해(正見)를 일으킴으로, 번뇌와 티끌이 결코 물들지 못하니, 이것이 곧 자성을 보는 것(見性)입니다. 여러분! 안팎에 머물지 않고, 가고 옴이 자유롭고, 능히 집착하는 마음을 제거하면, 통달하여 막힘이 없습니다. 이러한 수행을 실천할 수 있다면 《반야경》과 조금도 차별이 없게 됩니다.

　　여러분! 모든 수다라(修多羅, 경전)와 문자, 대승·소승의 가르침, 십이부경(十二部經)은 모두 사람으로 인해 세워진 것입니다. 지혜의 본성(智慧性)이 있기 때문에 비로소 성립된 것입니다. 만약 세상 사람이 없다면, 일체 만법(萬法)은 본래 존재하지 않습니다. 그러므로 모든 법은 사람으로 인해 생긴 것임을 알아야 합니다. 모든 경전(經書)도 사람이 말했기에 존재하는 것입니다. 사람 가운데 어리석은 자와 지혜로운 자가 있으니, 어리석은 자는 소인(小人)이고, 지혜로운 자는 대인(大人)입니다. 어리석은 자가 지혜로운 자에게 물으면, 지혜로운 자가 어리석은 자에게 법을 설합니다. 어리석은 자가 문득 깨달아 마음이 열리면, 지혜로운 자와 다를 것이 없습니다. 여러분! 깨닫지 못하면 부처도 중생이요, 한 생각 깨달으면 중생이 곧 부처입니다. 그러므로 모든 법은 오직 자신의 마음 안에 있는 것입니다. 어째서 자기 마음에서 곧장 '진여 본성(眞如本性)'을 보지 못하는 걸까요? 《보살계경(菩薩戒經)》에 이르기를, "내 본래 자성은 원래 청정하니, 만약 자기 마음을 알아 자성을 보면 모두 부처의 길을 이룬다." 하였으며, 《정명경(淨名經)》에서는 "즉시에 툭 트이니 본래 마음을 되찾는다." 하였습니다. 여러분! 나는 인(忍) 화상(和尙)의 가르침을 듣고, 한 마디 말씀에 바로 깨달아 곧 진여 본성을 보았습니다. 그래서 이 가르침을 널리 전하여 수행하는 자들이 즉각 보리를 깨닫게 하고자 합니다. 각자 자신의 마음을 관조하여 스스로 본성을 보아야 합니다. 스스로 깨닫지 못하면, 반드시 큰 선지식(善知識)을 찾아야 합니다. 가장 뛰어난 가르침(最上乘)을 깨달은 이가 곧장 바른 길을 가르쳐 줄 것입니다. 이러한 선지식은 큰 인연을 지닌 존재로서, 중생을 인도하여 자성을 보게 합니다. 모든 선법(善法)은 선지식이 있기 때문에 비로소 드러날 수 있는 것입니다. 과거·현재·미래의 모든 부처님과 십이부경(十二部經)은 본래 사람의 본성 안에 갖추어져 있습니다. 스스로 깨닫지 못하면 선지식의 가르침을 받아야 비로소 자성을 볼 수 있으며, 스스로 깨닫는다면 굳이 밖에서 구할 필요가 없습니다. 만약 항상 '다른 선지식을 통해서만 해탈할 수 있다'고 주장한다면, 그것은 옳지 않습니다. 왜냐하면, 자기 마음속에도 이미 선지식이 있어서, 스스로 깨달을 수 있기 때문입니다. 만약 삿된 미혹과 망념이 일어나고, 전도된 생각을 하면, 비록 바깥의 선지식이 가르쳐 주어도 구제받을 수가 없습니다. 그러나 만약 바른 반야(般若)의 지혜로 관조하면, 찰나의 순간에 망념이 모두 사라집니다. 만약 자성을 안다면 한 번의 깨달음으로 곧장 부처의 경지에 이를 것입니다. 여러분! 지혜로 관조하면 안팎이 모두 밝아지고, 스스로 본래 마음(本心)을 알게 됩니다. 본래의 마음을 알면, 곧 본래의 해탈(解脫)입니다. 해탈을 얻으면, 이것이 바로 반야삼매(般若三昧)요, 무념(無念)입니다. 무엇을 무념이라 하는가? 모든 법을 보되 마음이 집착하지 않는 것, 이것이 무념(無念)입니다. 그 작용은 모든 곳에 두루 하지만, 어떠한 곳에도 집착하지 않습니다. 다만 본래의 마음을 청정하게 하여, 여섯 가지 식(識)이 여섯 문(門)

으로 나아가되, 여섯 가지 경계(塵) 속에서 물들지 않고 쉬이지 않으며, 오고 감이 자유롭고, 막힘 없이 작용하는 것, 이것이 곧 반야삼매요, 자유로운 해탈이며, 무념의 실천입니다. 만약 모든 것들을 (아예) 생각하지 않으려고 한다면, 생각을 끊으려고 하는 것인데, 그것은 도리어 법(法)에 매이게 되는 것이며, 한쪽에 치우친 견해(邊見)입니다. 여러분! 무념의 법을 깨달으면 모든 법을 두루 통달할 것이며, 무념의 법을 깨달으면 모든 부처의 경계를 보게 될 것이며, 무념의 법을 깨달으면 부처의 지위(地位)에 이를 것입니다.

여러분! 훗날 나의 법을 얻은 사람이 장차 이 돈오(頓悟) 법문을, 같은 견해와 같은 실천 속에서 발원하고 수지한다면, (이것은) 부처님을 섬기는 것과 같으므로, 종신토록 물러나지 않고 반드시 성인의 경지에 이를 것입니다. 그러나 모름지기 전해줌(傳授)은 예로부터 (이심전심의) 묵전(默傳)으로 분부(分付)한 것이니 그 바른 법(이심전심으로 전함)을 은닉해서는 안 됩니다. 만약 같은 견해와 같은 수행이 아니라, 다른 법에 속한 사람에게는 전수해서는 안 됩니다. 그것은 앞선 선인(先人)들에게 손해를 끼치고, 결국 아무런 이익도 되지 못할 것입니다. 걱정스럽게도 어리석은 사람이 이 법문을 이해하지 못하고, 비방한다면, 백겁 천생(百劫千生) 동안 부처의 씨앗을 끊어버리게 될 것입니다. 여러분! 제게 한편의 무상송(無相頌)이 있으니, 모두 이를 외워 지니고, 재가자든 출가자든 이에 따라 수행해야 합니다. 만약 스스로 수행하지 않고, 단지 내 말을 기억만 한다면, 아무런 이익이 없을 것입니다. 저의 게송을 잘 들어 보십시오.:

설법에 통달하고 마음에 통달하니 마치 해가 허공에 있는 것과 같도다.
오직 견성법(見性法)을 전하니, 세상에 나타나 잘못된 가르침을 타파하네.
법에는 돈(頓)과 점(漸)이 없지만, 미혹함과 깨달음에서 더디고 빠름이 있네.
다만 이 견성문(見性門)은 어리석은 사람은 알 수가 없다네.
설(說)하는 법이 비록 만 가지라 해도, 이치를 합하면 결국 하나로 돌아오네.
번뇌의 어두운 집 속에서도 항상 지혜의 해를 떠오르게 해야 하리.
삿된 것이 오면 번뇌가 일어나고, 바른 것이 오면 번뇌가 사라지리.
삿됨과 바름을 함께 쓰지(用) 않으면, 청정함이 남김없이 이루어지리라.
보리는 본래 자신의 성품이니, 마음을 일으키면 그것이 곧 망상이라.
청정한 마음은 망상 속에서도 존재하니, 다만 바름을 지키면 삼장(三障)

이 없으리라.

　　세상 사람이 도(道)를 닦고자 한다면, 모든 것이 다 방해되지 않을 것이고,

　　항상 스스로 자기의 허물을 보면 곧 도와 상응하는 것이리라.

　　모든 존재는 제마다의 도가 있어, 서로 방해하거나 해치지 않으니,

　　도를 떠나 따로 도를 찾는다면, 평생토록 보지 못하리라.

　　헤매고 헤매다 한평생을 보내고, 끝내는 스스로 후회하리라.

　　참된 도를 보고자 한다면, 행(行)이 바름이 곧 도 이니라.

　　스스로 도를 찾지 않는다면, 어둠 속을 걷듯이 도를 보지 못하리라.

　　참된 수도인(修道人)은 세간(世間)의 허물을 보지 않느니라.

　　만약 남의 그름을 본다면, 스스로의 그름이고 도리어 잘못된 것이라네.

　　남이 그르고 나는 그르지 않다면,

나의 그름으로써 스스로의 허물이 되니,

　　다만 스스로 그른 마음을 물리치면, 번뇌를 제거하여 깨뜨리게 되리라.

　　미움과 사랑에 마음 두지 않으면, 두 다리 길게 뻗고 눕게 되리라.

　　남을 교화하고자 한다면, 스스로 모름지기 방편이 있어야 하니,

　　사람들에게 의심이 남아있지 않게 하면 곧 자성이 드러나게 될 것이니라.

　　부처님의 법은 세간에 있으니, 세간을 떠나서는 깨달음이 없네.

　　세간을 떠나 보리를 구한다면, 흡사 토끼의 뿔을 찾는 것과 다를 바 없으리.

　　바른 견해는 출세간이라 하고, 삿된 견해는 세간이라 하지만,

　　삿됨과 바름을 다 물리치니, 보리의 본성이 온전히 드러나네.

　　이 게송은 돈교(頓敎)이고, 또한 큰 법의 배(大法船)라 이름하니,

　　미혹하여 들으면 누겁을 경과하

고, 깨달으면 찰나에 이르리라.

스승(慧能)께서 다시 말씀하셨다. "오늘 대범사(大梵寺)에서 이 돈오 법문을 설하노니, 온 법계의 중생들이, 이 말을 듣고 곧장 자성을 보아 부처가 되기를 바랍니다." 그때 위사군(韋使君)과 관리들, 도·속(道俗) 모두가 스님의 말씀을 듣고, 깨달음을 얻지 못한 이가 없었다. 모두 합장하여 예를 올리고, 감탄하며 말하였다. "참으로 훌륭하십니다! 어찌 예상이나 했으리오, 영남(嶺南)에 부처가 출세하시다니!"

# 3. 의문품(疑問品)

　　어느 날, 위자사(韋刺史)가 선사를 위해 대회재(大會齋)를 베풀었다. 재가 끝난 후, 자사가 선사에게 좌석에 오르도록 청하자, 동료 관리들과 선비, 서민들이 엄숙하게 다시 절하며 물었다.

　　"제자가 듣자니, 선사님의 법문은 참으로 불가사의합니다. 지금 약간의 의문이 있으니, 대자비로 특별히 설명해 주시기를 바랍니다."

　　선사가 말씀하셨다. "의문이 있으면 물어 보시오. 설명해 주리다."

　　위공(韋公)이 말했다. "선사께서 말씀하신 것은 달마대사(達磨大師)의 종지(宗旨)가 아니겠습니까?"

　　선사가 말씀하셨다. "그렇소."

　　공이 말했다. "제자가 듣기로는, 달마대사가 처음 양무제(梁武帝)를 교화했을 때, 황제가 묻기를, '짐이 일생 동안 절을 짓고 스님들을 도우며, 보시하고 재를 베풀었는데, 어떤 공덕이 있겠습니까?' 하니, 달마대사가 답하기를, '실로 공덕이 없습니다.' 했는데, 제자가 이 이치를 깨닫지 못하니, 스님께서 설명해 주시기를 바랍니다."

선사가 말씀하셨다. "실로 공덕이 없습니다. 옛 성인의 말씀을 의심하지 마십시오. 무제의 마음이 삿되어 정법(正法)을 알지 못했습니다. 절을 짓고 스님을 도우며, 보시하고 재를 베푸는 것을 복(福)을 구하는 것이라 하는데, 복을 공덕으로 여기지 마십시오. 공덕은 법신(法身) 가운데 있지, 복을 닦는 데 있지 않습니다." 선사가 또 말씀하셨다. "성품을 보는 것이 공(功)이고, 평등한 것이 덕(德)입니다. 생각마다 막힘이 없이 항상 본성을 보며, 진실하고 결맞게 응용하는 것을 공덕이라 합니다. 마음속으로 겸손한 것이 공이고, 밖으로 예를 행하는 것이 덕입니다. 자성(自性)으로 만법(萬法)을 세우는 것이 공이고, 마음의 본체가 생각을 떠난 것이 덕입니다. 자성을 떠나지 않는 것이 공이고, 응용에 물들지 않는 것이 덕입니다. 만약 공덕 법신을 찾는다면, 이대로 하십시오. 이것이 진정한 공덕입니다. 만약 공덕을 닦는 사람이라면, 마음이 가볍지 않고 항상 두루 공경해야 합니다. 마음이 항상 남을 가볍게 여기고, 아만(我慢)이 끊어지지 않으면 스스로 공이 없고, 자성이 허망하여 진실하지 않으면 스스로 덕이 없습니다. 아만이 스스로 커서 항상 모든 것을 가볍게 여기기 때문입니다. 여러분! 생각마다 간격이 없는 것이 공이고, 마음이 평직(平直)한 것이 덕입니다. 스스로 성품을 닦는 것이 공이고, 스스로 몸을 닦는 것이 덕입니다. 여러분! 공덕은 반드시 자성 안에서 보아야 하니, 보시와 공양으로 구하는 것이 아닙니다. 이 때문에 복덕(福德)과 공덕은 다릅니다. 무제가 진리를 알지 못했을 뿐, 우리 조사(祖師)의 잘못이 아닙니다."

자사가 또 물었다. "제자가 항상 승속(僧俗)들이 아미타불(阿彌陀佛)을 염하며 서방(西方, 극락세계)에 태어나기를 원하는 것을 보았습니다. 스님께 청(請)컨데, 그들이 서방에 태어날 수 있는지요? 의문을 풀어주시기를 바랍니다."

선사가 말씀 하셨다. "사군(使君)은 잘 들으시오. 말씀드리겠습니다. 세존(世尊)이 사위성(舍衛城)에서 서방을 말씀하시면서 사람들을 인도하며 교화하셨습니다. 경문(經文)에는 분명히 여기서 멀지 않다고 했습니다. 만약 상(相)으로 말한다면, 거리가 십만 팔천 리(十萬八千里)이니, 몸 안의 십악(十惡)과 팔사(八邪)가 멀다는 말입니다. 멀다고 말하는 것은 하근기(下根)를 위한 것이고,

가깝다고 말하는 것은 상근기(上智)를 위한 것입니다. 사람은 두 종류가 있으나, 법은 두 가지가 아닙니다. 미혹(迷惑)과 깨달음(悟)이 다르니, 보는 것이 빠르고 느림이 있습니다. 미혹한 사람은 염불하여 저 서방에 태어나기를 구하고, 깨달은 사람은 스스로 마음을 깨끗이 합니다. 그래서 부처님께서 말씀하셨습니다. '마음이 깨끗하면 곧 불토(佛土)가 깨끗하다.' 사군이여, 동방 사람이 마음이 깨끗하면 죄가 없고, 서방 사람도 마음이 깨끗하지 않으면 허물이 있는 것입니다. 동방 사람은 죄를 짓고는, 염불하여 서방에 태어나기를 구한다고 하지만, 서방 사람이 죄를 지으면 염불하여 어느 나라에 태어나기를 구하겠습니까? 어리석은 사람은 자성을 깨닫지 못하고 몸 안의 정토(淨土)를 알지 못하여 동쪽을 원하고 서쪽을 원합니다. 깨달은 사람은 어디에 있든 한결같으니, 그래서 부처님께서 말씀하시길, '머무는 곳마다 항상 안락하다.' 하셨습니다. 사군이여, 마음에 불선(不善)이 없으면 서방이 여기서 멀지 않습니다. 만약 불선한 마음을 품고 있으면, 염불하여 왕생하기 어렵습니다. 이제 여러분들에게 원하노니, 먼저 십악을 제거하면 곧 십만 리를 간 것이고, 뒤에 팔사를 제거하면 곧 팔천 리를 넘어선 것입니다. 생각마다 성품을 보고 항상 평직(平直)하게 행하면, 순식간에 아미타불을 볼 것입니다. 사군이여, 그저 십선(十善)을 행하면 어찌 다시 왕생을 원하겠습니까? 십악의 마음을 끊지 않으면, 어느 부처가 와서 맞이하겠습니까? 만약 무생(無生)의 돈법(頓法)을 깨달는다면, 서방을 보는 것이 순간입니다. 깨닫지 못하고 염불하여 왕생을 구하면, 길이 멀어 어떻게 도달하겠습니까? 제가 여러분과 함께 서방을 한 순간에 옮겨, 지금 바로 보이겠습니다. 모두 보기를 원하십니까?"

모두가 머리를 조아리며 말했다. "만약 여기서 볼 수 있다면, 어찌 다시 왕생을 원하겠습니까? 선사께서 자리로 서방을 나타내어 모두 보게 해 주십시오."

선사가 말씀하셨다. "여러분! 세상 사람의 몸은 성(城)이요, 눈 귀 코 혀는 문입니다. 밖에 다섯 문이 있고, 안에 의문(意門)이 있습니다. 마음은 땅이요, 성품은 왕입니다. 왕이 마음의 땅에 거(居)하니, 성품이 있으면 왕이 있고, 성품이 없으면 왕이 없습니다. 성품이 있으면 몸과 마음이 존재하고, 성품이 없으면 몸이 무너집니다. 부처는 성품 안에서 이루니, 몸 밖에서 구하지 마십시오. 자성이 미혹하면 중생이고, 자성이 깨달으면 부처입니다. 자비는 관음(觀音)이고, 희사(喜捨, 기쁜 마음으로 베풂)는 세지(勢至)이며, 능정(能淨, 능히 청정케 함)은 석가(釋迦)이고, 평직(平

直, 평등하고 곧음)은 미타(彌陀)입니다. 인아(人我)50)는 수미산(須彌山)이고, 탐욕은 바닷물이며, 번뇌는 파도이고, 독해(毒害, 악의)는 악룡(惡龍)이며, 허망은 귀신(鬼神)이고, 진로(塵勞)는 어별(魚鱉, 물고기와 자라)입니다. 탐진(貪瞋)은 지옥이고, 우치(愚癡)는 축생(畜生)입니다. 여러분! 항상 십선을 행하면 천당에 이를 것이고, 인아를 제거하면 수미산이 무너지고, 탐욕을 버리면 바닷물이 마르며, 번뇌가 없으면 파도가 사라지고, 독해(毒害)를 제거하면 어룡(魚龍)51)이 끊어지고, 마음의 땅에서 성품을 깨달으면, 여래(如來)가 큰 광명을 비출 것입니다. 밖으로 육문(六門)을 깨끗이 비추어 육욕(六欲)의 모든 하늘을 깨뜨리고, 자성이 안으로 비추어 삼독

---

50) 나와 남을 구분하는 분별심. (사대四大로 이루어진) 몸이라는 세계 가운데 '인아(人我)'라는 산이 있고, 인아라는 산 가운데 '번뇌'라는 금광석이 있으며, 번뇌라는 광물 속에 '불성'이라는 보배가 있고, 불성이라는 보배 가운데 지혜로운 기술자가 있습니다. 지혜로운 기술자가 '인아'라는 산을 파고 뚫어 번뇌라는 금광석을 보고, 깨달음의 불(금강불성)로 이 번뇌를 녹여 없앱니다. ---육조 혜능대사의 금강경 서문 중에서
51) 물고기와 용, 독해(毒害)가 있는 환경에서 살아가는 존재, 해로운 요소가 사라지면 그것을 기반으로 존재하던 것들도 더 이상 유지될 수 없다.

(三毒)을 제거하면, 지옥 등의 죄가 한꺼번에 소멸하여 안팎이 환히 밝아 서방과 다르지 않습니다. 이렇게 닦지 않으면 어떻게 저곳에 도달하겠습니까?"

대중이 이 말을 듣고 분명히 성품을 보고 모두 절하며 찬탄하면서 소리내어 말했습니다. "법계(法界)의 모든 중생들이 이 말을 듣고 한꺼번에 깨달음을 얻기를 바랍니다."

선사가 말씀하셨습니다. "여러분 만약 수행하려면 집에서도 할 수 있고, 절에 있지 않아도 됩니다. 집에서 잘 행하면 동방 사람의 마음이 선(善)한 것과 같고, 절에 있으면서 닦지 않으면 서방 사람의 마음이 악(惡)한 것과 같습니다. 다만 마음이 청정하면 곧 자성의 서방 정토입니다."

위공이 또 물었다. "집에서 어떻게 수행해야 합니까? 가르쳐 주시기를 바랍니다."

선사가 말씀하겠습니다. "내가 대중에게 무상송(無相頌)을 말하겠습니다. 이대로 닦으면 항상 나와 함께 있는 것과 다름이 없고, 만약 이대로 닦지 않으면 머리를 깎고 출가한다 해도 도(道)에 무슨 이익이 있겠습니까?" 송(頌)은 이렇습니다. :

　　마음이 평등하면 어찌 계율을 지킬 필요가 있으며, 행실이 곧으면 어찌 선(禪)을 닦을 필요가 있으랴!

　　은혜로움은 부모를 효도로 봉양함이고, 의로움은 위아래가 서로 아낌이라.

　　양보함은 존비(尊卑)가 화목함이고, 참음은 모든 악이 시끄럽지 않음이라.

　　만약 나무를 문질러 불을 일으킬 수 있다면, 흙 속에서도 반드시 붉은 연꽃이 피어나리라.

　　쓴맛은 곧 좋은 약이고, 거슬리는 말은 반드시 충언이라.

허물을 고치면 반드시 지혜가 나고, 단점을 감추면 마음속이 어질지 않음이라.

날마다 항상 다른 사람을 이익 되게 한다 해도, 도를 이루는 것은 복을 베푸는 데 있지 않다.

보리(菩提)는 오직 마음에서 찾으니, 어찌 밖을 향해 신비함을 구하랴.

이 말을 듣고 이대로 수행하면, 서방이 바로 눈앞에 있으리라.


선사가 또 말씀하셨다. "여러분! 반드시 게송대로 수행하여 자성을 보아 곧 불도를 이루어야 합니다. 시간은 기다리지 않으니, 모두 돌아가시고 저는 조계(曹溪)로 돌아갈 것입니다. 만약 의문이 있으면 다시 와서 묻도록 하십시오."

이때, 자사와 관리들, 모인 선남신녀(善男信女)들이 모두 깨달음을 얻고, 믿고, 받들어 행하였다.

## 4. 정혜품(定慧品)

선사가 대중에게 말씀하셨다. "여러분! 나의 이 법문은 정(定)과 혜(慧)를 근본으로 합니다. 대중들이여! 미혹되어 정과 혜가 다르다고 말하지 마십시오. 정과 혜는 한 몸이지 둘이 아닙니다. 정(定)은 혜(慧)의 본체이고, 혜(慧)는 정(定)의 작용입니다. 혜(慧)가 있을 때 정(定)은 혜(慧) 안에 있고, 정(定)이 있을 때 혜(慧)는 정(定) 안에 있습니다. 만약 이 뜻을 안다면, 곧 정(定)과 혜(慧)를 고르게 배우는 것입니다. 모든 도를 배우는 사람들은, 먼저 정(定)을 닦아 혜(慧)가 나오거나, 먼저 혜(慧)를 닦아 정(定)이 나온다고 각각 다르게 말해서는 안 됩니다. 이러한 견해를 가진 사람은 법을 두 모습으로 보는 것입니다. 입으로는 선한 말을 하지만, 마음속은 선하지 않으면, 헛되이 정과 혜를 갖추었으나, 정과 혜가 균등하지 못한 것입니다. 만약 마음과 입이 모두 선하고, 안팎이 하나라면, 정과 혜가 곧 균등한 것입니다. 스스로 깨달아 수행하는 것은 다툼에 있지 않습니다. 만약 먼저(先)와 나중(後)을 다투면, 곧 미혹한 사람과 같아져, 이기고 짐을 끊지 못하고, 도리어 아집과 법집을 더하며, 사상(四相)52)을 떠나지 못합니다. 여러분! 정과 혜는 무엇과 같을까요? 비유하자면, 등불과 빛 같습니다. 등불이 있으면 빛이 있고, 등불이 없으면 어둡게 됩니다. 등불은 빛의 본체이고, 빛은 등불의 작용입니다. 이름은 비록 둘이지만, 본체는 본래 하나입니다. 이 정과 혜의 법도 또한 그와 같습니다."

선사가 대중에게 말씀하셨다. "여러분! 일행삼매(一行三昧)란 모든 곳에서 행주좌와(行住坐臥)할 때 항상 한결

---

52) 네 가지 잘못된 집착, 아상(我相): '나', 인상(人相): '남', 중생상(衆生相): '중생', 수자상(壽者相): '수명'.

같은 마음으로 행하는 것입니다. 《정명경(淨名經)》에 말하기를, '곧은 마음이 도량(道場)이고, 곧은 마음이 정토(淨土)이다.'라고 합니다. 마음으로 아첨하고 굽은 행을 하면서 입으로만 곧다고 말해서는 안 됩니다. 입으로 일행삼매를 말하면서 곧은 마음을 행하지 않는다면 소용이 없습니다. 다만 곧은 마음을 행하고, 모든 법에 집착하지 말아야 합니다. 미혹한 사람은 법의 모양에 집착하고, 일행삼매에 집착하여 말하기를, '항상 앉아서 움직이지 않고, 망념을 일으키지 않으면 곧 일행삼매이다.'라고 합니다. 이러한 해석을 하는 사람은 무정물(無情物)과 같아져, 도리어 도를 가로막는 인연이 됩니다. 여러분! 도는 흘러 통해야 하는데, 어찌 막혀 있겠습니까? 마음이 법에 머물지 않으면 도는 흘러 통하고, 마음이 법에 머물면 스스로 속박되는 것입니다. 만약 항상 앉아서 움직이지 않는 것이 옳다면, 사리불(舍利弗)이 숲속에서 편안히 앉아 있었을 때, 왜 유마힐(維摩詰)에게 꾸지람을 들었겠습니까? 여러분! 또 어떤 이는 앉아서 마음을 보고 고요함을 관하며, 움직이지 않고 일어나지 않음으로써 공을 쌓으라고 가르치는데, 미혹한 사람은 이를 이해하지 못하고, 집착하여 전도되어 버립니다. 이와 같은 사람이 많아서 서로 이렇게 가르치니, 그런 것들은 크게 잘못된 것임을 알아야 합니다."

선사가 대중에게 말씀하셨다. "여러분! 본래의 바른 가르침에는 돈(頓)과 점(漸)이 없으나, 사람의 성품에 예리함과 둔(鈍)함이 있습니다. 미혹한 사람은 점차로 닦고, 깨달은 사람은 단번에 계합합니다. 스스로 자기의 본심을 알고, 스스로 자기의 본성을 보면 차별이 없으므로, 돈과 점이라는 가명(假名)을 세운 것입니다. 여러분! 나의 이 법문은 예로부터 먼저 무념(無念)을 종지(宗旨)로 삼고, 무상(無相)을 체(體)로 삼으며, 무주(無住)를 근본으로 삼습니다. 무상이란 상(相)에 있으면서 상을 떠나는 것이요, 무념이란 염(念)에 있으면서 염이 없는 것이요, 무주란 사람의 본성입니다. 세간의 선악(善惡)과 미추(美醜), 원수와 친구, 언어로 다투고 속이는 일이 있을 때에도 모두 공(空)으로 여겨 보복할 생각을 하지 말고, 염념(念念) 중에 앞의 경계를 생각하지 않아야 합니다. 만약 전념(前念), 금념(今念), 후념(後念)이 염념상속(念念相續)하여 끊이지 않으면 이를 계박(繫縛, 묶여 속박됨)이라 합니다. 모든 법에 대하여 염념주(念念住)하지 않으면 곧 속박이 없는 것이니, 이것이 무주를 근본으로 삼는 것입니다. 여러분! 밖으로 일체의 상을 떠나는 것을 무상이라 합니다. 상을 떠날 수 있으면 곧 법체(法體)가 청정한 것이니,

이것이 무상을 체로 삼는 것입니다. 여러분! 모든 경계에 대하여 마음이 물들지 않는 것을 무념이라 합니다. 자기의 염상(念上)에서 항상 모든 경계를 떠나고, 경계에 대하여 마음을 내지 않는 것입니다. 만약 그저 모든 것들을 생각하지 않고 생각을 다 제거하면, 결국 한 생각마저 끊어지니 곧 죽어, 다른 곳에 태어나니, 이것은 큰 잘못입니다. 도를 배우는 사람들은 이를 생각해 보십시오. 만약 법의 뜻을 알지 못하면 스스로 잘못하는 것은 그렇다 치더라도, 더욱이 다른 사람을 그르치게 하고, 스스로 미혹하여 보지 못하면서 또 불경(佛經)을 비방하니, 그러므로 무념을 종지로 세운 것입니다. 여러분! 어째서 무념을 종지로 세우겠습니까? 다만 입으로 성품을 보았다고 말하는 미혹한 사람이 경계에 대하여 염(念)을 내고, 염(念)에서 사견(邪見)을 일으켜 일체의 진로망상(塵勞

妄想)이 여기에서 생기기 때문입니다. 자성(自性)은 본래 한 법도 얻을 것이 없으니, 만약 얻은 바가 있다고 하여 허망히 화복(禍福)을 말하면 곧 진로사견(塵勞邪見)이니, 그러므로 이 법문은 무념을 종지로 세우는 것입니다. 여러분! '무(無)'란 무엇이 없다는 것이고 '념(念)'이란 무엇을 생각한다는 것일까요? 무(無)란 두 가지 상(二相)이 없고 모든 진로(塵勞)의 마음이 없는 것이요, 염이란 진여본성(眞如本性)을 염하는 것입니다. 진여는 곧 염의 체(體)요, 염은 곧 진여의 용(用)입니다. 진여자성(眞如自性)이 염을 일으키는 것이지, 눈, 귀, 코, 혀로 염할 수 있는 것이 아닙니다. 진여에 성품이 있기 때문에 염을 일으키는 것이요, 진여가 만약 없으면 눈, 귀, 색, 성(聲)이 당장에 무너지는 것입니다. 여러분! 진여자성에서 염을 일으키면 육근(六根)이 비록 보고 듣고 느끼고 아는 바가 있으나 만 가지 경계에 물들지 않고 진성(眞性)이 항상 자재(自在)합니다. 그러므로 경에서 말씀하시기를, '능히 모든 법의 모양을 잘 분별하되 제일의(第一義)에 있어서는 움직이지 않는다.'고 한 것입니다."

## 5. 좌선품(坐禪品)

　선사가 대중에게 말씀하셨다. : "이 문(門)에서 말하는 좌선(坐禪)은 원래 마음에 집착하지도 않고, 청정(淸淨)에 집착하지도 않으며, 또한 움직이지 않는 것도 아닙니다. 만약 마음에 집착한다고 말한다면, 마음은 원래 허망한 것이라서, 마음이 환(幻)과 같음을 알기 때문에 집착할 바가 없는 것입니다. 만약 청정에 집착한다고 말한다면, 인간의 본성은 본래 청정하나, 망념(妄念) 때문에 진여(眞如)가 덮여 있는 것입니다. 다만 망상이 없으면 성품은 저절로 청정해지니, 마음을 내어 청정에 집착하면 도리어 '청정'이라는 망상을 일으키게 됩니다. 망상은 처소가 없으니, 집착하는 것이 바로 망상입니다. 청정은 형상이 없는데, 청정한 형상을 세우고 이를 공부(工夫)라고 말합니다. 이러한 견해를 갖는 사람은 자신의 본성을 가로막고, 도리어 청정에 속박되게 됩니다. 여러분! 만약 움직이지 않음(不動)을 닦는다면, 모든 사람을 볼 때 그 사람의 시비선악(是非善惡)과 과환(過患, 과오와 근심)을 보지 않는 것이 바로 자성(自性)이 움직이지 않는 것입니다. 여러분! 미혹한 사람은 몸은 비록 움직이지 않지만, 입을 열면 남의 시비장단(是非長短)과 호오(好惡)를 말하니, 도(道)와 어긋나는 것입니다. 만약 마음에 집착하고 청정에 집착하면 곧 도를 가로막는 것입니다."

선사가 대중에게 말씀하셨다. : "여러분! 무엇을 좌선(坐禪)이라 합니까? 이 (돈교)법문 가운데 장애가 없고 막힘이 없으며, 밖으로는 일체의 선악(善惡) 경계에 대해 마음의 생각이 일어나지 않는 것을 '좌(坐)'라 하고, 안으로는 자신의 성품이 움직이지 않음을 보는 것을 '선(禪)'이라 합니다. 여러분! 무엇을 선정(禪定)이라 합니까? 밖으로 상(相)을 떠나는 것이 선(禪)이고, 안으로 어지럽지 않음이 정(定)입니다. 밖으로 상(相)에 집착하면 안으로 마음이 어지러워지고, 밖으로 상을 떠나면 마음이 어지럽지 않게 됩니다. 본성은 본래 스스로 청정하고 스스로 고요하나, 다만 경계를 보고 그 경계를 생각하면 어지러워지는 것입니다. 만약 모든 경계를 보아도 마음이 어지럽지 않다면, 이것이 진정한 정(定)입니다. 여러분! 밖으로 상(相)을 떠나는 것이 선(禪)이고, 안으로 어지럽지 않음이 정(定)입니다. 밖으로는 선(禪)을 이루고 안으로는 정(定)을 이루는 것이 바로 선정(禪定)입니다. 《보살계경(菩薩戒經)》에서 말씀하시기를, '나의 본래 성품은 스스로 청정하다'고 했습니다. 여러분! 생각생각(念念) 가운데에서 자신의 본성이 청정함을 보고, 스스로 닦고 스스로 행하여, 스스료가 불도(佛道)를 이루는 것입니다."

## 6. 참회품(懺悔品)

그때, 대사(大師)가 광주(廣州)와 소주(韶州) 그리고 사방에서 온 사람들이 산중에 모여 법을 듣는 것을 보시고, 이에 법좌에 오르셔서 대중에게 말씀하셨다. : 자, 여러분! 이 일은 반드시 자신의 일에서 시작되어야 하며, 모든 때에 생각생각(念念)마다 자신의 마음을 청정하게 하여야 합니다. 스스로 닦고 스스로 행하여, 자신의 법신(法身)을 보고, 자신의 마음속 부처를 보며, 스스로 깨달아 스스로 계율을 지켜야만 비로소 헛되이 여기에 온 것이 아니게 됩니다. 이미 먼 곳에서 와서 이곳에 함께 모였으니, 모두가 인연이 있는 것입니다. 이제 각자 무릎을 꿇고 앉으십시오. 먼저 자성(自性)의 오분법신향(五分法身香, 다섯 가지 법신의 향기)을 전하고, 다음에 무상참회(無相懺悔)를 전하겠습니다.

대중이 무릎(호케, 胡跪)을 꿇었다.

선사가 말씀하셨다.: "첫째, 계향(戒香)입니다. 즉 자신의 마음속에 잘못이 없고 악이 없으며, 시기와 질투가 없고, 탐욕과 성냄이 없으며, 빼앗거나 해치려는 마음이 없는 것을 계향이라 합니다.

둘째, 정향(定香)입니다. 즉 모든 선악(善惡)의 경계를 보아도 자신의 마음이 어지럽지 않은 것을 정향이라 합니다.

셋째, 혜향(慧香)입니다. 자신의 마음에 걸림이 없어 항상 지혜로써 자성을 관조(觀照)하며, 모든 악을 짓지 않고, 비록 많은 선을 닦아도 마음에 집착하지 않으며, 윗사람을 공경하고 아랫사람을 생각하며, 외롭고 가난한 사람을 가엾이 여기는 것을 혜향이라 합니다.

넷째, 해탈향(解脫香)입니다. 즉 자신의 마음이 선악(善惡)에 매이지 않고, 선을 생각하지도 악을 생각하지도 않으며, 자재롭고 걸림이 없는 것을 해탈향이라 합니다.

다섯째, 해탈지견향(解脫知見香)입니다. 자신의 마음이 이미 선악에 매이지 않았으나, 공(空)에 빠져 고요함만 지키지 말고, 반드시 널리 배우고 많이 들어서 자신의 본심(本心)을 깨달아 모든 부처의 이치에 통달하며, 빛을 감추고 중생을 접하여 나와 남이 없이 곧바로 보리(菩提)에 이르되, 참된 성품이 변하지 않는 것을 해탈지견향이라 합니다. 여러분! 이 향은 각자가 스스로 내면에서 그윽하게 하는 것이니, 바깥에서 찾으려 하지 마십시오."

"이제 여러분에게 무상참회(無相懺悔)를 전하여, 삼세(三世)의 죄를 없애고 삼업(三業)이 청정해지게 하겠으니 여러분은 모두 저의 말을 따라 하십시오.: '제자 등은 앞의 생각, 지금의 생각, 그리고 뒤의 생각에 이르기까지, 생각생각마다 어리석음과 미혹에 물들지 않겠습니다. 이전에 지은 모든 악업과 어리석음, 미혹 등의 죄를 모두 참회하오니, 한꺼번에 소멸되어 다시는 일어나지 않게 하소서. 제자 등은 앞의 생각, 지금의 생각, 그리고 뒤의 생각에 이르기까지, 생각 생각마다 교만과 속임에 물들지 않겠습니다. 이전에 지은 모든 악업과 교만, 속임 등의 죄를 모두 참회하오니, 한꺼번에 소멸되어 다시는 일어나지 않게 하소서.' 여러분! 이상이 무상참회(無相懺悔)입니다. 무엇을 참(懺)이라 하고, 무엇을 회(悔)라 할까요? 참(懺)이란, 이전의 허물을 참회하는 것이니, 이전에 지은 모든 악업과 어리석음, 미혹, 교만, 속임, 시기, 질투 등의 죄를 모두 다 참회하여 다시는 일어나지 않게 하는 것을 참(懺)이라 합니다. 회(悔)란, 이후의 허물을 뉘우치는 것이니, 지금 이후로 모든 악업과 어리석음, 미혹, 교만, 속임, 시기, 질투 등의 죄를 이미 깨달아 모두 영원히 끊고 다시는 짓지 않는 것을 회(悔)라 합니다. 그래서 이를 참회(懺悔)라고 합니다. 범부(凡夫)는 어리석고 미혹하여, 다만 이전의 허물만 참회할 뿐, 앞으로 지을 잘못을 뉘우치지는 못합니다. 뉘우치지 않기 때문에 이전의 허물이 없어지지 않고, 이후의 허물이 다시 생깁니다. 이전의 허물이 이미 사라지지 않고, 이후의 허물이 또 다시 생긴다면, 이것을 어찌 참회(懺悔)라 부를 수 있겠습니까?"

여러분! 참회를 마쳤으니, 이제 선지식들과 함께 사홍서원(四弘誓願)을 발(發)하겠습니다. 각자 마음을 바르게 하고 귀 기울여 들으십시오.

제 마음의 중생이 끝없이 많으니, 맹세코 모두 제도하겠나이다.

제 마음의 번뇌가 끝없이 많으니, 맹세코 모두 끊겠나이다.

제 성품의 법문이 다함이 없으니,

맹세코 모두 배우겠나이다.

제 성품의 무상한 불도(佛道)를 맹세코 이루겠나이다.

여러분! 모든 분들이, 어째서 '중생이 끝없이 많으니 맹세코 제도 하겠나이다' 라고 말하지 않겠습니까? (당연히 그런 서원을 말해야지요), 그렇게 말한다고 해서 제가(혜능이) 제도한다는 것은 아닙니다. 여러분! 마음속의 중생이란, 이른바 사악하고 미혹한 마음, 거짓되고 망령된 마음, 선하지 않은 마음, 시기와 질투의 마음, 악독한 마음 등과 같은 마음들입니다. 이러한 마음들이 모두 중생입니다. 각자 자신의 성품으로 스스로 제도해야 하니, 이를 참다운 제도라 합니다. 무엇을 '자성으로 스스로 제도 한다'고 합니까? 이는 자기 마음속의 사견(邪見)과 번뇌, 어리석음의 중생들을 바른 견해(正見)로 제도하는 것입니다. 바른 견해를 갖추면, 반야지혜(般若智慧)로 어리석고 미혹한 중생들을 깨뜨려 각자 스스로 제도하게 됩니다. 사악함이 오면 바름으로 제도하고, 미혹함이 오면 깨달음으로 제도하며, 어리석음이 오면 지혜로 제도하고, 악이 오면 선으로 제도합니다. 이와 같이 제도하는 것을 참다운 제도라고 합니다. 또한, '번뇌가 끝없이 많으니 맹세코 모두 끊겠다'는 것은, 자기 성품의 반야지혜로 허망한 생각과 마음을 제거하는 것입니다. 또한, '법문이 다함이 없으니 맹세코 모두 배우겠다'는 것은, 반드시 자신의 성품을 보고 항상 바른 법을 행하는 것입니다. 이를 참다운 배움이라고 합니다. 또한, '위없는 불도를 맹세코 이루겠다'는 것은, 항상 마음을 낮추어 진실 되고 바르게 행하며, 미혹을 떠나고 깨달음도 떠나서 항상 반야(般若)를 일으키는 것입니다. 진실함과 허망함을 제거하면 곧 불성을 보게 되고, 곧 언하에 불도를 이루는 것입니다. 항상 염(念, 마음에 두고 생각)하고 수행하는 것이 서원의 힘입니다.

여러분! 이제 사홍서원(四弘誓願)을 발하였으니, 다시 여러분에게 무상삼귀의계(無相 三歸依 戒)를 전하겠습니다. 여러분! 깨달음(覺)의 양족존(兩足尊)에 귀의하고, 바름(正)인 이욕존(離欲尊)에 귀의하고, 청정함(淨)인 중중존(衆中尊)에 귀의하십시오. 오늘부터 깨달음을 스승으로 삼고, 다시는 삿된 마귀와 외도(外道)에 귀의하지 말며, 자신의 성품 삼보(自性三寶)로 스스로를 증명하고, 자신의 성품 삼보에 귀의할 것을 여러분에게 청합니다. 불(佛)은 깨달음(覺)이고, 법(法)은 바름(正)이며, 승(僧)은 청정함(淨)입니다. 자신의 마음이 깨달음에 귀의하면, 사악함과 미혹이 생기지 않고, 소욕(少欲)으로 지족(知足)하며,

능히 재물과 색욕을 떠날 수 있으니, 이를 양족존(兩足尊)이라 합니다. 자신의 마음이 바름(正)에 귀의하면, 생각 생각마다 삿된 견해가 없고, 삿된 견해가 없으므로 나와 남을 주별하며 교만하거나, 탐욕과 집착이 없으니, 이를 이욕존(離欲尊)이라 합니다. 자신의 마음이 청정함에 귀의하면, 모든 번뇌와 애욕의 경계에 대해 자신의 성품이 더럽혀지지 않으니, 이를 중중존(眾中尊)이라 합니다. 이와 같이 수행하는 것이 바로 스스로 귀의(自歸依)하는 것입니다.

(그러나) 범부(凡夫)는 이를 깨닫지 못하고, 낮부터 밤까지 (형식적인) 삼귀의계(三歸依戒)를 받습니다. 만약 '불(佛)에 귀의한다'고 말한다면, 불(佛)은 도대체 어디에 있는가? 불을 보지 못한다면, 무엇을 의지해 귀의한다는 말인가? 하면서, 이런 말들로 도리어 허망함을 만듭니다.

여러분! 각자 자신을 관찰하고, 마음을 잘못 쓰지 마십시오. 경문(經文)은 분명히 '스스로 불에 귀의 한다'고 말했지, '다른 불에 귀의 한다'고 말하지 않았습니다. 자신의 불(自佛)에 귀의하지 않으면, 의지할 곳이 없습니다. 이제 이미 스스로 깨달았으니, 각자 자신의 마음 삼보(自心三寶)에 귀의해야 합니다. 안으로는 마음과 성품을 다스리고, 밖으로는 다른 사람을 공경하는 것이 바로 스스로 귀의(自歸依)하는 것입니다.

여러분! 이미 자심의 삼보(自心三寶)에 귀의하였으니, 각자 마음을 다잡고, 제가 여러분에게 일체삼신자성불(一體三身自性佛)을 설명하여, 여러분으로 하여금 삼신(三身)을 분명히 보고 스스로 자성을 깨닫게 하겠습니다. 모두 저를 따라 말하십시오. : '나의 색신(色身)에 청정법신불(淸淨法身佛)에 귀의합니다. 나의 색신에 원만보신불(圓滿報身

佛)에 귀의합니다. 나의 색신에 천백억 화신불(千百億化身佛)에 귀의합니다.'

여러분! 색신은 집과 같아서 귀의할 대상이 아닙니다. 앞서 말한 삼신불(三身佛)은 자성(自性) 안에 있으며, 세상 사람들은 모두 가지고 있습니다. 다만 스스로 마음이 미혹하여 내면의 성품을 보지 못하고, 밖에서 삼신여래(三身如來)를 찾으니, 자신 안에 삼신불이 있음을 보지 못하는 것입니다. 이제 대중들은 잘 들으십시오. 여러분들은 자신 안에 있는 자성의 삼신불을 볼 수 있도록 해야 합니다. 이 삼신불은 자성에서 생겨난 것이지, 밖에서 얻는 것이 아닙니다. 무엇을 청정법신불(淸淨法身佛)이라 하는가? 세상 사람들의 성품은 본래 청정하며, 모든 법은 자성에서 생겨납니다. 모든 악한 일을 생각하면 악한 행동이 생기고, 모든 선한 일을 생각하면 선한 행동이 생깁니다. 이와 같이 모든 법은 자성 안에 있으니, 하늘은 항상 맑고, 해와 달은 항상 밝으나, 뜬구름에 덮여 위는 밝고 아래는 어둡습니다. 바람이 불어 구름이 흩어지면 위아래가 모두 밝아지고, 모든 현상이 드러납니다. 세상 사람들의 성품도 항상 떠돌아다니니, 저 하늘의 구름과 같습니다. 여러분! 지혜(智)는 해와 같고, 총명(慧)은 달과 같아서 지혜는 항상 밝지만, 밖의 경계에 집착하면 망념(妄念)의 뜬구름이 자성을 덮어 밝게 빛나지 못합니다. 만약 선지식을 만나 참된 법을 듣고 스스로 미혹과 망상을 제거하면, 안팎이 환히 밝아져 자성 안에서 만법이 모두 나타나게 됩니다. 성품을 본 사람도 또한 이와 같으니 이를 청정법신불이라 합니다.

여러분! 자심(自心)이 자성(自性)에 귀의하는 것이 참된 부처에 귀의하는 것입니다. 자신에게 귀의한다는 것은 자성 안의 불선심(不善心), 질투심(嫉妬心),

아첨하는 마음(諂曲心), 아만심(吾我心), 속이는 마음(誑妄心), 남을 업신여기는 마음(輕人心), 남을 경멸하는 마음(慢他心), 사견(邪見心), 교만심(貢高心) 및 모든 때의 불선한 행동을 제거하고, 항상 자신의 허물을 보고 남의 좋고 나쁨을 말하지 않는 것이 자신에게 귀의하는 것입니다. 항상 마음을 낮추어 두루 공경을 행하는 것이 곧 성품을 보고 통달한 것으로서, 더 이상 막힘이 없게 되니, 이것이 자신에게 귀의한다는 것입니다.

무엇을 원만보신(圓滿報身)이라 하는가? 비유컨대 한 등불이 천 년의 어둠을 없애고, 한 지혜가 만 년의 어리석음을 소멸시키는 것과 같습니다. 과거를 생각하지 마십시요. 이미 지나간 것은 얻을 수가 없습니다. 항상 앞을 생각하여, 생각 생각마다 원만하고 밝게 하여 스스로 본성을 보십시요. 선악은 비록 다르나, 본성은 둘이 아닙니다. 둘이 아닌 성품을 실성(實性)이라고 합니다. 실성 안에서는 선악에 물들지 않으니, 이를 '원만보신불(圓滿報身佛)'이라고 합니다. 자성에서 한 생각 악을 일으키면 만 겁의 선한 인연이 소멸되고, 자성에서 한 생각 선을 일으키면 항하사(恒河沙) 같은 악이 다 없어집니다. 무상보리(無上菩提)에 이르기까지 생각 생각마다 자신의 본래 마음을 보되, 그 본래 마음을 잃지 않는 것을 '보신(報身)'이라고 합니다.

무엇을 천백억화신(千百億化身)이라 하는가? 만약 모든 법을 생각하지 않으면 성품은 본래 공(空)과 같고, 한 생각을 일으키면 이를 변화라 합니다. 악한 일을 생각하면 지옥으로 변화하고, 선한 일을 생각하면 천당으로 변화합니다. 독해(毒害)는 용과 뱀으로 변화하고, 자비는 보살로 변화하며, 지혜는 상계(上界)로 변화하고, 어리석음은 하방(下方)으로 변화합니다. 자성의 변화는 매우 많으나, 미혹한 사람은 이를 깨닫지 못하고 생각 생각마다 악을 일으켜 항상 악도(惡道)를 행합니다. 한 생각을 선하게 돌이키면 지혜가 즉시 생기니, 이를 '자성화신불(自性化身佛)'이라 합니다.

여러분! 법신(法身)은 본래 구족하니, 생각 생각마다 자성을 스스로 보는 것이 곧 보신불(報身佛)이고, 보신에서 생각하는 것이 곧 화신불(化身佛)입니다. 스스로 깨닫고 스스로 닦아 자성의 공덕을 이루는 것이 참된 귀의(歸依)입니다. 피부와 살은 색신(色身)이요, 색신은 집과 같아서 귀의할 대상이 아닙니다. 다만 자성의 삼신(三身)을 깨달으면 곧 자성불(自性佛)을 아는 것입니다. 여기 하나의 무상게(無相偈)가 있으니, 만약 이를 받들어 지니면 말씀 아래에서 여러분이 쌓은 겁의 미혹과 죄악이 한꺼번에 소멸될 것입니다. 게(偈)는 이러합니다. :

미혹한 사람은 복은 닦아도 도를 닦지 않아, 복을 닦는 것이 곧 도라 말하네.

보시와 공양으로 복은 무변하나, 마음속의 삼악(三惡)은 원래대로(처음부터 계속해서) 짓고 있네.

복을 닦아 죄를 없애려 하나, 후세에 복을 얻어도 죄는 남아 있네.

다만 마음속에서 죄의 인연을 없애면, 이름 하여 자성(自性)의 참된 참회라 하네.

홀연히 대승의 참된 참회를 깨달으면, 삿됨을 버리고 바름을 행하니 곧 죄가 없음이라.

도(道)를 배움은 항상 자성을 관(觀)하는 것이니, 곧 모든 부처와 동일한 부류가 되리라.

우리 조사(祖師)는 오직 이 돈법(頓法)을 전하셨고, 모두가 견성하여 한 몸이 되기를 원하셨네.

만약 장래에 법신을 찾고자 하면,

모든 법상(法相)을 떠나 마음을 씻으라.

노력하여 스스로 보라, 게으르지 말라, 후념(後念)이 홀연히 끊어지면 한 생이 끝나리.

대승을 깨달아 견성을 하려면, 공경히 합장하고 지극한 마음으로 구하라.

선사가 말씀하셨다. : 여러분! 모두 이를 외워 받들어 수행하십시오. 말씀 아래에서 성품을 볼 것입니다. 비록 나와 천 리를 떨어져 있어도 항상 내 곁에 있는 것과 같습니다. 이 말씀 아래에서 깨닫지 못하면, 곧 마주하고 있다 해도 천 리와 같으니, 어찌 애써 멀리서 올 필요가 있겠습니까? 몸 건강히, 잘 들 가십시오.

대중은 법문을 듣고 깨닫지 못한 사람이 없었고, 기뻐하며 받들어 행하였다.

# 7. 기연품(機緣品): 근기와 인연에 따른 가르침

선사는 황매산에서 법을 얻고 소주(韶州) 조후촌(曹侯村)으로 돌아왔으나, 사람들은 선사를 알아보지 못하였다. (다른 본에는 '선사가 떠날 때 조후촌에 이르러 9개월 이상 머물렀다'고 하지만, 선사는 스스로 '30여 일을 넘기지 않고 황매산에 도착했다'고 말씀하였다. 도를 구하는 마음이 간절했는데, 어찌 머물러 있었겠는가? '선사가 떠날 때'라는 기록은 옳지 않다.) 당시에 유학자 유지략(劉志略)이라는 사람이 있었는데, 선사를 매우 후하게 대접하였다. 유지략에게는 무진장(無盡藏)이라는 비구니 고모가 있었는데, 항상 《대반야경(大般若經)》을 외우고 있었다. 선사는 잠시 경전을 듣고는 곧 그 깊은 뜻을 알아차리고, 이에 비구니에게 해설을 해

주셨다. 비구니가 경전을 들고 글자를 물으니, 선사가 말씀하셨다. "글자는 모르니, 뜻으로 물어주시오." 비구니가 말했다. "글자도 모르는데 어떻게 뜻을 이해한단 말인가요?" 선사가 말씀하셨다. "모든 부처님의 깊은 이치는 글자와 상관이 없습니다." 비구니는 놀라워하며 마을의 덕이 높은 어른들에게 널리 알렸다. "이는 도를 깨달은 사람이니, 모시고 공양해야 합니다." 위魏(일설에는 진晉)나라 무후(武侯)의 먼 자손인 조숙량(曹叔良)과 주민들이 다투어 선사를 찾아와 예를 올렸다. 이때 옛 절 보림사(寶林古寺)는 수나라 말기 전란으로 이미 폐허가 되어 있었는데, 마침내 옛 터 위에 절을 다시 짓고 선사를 모시니, 곧 보배로운 도량이 되었고, 선사는 9개월 이상 머무셨다. 그러나 악당들이 선사를 찾아와 쫓기자, 선사는 앞산으로 피신했는데, 그들이 풀과 나무에 불을 지르자,

선사는 몸을 숨겨 바위틈에 들어가 위기를 모면했는데, 그 바위에는 지금도 선사가 결가부좌한 무릎 자국과 옷 주름이 남아 있어, 이를 피난석이라 부른다. 선사는 오조 홍인 대사의 '회(懷)에서는 멈추고(止) 회(會)에서는 숨으라(藏)'는 당부를 떠올리고, 두 고을에 은둔하며 지내겠다.

법해(法海) 스님은 소주 곡강(韶州曲江) 사람이다. 처음 조사(祖師)를 참배하며 물었다. "즉심즉불(即心即佛)이라 하는데, 무슨 뜻인지 가르쳐 주십시오." 선사가 말씀하셨다. "앞의 생각이 생기지 않는 것이 마음이고, 뒤의 생각이 멸하지 않는 것이 부처이다. 모든 상(相)을 이루는 것이 마음이고, 모든 상을 떠나는 것이 부처이다. 내가 만일 자세히 말하려면 겁(劫)을 다해도 다하지 못하리라. 내 게송을 들으라." :

마음을 곧 지혜라 이름하며, 부처는 곧 선정이다.

선정과 지혜를 평등하게 지니면 뜻이 청정하리라.

이 법문을 깨닫는 것은 너의 습성에서 비롯된다.

본래 생겨남이 없는 근본을 사용하며, 선정과 지혜를 함께 닦는 것이 바른 길이다.

법해는 이 말에 크게 깨달아 게송으로 찬탄하였다. :


마음이 본래 부처이니, 깨닫지 못해 스스로 굽히는구나.

내 이제 선정과 지혜의 인연을 알았으니, 둘을 함께 닦아 모든 것을 떠나리라.


법달(法達) 스님은 홍주(洪州) 사람

으로, 일곱 살에 출가하여 항상 《법화경(法華經)》을 외웠다. 조사를 참배하러 왔으나 머리를 땅에 대지 않았다. 선사가 꾸짖으며 말씀하셨다. "예를 올리되 머리를 땅에 대지 않는다면, 예를 올리지 않는 것과 무엇이 다르냐? 너의 마음속에 반드시 한 가지 걸림이 있구나. 평소 무엇을 익혔느냐?" 법달이 말했다. "《법화경》을 외운 것이 이미 3천 번입니다." 선사가 말씀하셨다. "네가 만일 1만 번을 외워 경의 뜻을 얻고도 그것을 뛰어나다고 여기지 않는다면, 나와 함께할 수 있으리라. 너는 지금 이 일을 자랑으로 여기고, 잘못을 전혀 알지 못하는구나. 내 게송을 들어라.":

예는 본래 교만을 꺾는 것이니, 머리가 어찌 땅에 닿지 않는가?
나(我)가 있으면 죄가 생기고, 공(功)을 잊으면 복이 비할 데 없느니라.

선사가 또 물으시길, "네 이름이 무엇이냐?" 하니, "법달(法達) 입니다." 하매, 선사가 말씀하시길, "네 이름이 법달(法達)이지만, 어찌 일찍이 법에 통달한 적이 있겠는가?" 다시 게송으로 말씀하셨다. :

너의 지금의 이름은 법달이니, 부지런히 외우기를 그치지 않았도다.
헛되이 외우며 소리만 좇을 뿐, 마음을 밝혀야 보살이라 이름 하네.
네가 이제 인연이 있으니, 내가 너를 위해 말하리라.
다만 부처님은 말이 없음(佛 無言)을 믿는다면, 연꽃이 입에서 피어나리라.

법달은 게송을 듣고, 뉘우치며 사죄했습니다. "이제부터는 모든 일에 겸손하고 공경하겠습니다. 제자가 《법화경》

을 외웠으나 경의 뜻을 이해하지 못해 마음에 항상 의심이 있었습니다. 스님의 지혜는 넓고 크시니, 간략히 경의 뜻을 말씀해 주소서." 선사가 말씀하셨다. "법달아! 법은 심히 통달되어 있으나, 네 마음이 통달하지 못한 것이다. 경전에는 본래 의심될 것이 없으나, 네 마음이 스스로 의심하는 것이다. 네가 이 경을 외울 때, 무엇을 종지(宗旨)로 삼았느냐?" 법달이 말했다. "학인은 근성이 어둡고 둔하여, 지금까지 단지 글자만 따라 외웠을 뿐이니, 어찌 종취(宗趣)를 알겠습니까?" 선사가 말씀하셨다. "나는 글자를 알지 못하니, 그대가 경전을 가져다가 한 번 외워 보아라. 내가 너를 위해 설명해 주리라." 법달이 즉시 큰 소리로 경을 외우다가 비유품(譬喩品)에 이르자, 선사가 말씀하셨다. "그만! 이 경전은 본래 인연으로 세상에 나온 것을 종지로 삼았다. 비록 여러 가지 비유를 말하더라도 이를 벗어나지 않는다. 어떤 인연인가? 경전에 이르기를, '모든 부처 세존은 오직 한 가지 큰일의 인연으로 세상에 나타났다'고 했다. 한 가지 큰일이란 부처님의 지견(知見)이다. 세상 사람들은 밖으로는 상(相)에 미혹되고, 안으로는 공(空)에 미혹된다. 만약 상을 떠나 상에 집착하지 않고, 공을 떠나 공에 집착하지 않는다면, 그것이 곧 안팎으로 미혹되지 않는 것이다. 만약 이 법을 깨닫는다면, 한 생각에 마음이 열리니, 이것이 바로 '부처님의 지견(佛知見)'을 연다는 것이다. 부처는 깨달음이다. 네 가지 문으로 나누어, (중생들에게) 깨달음의 지견을 열고, 깨달음의 지견을 보이고, 깨달음의 지견을 깨닫게 하고, 깨달음의 지견에 들어가게 하는 것이다. 만약 열고 보임을 듣고 곧 깨닫고 들어간다면, 곧 깨달음의 지견이니, 본래의 참 성품이 나타나는 것이다. 너는 삼가 경의 뜻을 잘못 이해하지 말라. 다른 이가 말하기를, '열고 보이며 깨닫게 하고 들어가게 함(開示悟入)은 본래 부처의 지견이니, 우리에게는 해당하지 않는다.'고 한다. 만약 이렇게 이해한다면, 이는 경전을 비방하고 부처를 훼손하는 것이다. 그분은 이미 부처님이시라, 이미 지견을 갖추었는데, 어찌 다시 열 필요가 있겠는가? 너는 이제 믿어라. 부처의 지견이란 오직 네 마음일 뿐이니, 별도의 부처가 없다. 모든 중생은 스스로 빛을 가리고, 번뇌의 경계를 탐내어 밖의 인연에 마음이 어지러워져, 기꺼이 채찍에 몸을 맡긴다. 그러므로 수고로이 세존께서 삼매에서 일어나 여러 가지 간절한 말로 권하시기를, '쉬고 멈추라, 바깥에서 구하지 말라. 그러면 부처와 다르지 않다'고 하셨다. 그러므로 (법화경에) 가로되, '부처의 지견을 열라'고 한 것이다. 나도 모든 사람에게 권하노니, 자기 마음속에서 항상 부처의 지견을 열라. 세상 사람들은 마음이 삿되고 어리석고 미혹하여 죄를 짓고, 입으로는 선을 말하나 마음으로는 악을 품으며, 탐욕과 성냄과 시기와 아첨과 아만으로 남을 침해하고 물건을 해치니, 스스로 중생의 지견을 여는 것이다. 만약 마음을 바르게 하여 항상 지혜를 내고, 자기 마음을 관찰하여 악을 그치고 선을 행한다면, 이는 스스로 부처의 지견을 여는 것이다. 너는 생각 생각마다 부처의 지견을 열고, 중생의 지견을 열지 말라. 부처의 지견을 여는 것이 곧 세상을 벗어나는 것이요, 중생의 지견을 여는 것이 곧 세속에 머무는 것이다. 네가 만일 수고롭게 (독송에 대한) 생각에 집착하여 (법화경 독송을) 공부의 성과로 삼는다면, 이는 들소가 꼬리를 사랑하는 것과 무엇이 다르겠는가." 53)

---

53) 수행은 마음의 변화와 자성의 깨달음에 있는데, 형식이나 공덕의 양에 집착하는, 헛된 집착에 대한 비유.

법달이 말했다. "그렇다면, 다만 뜻을 이해하고 경을 외우는 수고는 하지 않아도 됩니까?"

선사가 말씀하셨다. "경전에 무슨 허물이 있겠는가? 어찌 네가 외우는 것을 막겠는가? 다만 미혹과 깨달음이 사람에게 있고, 이익과 손해가 자기에게 달려 있을 뿐이다. 입으로 외우고 마음으로 행하면 곧 네가 경전을 굴리는 것이요, 입으로 외우고 마음으로 행하지 않으면 곧 경전이 너를 굴리는 것이다. 내 게송을 들어라." :

마음이 미혹되면 법화경이 굴리고,
마음이 깨달으면 법화경을 굴린다.
경을 오래 외워도 밝히지 못하면,
뜻과 원수가 되느니라.
없는 생각(無念의 念)이 곧 바르고,
있는 생각(有念의 念)이 곧 사악하니,
있고 없음을 모두 헤아리지 않으면,

항상 흰 소 수레(白牛車; 일불승, 一佛乘)를 몰고 다니리.

법달이 게송을 듣고 감동하여 눈물을 흘리며 언하에 크게 깨닫고 선사께 말씀 드렸다. : "법달은 지금까지 진정으로 《법화경》을 굴리지 못하고, 오히려 《법화경》이 저를 굴렸습니다." 다시 여쭈었다. : "경전에 이르기를, '모든 대성문(大聲聞)과 보살들도 함께 생각하고 헤아려도 부처의 지혜를 측량할 수 없다'고 했습니다. 그런데 이제 범부에게 다만 자신의 마음을 깨달으라고 하여 이를 '부처의 지견(知見)'이라 합니다. 상근(上根)이 아닌 사람들은 의심하고 비방할 수밖에 없을 것입니다. 또 경전에서는 세 가지 수레(三車), 즉 양차(羊車), 녹차(鹿車), 우차(牛車)와 흰 소 수레(白牛車)54)를 말씀하셨는데, 이

---

54) *양차(羊車, 양 수레) → 성문승(聲聞乘): 성문(聲聞, 아라한)은 부처님의 가르침을 듣고 깨달음을 얻는 수행자를 뜻합니다. 자기의 해탈을 목적으로 하며, 소승(小乘)으로 분류됩니다.
*녹차(鹿車, 사슴 수레) → 연각승(緣覺乘, 독각승): 연각(緣覺, 독각)은 부처 없이 스스로 깨달음을

들은 어떻게 구별됩니까? 선사께서 다시 가르쳐 주시기 바랍니다."

선사가 말씀하셨다. : "경전의 뜻은 분명한데, 너 스스로 미혹되어 등을 돌렸을 뿐이다. 모든 삼승(三乘, 성문연각보살)의 사람들이 부처의 지혜를 측량하지 못하는 것은 헤아리려는 데 문제가 있다. 그들이 아무리 생각하고 추론해도 오히려 더 떨어질 뿐이다. 부처는 본래 범부를 위해 설법한 것이지, 부처를 위해 설법한 것이 아니다. 이 이치를 믿지 못하는 사람들은 그에 따라 자리를 떠났는데, 흰 소 수레에 타고 있으면서도 오히려 문 밖에서 세 가지 수레를 찾고 있음을 전혀 알지 못하고 있다.55) 더욱이 경전의 문구가 분명히 너

---

얻은 자를 뜻합니다. 주로 인연을 관찰하여 진리를 깨닫는 수행 방식을 따릅니다. 마찬가지로 소승(小乘)에 속합니다.

*우차(牛車, 소 수레) → 보살승(菩薩乘): 보살(菩薩)은 깨달음을 구하면서도 중생을 제도하는 존재입니다. 성문승과 연각승보다 더 높은 수행의 길로, 대승(大乘)에 해당합니다. 그렇지만 일승(一乘)으로 가는 과정 중 하나로 봅니다.

*白牛車(백우차) → 큰 흰 소 수레(一乘, 하나의 큰 가르침)을 의미합니다. 즉, 부처님이 최종적으로 설하고자 한 법화경의 가르침, 대승불교의 궁극적인 진리를 뜻합니다. 처음에는 중생을 위해 삼승(三乘)을 설했지만, 궁극적으로는 오직 하나의 길(一乘)만이 존재한다는 것을 강조합니다.

55) 법화경의 내용 중에 설법을 믿지 않는 대중들은 자리에서 물러나 떠나간 것을 예를 들어 말하고 있습니다. (방편품 제2장) : "爾時世尊。止聲聞眾。勿復懷懼。於我所說。當生信力。世尊重宣此義。諸聲聞眾。增上慢者。千二百人。即從座起。作禮佛足。而退去矣。 그때 세존께서, 성문 대중에게 그치라고 하시며, 다시는 두려워하지 말고, 내가 말한 것에 대해 믿음을 가져야 한다고 말씀하

에게 말하고 있지 않느냐, '오직 일불승(一佛乘)만이 있을 뿐, 둘이나 셋 같은 다른 승(乘)은 없다.' 또한 수많은 방편과 갖가지 인연과 비유와 말씀은 모두 일불승을 위한 것이다. 너는 왜 살피지(省) 못하느냐? 세 가지 수레는 거짓이며, 옛날을 위한 것이고, 한 수레(一乘)는 진실이며, 지금을 위한 것이다. 다만 너에게 거짓을 버리고 진실로 돌아가라고 가르칠 뿐이다. 진실로 돌아간 후에는 진실 또한 이름이 없느니라. 마땅히 알아야 하느니라. 모든 보배는 너에게 속해 있으며, 네가 사용할 뿐이다. 아버지라고 생각하지도 말고, 아들이라고 생각하지도 말며, 사용한다는 생각도 없어야 한다. 이것을 《법화경》을 지닌다고 말하는 것이니, 겁(劫)에서 겁으로 두 손에 경전을 놓지 않으며, 낮부터 밤까지 항상 염(念)하지 않는 때가 없다."

---

셨다. 세존께서 이 뜻을 거듭 말씀하시자, 성문 대중 중에 교만한 자 1,200명이 즉시 자리에서 일어나 부처님의 발에 예를 올리고 물러갔다."

법달은 가르침을 받고 뛸 듯이 기뻐하며 게송으로 찬탄하여 말했다.:

경전을 삼천 번 읽었지만, 조계(曹溪)의 한 마디에 모두 사라졌네.
출세(出世, 세상을 벗어남)의 뜻을 알지 못했으니, 어찌 여러 생의 미망(迷妄)을 그치리오.
양차(羊車), 녹차(鹿車), 우차(牛車)는 방편으로 설정되었고, 초·중·후의 선(善)56)을 드날렸네.
누가 알았으리요? 불길 속 집 안에 원래 법 중의 왕이 있었음을.

선사가 말씀하셨다. "너는 이제야 비로소 경전을 읽는 스님이라 할 만하다." 법달은 이로부터 깊은 가르침을 깨닫고, 또한 경전 읽기를 멈추지 않았다.

---

56) 성문승(羊車), 연각승(鹿車), 보살승(牛車)의 수행 과정도 방편이지만 선(善)한 것이며, 궁극적으로 일승(白牛車)으로 회통됨을 의미합니다.

지통(智通)스님은 수주 안풍(壽州 安豐) 사람으로, 처음에 《능가경》을 천 여 번 읽었지만, 삼신(三身)과 사지(四智)를 이해하지 못하였다. 그리하여 선사를 참예하고 그 뜻을 풀이해 달라고 청하였다.

선사가 말씀하셨다. "삼신(三身)을 말하자면, 청정법신(淸淨法身)은 너의 성품(性)이고, 원만보신(圓滿報身)은 너의 지혜(智)이며, 천백억 화신(千百億化身)은 너의 행동(行)이다. 만약 본성(本性)을 떠나서 따로 삼신을 말한다면, 이는 몸만 있고 지혜가 없는 것이다. 만약 삼신에 자기 성품(自性)이 없음을 깨닫는다면, 곧 사지(四智)와 보리(菩提)를 밝히게 될 것이다. 내 게송을 들어라." :

자성(自性)은 삼신을 갖추고, 발명(發明)하여 사지(四智)가 되느니라.
보고 듣는 인연을 떠나지 않으면서

도, 초연히 부처의 경지에 오르느니라.

내가 지금 너를 위해 말하노니, 진실로 믿어 영원히 미혹되지 말라.

밖을 향해 치달려 구함을 배우지 말라, 온종일 보리(菩提)만 말로 할 뿐이다!

지통이 다시 여쭈었다. "사지(四智)의 뜻을 들을 수 있겠습니까?"

선사가 말씀하셨다. "이미 삼신(三身)을 이해했다면, 사지(四智)를 곧바로 알 수 있거늘, 왜 다시 묻느냐? 만약 삼신을 떠나서 따로 사지를 말한다면, 이는 지혜만 있고 몸이 없는 것이다. 이런 지혜는 결국 지혜가 아니게 된다."
다시 게송으로 말씀하셨다. :

대원경지(大圓鏡智)는 성품이 청정하고, 평등성지(平等性智)는 마음에 병이 없으며,

묘관찰지(妙觀察智)는 모든 데에 공

력(功力)을 들이지 않고,57) 성소작지(成所作智)는 원경(圓鏡)과 같으니라.

오식(五識)과 팔식(八識)은 과보(果報)에서 전환되고, 육식(六識)과 칠식(七識)은 인(因)에서 전환되나58), 다만 언어의 개념을 사용할 뿐 참된 성품은 없느니라.

번잡함이 끊임없이 일어나도 영원히 나가정(那伽定)59)에 머무느니라.

[위와 같이 식(識)이 전환되어 지혜

---

57) 묘관찰지란 비공(非功), 즉 힘을 들이지 않고 보는 것이니, 분별을 잘 하되 난상(亂想)을 일으키지 않으며, 걸리고 막힘이 없는 자재(自在)함을 얻는 것을 말한다.
58) * 우리의 마음이 부처님과 같은 지혜로운 마음으로 바뀌어지는 구조를 밝힌 것이 유식(唯識)에서 말하는 전식득지(轉識得智)의 구조입니다. 불교에서는 인간의 인식 작용을 8가지 식(識)으로 나눕니다. 이 식들은 미혹(迷)의 상태에서 깨달음(覺)의 상태로 전환될 때, 각각 해당하는 지혜(智)로 바뀝니다.
전오식(前五識): 눈, 귀, 코, 혀, 몸의 감각적 인식
제육식(第六識): 의식(意識), 즉 사고와 분별 작용
제칠식(第七識): 말나식(末那識), 즉 자아의식과 집착
제팔식(第八識): 아뢰야식(阿賴耶識), 즉 저장된 모든 업(業)과 종자(種子)의 근원
* 이 식들은 깨달음을 통해 다음과 같은 지혜로 전환됩니다:
전오식 → 성소작지(成所作智): 모든 일을 완성하는 지혜
제육식 → 묘관찰지(妙觀察智): 모든 현상을 명확히 관찰하는 지혜
제칠식 → 평등성지(平等性智): 모든 것에 평등하게 대하는 지혜
제팔식 → 대원경지(大圓鏡智): 모든 것을 비추는 거울 같은 지혜
* 육식과 칠식은 인(因)에서 전환된다는 의미: 육식(의식)과 칠식(말나식)은 수행 과정에서 직접적으로 전환이 되어, 이들은 수행의 원인(因)으로 작용하며, 수행자가 마음을 다스리고 집착을 버리는 과정에서 지혜로 전환됨: 제육식(의식)은 분별과 사고를 버리고 묘관찰지로 전환되며, 제칠식(말나식)은 자아의 집착을 버리고 평등성지로 전환된다는 것을 의미합니다.
* 오식과 팔식은 과(果)에서 전환된다는 의미: 오식(전오식)과 팔식(아뢰야식)은 수행의 결과(果)로서 자연스럽게 전환되어, 이들은 수행의 원인이 아니라, 수행의 결과로써 지혜로 바뀌게 됨: 전오식은 수행의 결과로 성소작지로 전환되고, 아뢰야식은 수행의 결과로 대원경지로 전환된다는 것을 의미입니다.
59) 나가(那伽)라는 말은 용(龍)을 뜻하는데 부처님이 선정에 들어 자유자재하심이 마치 용이 허공이나 바다에서 자유자재하게 노니는 것과 같음을 비유하여 나가정(那伽定)이라고 한 것이다.

(智)가 된다. 교법(敎法)에서는 전오식(前五識)이 성소작지(成所作智)로, 제육식(第六識)이 묘관찰지(妙觀察智)로, 제칠식(第七識)이 평등성지(平等性智)로, 제팔식(第八識)이 대원경지(大圓鏡智)로 전환된다고 한다. 비록 육식과 칠식은 인(因)에서 전환되고, 오식과 팔식은 과(果)에서 전환되지만, 다만 이름만 바뀔 뿐 그 체(體)가 바뀌는 것은 아니다.]

지통은 돌록 성품의 지혜를 깨닫고, 게송을 지어 바쳤다. :

삼신(三身)은 원래 나의 몸이고, 사지(四智)는 본래 마음의 밝음이네.
몸과 지혜가 융합하여 걸림이 없으니, 대상에 응하고 형편에 따라 말김이라.
마음을 일으켜 수행한다면 모두 망령된 움직임이고, 지켜 머무는 것도 참된 본질이 아니네.

오묘한 뜻을 스승의 가르침으로 깨달으니, 마침내 오염된 이름이 없어지게 되었네.

지상(智常)스님은 신주 귀계(信州貴溪) 사람으로, 어려서 출가하여 뜻이 깨달음(見性)을 구(求)함에 있었다. 어느 날 선사를 참예(參禮)하니 선사가 물으셨다. : "너는 어디에서 왔으며, 무엇을 구하려 하느냐?"

지상이 대답했다. "학인(學人)은 최근에 홍주(洪州) 백봉산(白峯山)에 가서 대통(大通) 스님을 참배하고, '견성성불(見性成佛)'에 대한 가르침을 들었습니다. 그러나 여전히 의심이 풀리지 않아 멀리 와서 참배하오니, 선사께서 자비(慈悲)로 가르쳐 주시기 바랍니다."

선사가 말씀하셨다. "그 스님이 무슨 말씀을 하셨느냐? 한번 말해 보아라."

지상이 대답했다. 「"지상이 그곳에

가서 석 달을 머물렀지만, 가르침을 받지 못했습니다. 법을 구하는 마음이 간절하여 어느 날 밤 방에 들어가 여쭈었습니다. '제 본심(本心)과 본성(本性)은 무엇입니까?'"

대통 스님이 말씀 하셨습니다. "너는 허공을 보느냐?"

제가 대답 했습니다. "네, 봅니다."

대통 스님이 말씀 하셨습니다. "너는 허공에 형상이 있는 것을 보았느냐?"

제가 대답 했습니다. "허공은 형체가 없는데, 무슨 형상이 있겠습니까?"

대통 스님이 말씀 하셨습니다. "너의 본성은 허공과 같아서, 한 물건도 볼 수가 없으니, 이것을 정견(正見)이라 하고, 한 물건도 알 수가 없으니, 이것을 참된 앎(真知)이라 한다. 푸르거나 누르거나 길거나 짧은 것이 없으며, 다만 본원(本源)이 청정하고 깨달음의 체(體)가 원만하고 밝은 것을 보면, 이것을 견성성불(見性成佛)이라 하고, 또한 여래지견(如來知見)이라 한다."」

"학인은 이 말을 들었지만, 여전히 이해가 되지 않습니다. 선사께 가르침을 청합니다."

선사가 말씀하셨다. "그 스승의 말은 아직도 '보는 것'과 '아는 것'에 머물러 있기 때문에 네가 이해하지 못한 것이다. 내가 너에게 한 게송을 보여 주리라.":

한 법도 보지 않음은 무견(無見)을 보존하는 것인데, 이는 마치 뜬구름이 해를 가리는 것과 같고,

한 법도 알지 않음은 공지(空知, 공에 대한 개념적 앎)를 지키는 것이니, 이는 마치 허공에 번개가 치는 것과 같으니라.60)

이러한 지견(知見)이 언뜻 일어날 때에, 잘못 알면, 어찌 방편61)을 이해할

---

60) 천둥번개는 구름들 속에서 일어나는 현상인데, 멀쩡한 허공에서 갑자기 번개가 치는 것처럼 말도 안 된다, 부질없다는 뜻.
61) 중생을 깨우치기 위한 부처님의 가르침.

수 있겠는가?

너는 마땅히 한 생각에 그른 줄 알라, 그러면 너의 영묘한 빛이 항상 드러나리라.

지상은 게송을 듣고 마음이 활짝 열려, 이에 게송을 지어 바쳤다. :

부질없이 지견(知見)을 일으키고, 형상에 집착하여 보리(菩提)를 구하며,
한 생각 깨달았다는 식정(識情)을 간직하니, 어찌 옛날의 미혹(迷惑)을 넘어서리오.
자성(自性)은 깨달음의 근원체(源體)인데, 비추는 대로 헛되이 옮겨 흐른다.
조사(祖師)의 방에 들어가지 않았다면, 아득히 두 갈래 길로 나아갔으리.

지상이 어느 날 선사께 여쭈었다.
"부처님은 삼승법(三乘法)을 말씀하시

고, 또 최상승(最上乘)을 말씀하셨습니다. 제자가 이해하지 못하오니, 가르쳐 주십시오."

선사가 말씀하셨다. "너는 자신의 본심(本心)을 보라. 외부의 법상(法相)에 집착하지 말라. 법에는 네 가지 승(乘)이 없고, 사람의 마음에 차등이 있을 뿐이다. 보고 듣고 외우는 것은 소승(小乘)이고, 법을 깨닫고 뜻을 이해하는 것은 중승(中乘)이며, 법에 따라 수행하는 것은 대승(大乘)이고, 만법(萬法)을 모두 통달하고, 만법을 모두 갖추어, 모든 것에 물들지 않고, 모든 법상(法相)을 떠나, 아무것도 얻지 않는 것을 최상승(最上乘)이라 한다. 승(乘)은 행(行)한다는 뜻이지, 입으로 다툴 것이 아니다. 너는 스스로 닦아야 하니, 나에게 묻지 말라. 모든 때에 자성(自性)이 스스로 그러하니라."

지상 스님은 예를 갖추어 감사하며,

선사의 생애가 다할 때까지, 스승을 섬기고 시중들었다.

지도(志道) 스님은 광주 남해(廣州南海) 사람인데, 선사께 가르침을 받고자 물었다. "학인이 출가한 이래로 《열반경(涅槃經)》을 10년 이상 보았으나, 그 대의(大意)를 분명히 이해하지 못하겠습니다. 선사께서 가르쳐 주시기 바랍니다."

선사가 말씀하셨다. "너는 어디에서 이해하지 못했느냐?"

지도가 말했다. "'제행(諸行)62)은 무상(無常)하여 생멸(生滅)의 법(法)이며, 생멸이 멸한 뒤 적멸(寂滅)이 즐거움이다'라는 구절에서 의심이 생깁니다."

선사가 말씀하셨다. "너는 어떻게 생겨난 의심을 짓는 것이냐?"

지도가 말했다. "모든 중생은 두 가지 몸이 있습니다. 색신(色身)과 법신

---

62) 인연 화합에 의해 만들어진 모든 것, 인연 따라 형성된 것은 인연이 다하면 항상 변화하고 사라지게 된다.

(法身)입니다. 색신은 무상하여 생멸이 있지만, 법신은 항상(常住)하여 지각(知覺)함이 없습니다. 경전에서 말한 '생멸이 멸하여 없어지니, 적멸이 즐거움이 된다.'라는 구절에서, 어떤 몸이 적멸하는지, 어떤 몸이 즐거움을 받는지 분명하지 않습니다. 만약 색신이라면, 색신이 멸할 때 사대(四大)가 분산되어 모두 고통뿐인데, 고통을 즐거움이라 말할 수는 없습니다. 만약 법신이 적멸한다면, 이것은 곧 (저 지각없는) 초목(草木)이나 기와, 돌과 같은 것인데, 누가 즐거움을 받겠습니까? 또 법성(法性)은 생멸의 체(體)이고, 오온(五蘊)은 생멸의 작용(用)입니다. 하나의 체에 다섯 가지 작용(用)으로 생멸이 항상(常) 합니다. 생(生)은 체에서 용이 일어나는 것이고, 멸(滅)은 용이 체로 돌아가는 것입니다. 그런데 만약 다시 태어난다면, 유정(有情)의 종류는 끊어지지 않

고, 멸하지 않을 것입니다. 그러나 다시 태어나지 않는다면, 영원히 적멸에 돌아가 무정물(無情物)과 똑같아질 것입니다. 이렇게 되면 모든 법이 열반에 의해 금복(禁伏, 제어하고 누름)되어[63] 여전히 태어날 수 없는 것인데, 무슨 즐거움이 있겠습니까?"

선사가 말씀하셨다. "너는 부처님의 제자인데, 어찌 외도의 단상(斷常, 단멸론과 영원론)의 사견(邪見)을 익혀 최상승법(最上乘法)을 논하느냐? 네가 말한 바에 따르면, 색신 밖에 따로 법신이 있고, 생멸을 떠나 적멸을 구하는 것이 된다. 또 열반의 상락(常樂)을 추론하여, 어떤 몸이 있어 그것을 받아들인다고 말한다. 이것은 생사(生死)에 집착하고 세속의 즐거움에 탐닉하는 것이다. 너는 지금 마땅히 알아야 한다. 부처님은 '모든 미혹한 중생이 오온(五蘊)의 화

---

63) 열반으로 모든 것이 죽고 사라져 버림.

함을 자기 몸의 모습으로 여기고, 모든 것들을 분별하여 바깥세상의 모습(外塵相, 바깥 경계의 모습)으로 삼고, 삶을 좋아하고 죽음을 싫어하며, 생각생각이 끊임없이 변해 가는데, (이것들이) 꿈과 환상처럼 허망한 것임을 알지 못하고, 헛되이 윤회(輪廻)를 받고, 항상 즐거움인 열반(常樂涅槃)을 거꾸로 괴로운 모습으로 만들어 종일토록 쫓아다니니', 이것을 가엾게 여겨 열반의 참된 즐거움을 보이신 것이다. 한 순간도 생(生)하는 모습이 없고, 한 순간도 멸(滅)하는 모습이 없으며, 다시 소멸할 생멸(生滅)의 모습이 없으니, 이것이 바로 눈앞에 드러나 있는 적멸이다. 적멸이 드러날 때에 드러났다는 생각 또한 없으니, 이것을 일러 항상 하는 즐거움(常樂)이라고 한다. 이 즐거움은 받는 자도 없고, 받지 않는 자도 없다. 그러므로 어찌 하나의 체에 다섯 가지 용이 있다는 개념이 있겠는가? 하물며 더욱이 열반이 모든 법을 음복(禁伏)하여 영원히 생겨나지 못하게 한다고 말한다면, 이것은 곧 부처를 비방하고 법을 훼손하는 것이다.64) 나의 게송(偈)을 들으라." :

무상대열반(無上大涅槃)이여, 원만하고 밝아 항상 고요히 비추나,

어리석은 범부는 죽음이라 하고, 외도(外道)는 단멸(斷滅)이라 집착하네.

모든 이승(二乘)을 구(求)하는 사람들은, 그것(열반)을 무작(無作, 짓지 않음)이라 여긴다.

이 모두가 망정(妄情)의 계산일 뿐, 육십이견(六十二見, 모든 견해)의 근본(뿌리)이로다.

---

64) 지금 지도(志道)스님은 두 가지 질문을 하고 있습니다. 이것은 두 가지 견해라 할 수 있습니다. 하나는 사람이 죽게 되면 아무것도 남겨지는 것이 없이 완전한 무(無)로 돌아간다는 것입니다. 다른 하나는 모든 것은 생멸을 반복하고 그래서 계속해서 존재한다는 것입니다. 지도(志道)스님의 질문은 위와 같은 이해로부터 만들어진 것입니다.
　불교에서는 이러한 견해를 두 가지 사견(혹은 변견邊見)이라고 하고, 올바른 견해인 중도의 정견을 가져야 한다고 말합니다. 중도(中道)란 두 가지 사견을 떠난 연기적 관점입니다. '연기(緣起) 혹은 중도(中道)'의 이해가 없으면 영원주의(상견常見, eternalism)나 허무주의(단견斷見, annihilation)의 입장을 취합니다. 모든 것은 연기적으로 존재하기 때문에 자신의 (독립적) 실체를 가지고 있지 않습니다. (독립된) 실체가 없이 연기적으로 존재합니다. 그러므로 다음과 같이 말해 집니다. : <열반경>에 "불성은 존재한다고도 할 수 없고, 존재하지 않는다고도 할 수 없다." 이것은 존재임과 동시에 존재가 아닙니다(비존재). 이 두 가지가 하나로 된 것을 중도(中道)라고 부릅니다. '불성'은 존재나 비존재로 생각되어서는 안 됩니다. 다른 모든 것도 마찬가지입니다.

헛되이 가짜 이름을 세우니, 어찌 진실한 뜻이라 하리오?

오직 깨달은 사람만이, 취하고 버림 없이 통달하리라.

오온(五蘊)의 법과 그 속의 '나'를 아니(知),

바깥에 나타나는 여러 색상(色象), 각각의 소리들,

평등하여 꿈과 같으니, 범성(凡聖)의 견해도 일어나지 않으며,

열반도 생각하지 않으니, 이변삼제(二邊三際)65)가 끊어지네.

항상 제근(諸根, 六根)에 응(應)하여 쓰되, 쓴다는 생각이 일지(起) 않고,

모든 법을 분별하되, 분별한다는 생각이 일지 않는다.

겁화(劫火)가 바다 밑을 태우고, 바람이 산을 두드려 서로 부딪쳐도,

진실하고 영원한 적멸의 즐거움, 열

---

65) 이변(二邊): 변견(邊見), 양 극단에 치우친 견해. 유무(有無), 단상(斷常) 등.
 삼제(三際): 혹은 삼세(三世), 즉 과거, 현재, 미래.

반의 모습이 이와 같으니라.

　내 이제 억지로 말함은, 너의 사견(邪見) 버리게 하려 함이니,

　말만 따라 해석하지 않으면, 네게 앎이 조금은 있다고 허락하리라.


　지도(志道)는 이 게송을 듣고 크게 깨달아, 뛸 듯이 기뻐하며 예배하고 물러났다.

　행사선사(行思禪師)는 길주(吉州) 안성(安城)의 유씨(劉氏) 집안에서 태어났다. 조계(曹溪)의 법석(法席)이 성대하다는 말을 듣고 곧장 참예(參禮)하러 와서 물었다. "어떻게 해야 계급(階級)에 떨어지지 않겠습니까?"

　선사가 말씀하셨다. "그대는 일찍이 무엇을 하다 왔는가?"

　행사가 대답했다. "성제(聖諦, 성인의 진리)도 하지 않았습니다."

　선사가 말씀하셨다. "그렇다면 어떤

계급에 떨어져 있단 말인가?"

행사가 대답했다. "성제도 하지 않는데, 무슨 계급이 있겠습니까?"

선사는 깊이 그릇으로 여겨, 행사로 하여금 대중의 수좌(首座)가 되게 하였다.

어느 날 선사가 그에게 말했다. "그대는 마땅히 한 곳을 나누어 교화하여 법이 끊어지지 않게 하라."

행사는 법을 얻은 후, 길주 청원산(青原山)으로 돌아가서 법을 널리 펴고 교화를 이었다. (시호諡號는 홍제선사弘濟禪師이다.)


회양선사(懷讓禪師)는 금주(金州) 두씨(杜氏)의 아들이었다. 처음에는 숭산(嵩山)의 안국사(安國師)를 참배했는데, 안국사는 그를 조계(曹溪)로 보내 참학(參學)하게 하였다. 회양이 도착하여 예를 올리자, 선사가 말씀하셨다. "어디에서 왔는가?"

회양이 대답했다. "숭산에서 왔습니다."

선사가 말씀하셨다. "무슨 물건이 어떻게 왔는가?"

회양이 대답했다. "한 물건이라 해도 맞지 않습니다."

선사가 말씀하셨다. "그렇다면 닦아 증득할 수 있겠는가?"

회양이 대답했다. "닦고 증득함은 없지 않지만, 오염되지는 않습니다."

선사가 말씀하셨다. "바로 이 오염되지 않음이 모든 부처님들이 보호하고 염원하시는 바이다. 그대가 이와 같고, 나 또한 이와 같다. 서천(西天)의 반야다라(般若多羅, 보리달마의 스승)께서 예언하기를, '그대의 발아래서 한 마리의 망아지가 나와 천하 사람들을 밟아 죽이리라.' 하였으니, 마땅히 마음에 간직하고 서둘러 말할 필요는 없다." (어떤 판본에는 '서천 이하 27자'와 없다.) 회양은 문득 깨달아 스님을 좌우로 모시며 15년 동안 지냈고, 나날이 점점 깊고 심오한 경지에 이르렀다. 이후 남악(南嶽)으로 가서 선종(禪宗)을 크게 펼쳤다. [칙명으로 대혜선사(大慧禪師) 라는 시호를 받았다.]

영가현각선사(永嘉玄覺禪師)는 온주(溫州) 대씨(戴氏)의 아들이었다. 어려서부터 경론(經論)을 공부하고 천태종(天台宗)의 지관법문(止觀法門)에 정통했다. 《유마경(維摩經)》을 읽고 마음의 근본을 깨달았다. 우연히 육조 선사의 제자 현책(玄策)이 찾아와 그와 깊은 대화를 나누었는데, 하는 말들이 은연중에 여러 조사(祖師)들의 가르침과 맞아 떨어졌다. 현책이 물었다. "그대가 법을 얻은 스승은 누구입니까?"

현각이 대답했다. "내가 방등경론(方等經論, 여러 대승 불교의 경전과 논서들)을 배움에는, 각각의 경론에서 그 각각의 스승들이 전승하신 가르침을 따라 배웠소. 그 후 《유마경》에서 부처의 마음 종지를 깨달았으나, 아직 증명해 줄 이가 없소."

현책이 말했다. "위음왕(威音王)66) 이전이라면 몰라도, 위음왕 이후에 스승 없이 스스로 깨친 자는 모두 천연외도(天然外道, 정법의 인가 없이 스스로 깨달았다고 하는 사람)요."

현각이 말했다. "바라건대 그대가 나를 증명해 주시오."

현책이 말했다. "저는 감당할 수 없으니, 조계(曹溪)에 육조 대사가 계시니, 사방에서 사람들이 모여들어 모두 법을 받고 있소. 만약 가겠다면 함께 가겠소."

현각은 현책과 함께 조계로 찾아가 스님을 세 바퀴 돌고 석장(錫杖)을 울리

---

66) <법화경>에 등장하는 최초의 부처님으로 아주 먼 과거를 비유하는 관용적인 표현, 예) 위음왕불 이전, 부모미생전(父母未生前).

떠 서 있었다.

선사가 말씀하셨다. "출가자는 삼천위의(三千威儀)와 팔만 세행(八萬細行)을 갖추어야 하는데, 대덕(大德)은 어디에서 왔기에 이렇게 큰 아만(我慢)을 내는가?"

현각이 대답했다. "생사(生死)가 큰일이고, 무상(無常)이 빠르기 때문입니다."

선사가 말씀하셨다. "그렇다면 어찌 무생(無生)을 체득하여 빠름이 없음을 요달하려 하지 않는가?"

현각이 대답했다. "체득이란 곧 생함이 없음(無生)이요, 요달함은 본래 빠름이 없습니다."

선사가 말씀하셨다. "그렇고, 그렇다!"

이에 현각이 비로소 위의를 갖추어 예를 올리고 곧 하직을 청했다.

선사가 말씀하셨다. "돌아가는 것이 너무 빠르지 않은가?"

현각이 대답했다. "본래 움직임이 없는데, 어찌 빠름이 있겠습니까?"

선사가 말씀하셨다. "누가 움직임이 없음을 아는가?"

현각이 대답했다. "선사께서 분별하고 계십니다."

선사가 말씀하셨다. "그대는 참으로 무생의 뜻을 얻었구나."

현각이 말했다. "무생에 어찌 뜻이 있겠습니까?"

선사가 말씀하셨다. "뜻이 없다면, 누가 분별하는가?"

현각이 대답했다. "분별 또한 뜻이 아닙니다."

선사가 말씀하셨다. "훌륭하구나! 하룻밤 머물러 가거라."

이때의 인연으로 사람들이 일숙각(一宿覺)이라 불렀다. 후에 그가 지은 《증도가(證道歌)》가 세상에 널리 퍼졌다. [시호는 무상대사(無相大師), 당시

사람들은 그를 진각(眞覺)이라 불렀다.]

선승(禪僧) 지황(智隍)은 처음에 오조 홍인(五祖弘忍) 스님을 참배하고 스스로 깨달음을 얻었다고 여겼다. 그는 오두막에 머물며 오랫동안 좌선하면서, 무려 20년을 보냈다. 육조 선사의 제자 현책(玄策)이 방랑하던 중 하삭(河朔) 지방에 이르러 지황의 소문을 듣고 암자에 찾아가 물었다. "당신은 여기서 무엇을 하십니까?"

지황이 대답했다. "선정(禪定)에 든 중이요."

현책이 말했다. "당신이 선정에 든다고 하는데, 마음이 있어서(有心) 들어간 것인가요, 마음 없이(無心) 들어간 것인가요? 만약 마음이 없이 (선정에) 들어간 것이라면, 모든 무정물(草木瓦石)도 선정에 들 수 있어야 할 것이오. 만약 마음이 있어서 들어간 것이라면,

모든 유정중생(含識之流, 마음과 의식을 가진 존재)도 선정에 들 수 있어야 할 것입니다."

지황이 말했다. "내가 바르게 선정에 들 때는, 유무(有無)의 마음이 있음을 보지 않습니다."

현책이 말했다. "유무의 마음이 보이지 않는다면, 그것은 이미 항상적인 선정(常定)인데, 어찌 들어가고 나옴이 있겠습니까? 만약 들어가고 나옴이 있다면, 그것은 참다운 대정(大定)이 아닙니다."

지황은 대답하지 못하고 한참 있다가 물었다. "스님은 누구의 법을 이었습니까?"

현책이 대답했다. "저의 스승은 조계(曹溪)의 육조(六祖)이십니다."

지황이 물었다. "육조 스님은 무엇을 선정(禪定)이라 하십니까?"

현책이 말했다. "우리 스님께서 말씀하시길, '묘하게 고요하고 오롯이 적멸

(寂滅)하며, 체(體)와 용(用)이 여여(如如)하다. 오온(五陰)은 본래 공(空)하고, 육진(六塵)은 존재하지 않으니, 나가지도 않고 들어오지도 않으며, 안정도 아니고 산란함도 아니다. 선(禪)의 성품은 머무름이 없어서, 머무름을 떠난 것이 선적(禪寂)이고, 선(禪)의 성품은 생함(生)이 없어서, 생함(生)을 떠난 것이 선상(禪想)이다. 마음이 허공 같아, 허공이라는 헤아림조차 없다'고 하셨습니다."

지황은 이 말을 듣고 곧장 육조 스님을 찾아가 예를 올렸다.

선사가 말씀하셨다. "그대는 어디에서 왔는가?"

지황은 앞서 있었던 일을 자세히 말했다.

선사가 말씀하셨다. "참으로 말한 그대로다. 그대는 다만 마음을 허공과 같이 하여, 공(空)이라는 견해에 집착하지 말고, 응용함에 장애가 없고, 동정

(動靜)에 무심(無心)하며, 범부니 성인이니 하는 식정(識情)을 잊어야 할 것이다. 능(能, 주체)과 소(所, 대상)가 모두 사라지고, 성(性)과 상(相)이 여여(如如)하면, 어느 때라도 선정이 아닌 때가 없을 것이다."(다른 판본에는 '그대는 다만…' 이하 35자가 없고, 대신 '스님은 그가 먼 곳에서 온 것을 가엾게 여겨 깨우쳐 주었다'고만 기록되어 있다.)

지황은 이 말을 듣고 크게 깨달았으며, 지난 20년 동안 얻었다고 생각했던 모든 것이 자취 없이 사라졌다. 그날 밤 하북의 사람들은 공중에서 소리가 나는 것을 들었다. "지황 선사가 오늘 도(道)를 얻었다." 지황은 이후 육조 선사께 예를 올리고 하북으로 돌아가, 사방의 대중을 교화하였다.

한 스님이 선사께 물었다. "황매(黃梅, 오조 홍인)의 뜻은 누가 얻었습니까?"

선사가 말씀하셨다. "불법을 아는 자가 얼었다."

그 스님이 다시 물었다. "스님께서는 얼으셨습니까?"

선사가 말씀하셨다. "나는 불법을 알지 못한다."

선사가 하루는 전수받은 가사를 씻을 만한 좋은 샘이 없어, 절 뒤로 5리쯤 가니 산림이 울창하고 상서로운 기운이 소용돌이치고 있었다. 선사가 지팡이를 떨치고 땅에 세우니, 샘이 솟아나 연못을 이루었다. 선사는 무릎을 꿇고 돌 위에서 옷을 빨았다. 그때에 갑자기 한 스님이 와서 예배하며 말했다. "방변(方辯)은 서촉(西蜀) 사람입니다. 어제 남천축국(남인도)에서 달마 대사를 뵈었는데, 저에게 당나라로 빨리 가라 하셨습니다. 대사께서 마하가섭의 정법안장과 승가리(僧伽梨, 대가사大袈裟)를 전하셨는데, 지금까지 6대에 걸쳐 소주 조계(曹溪)에 전해지고 있으니, 가서 예배하라 하셨습니다. 제가 멀리서 왔사오니 바라건대 스승이 전한 가사와 발우를 볼 수 있겠습니까?"

선사가 보여주고 물으셨다. "스님은 무슨 일을 주로 하시오?"

"조각을 잘합니다."

선사가 진지하게 말씀하셨다. "그럼 한번 (나의 상을) 만들어 보시오."

방변은 당황하여 어찌할 바를 몰랐다. 그러던 중 며칠 후 실물과 같은 7촌(寸) 높이로 만들어 냈는데, 그 정교함이 극에 달했다. 선사가 웃으며 말씀하셨다. "그대는 조각의 성품은 알지만, 불성은 알지 못하는구나." 선사는 손을 펴서 방변의 머리를 쓰다듬으며 말씀하셨다. "영원히 인간과 하늘의 복 밭이 될지어다." [선사가 또 법의(가사)를 보답으로 주니 방변은 법의를 셋으로 나누어 하나는 조각상에 걸치고, 하나는 자신이 간직하며, 하나는 종(棕, 종려나무)으로 싸 땅에 묻고, 맹세하며 말했다. "이후에 이 법의를 얻는 자는, 곧 내가 (다시) 세상에 나타나는 것이니, 이곳에 주지로 머물며 전각을 재건할 것이다." 송나라 가우(嘉祐) 8년(1063년), 유선(惟先) 스님이 이 전각을 수리하다 땅을 파니 옷이 새것 같았다. 조각상은 고천사(在高泉)에 모셔져 기도하면 항상 응답이 있었다.]

한 스님이 와륜(臥輪) 선사의 게송을 들어 말했다. :

와륜은 재주가 있어
능히 백 가지 생각을 끊으니
경계를 대함에 마음이 일지 않고
보리(菩提)가 날로 자라네.

선사가 그 게송을 듣고 말씀하셨다.

"이 게송은 아직 마음자리를 밝히지 못했으니, 따라 행하면 더욱 속박될 뿐이다." 그리고는 게송을 보여 말씀하셨다. :

혜능은 재주가 없어
백 가지 생각을 끊지 않는다.
경계를 대하면 마음을 자주 일으키니
보리가 어떻게 자라나리요.

## 8. 돈점품(頓漸品): 단박과 점차

때(時)에 조사(祖師)께서는 조계(曹溪)의 보림사(寶林)에 계시고, 신수대사(神秀大師)는 형남(荊南)의 옥천사(玉泉寺)에 계셨다. 이때 두 종파가 크게 교화되어 사람들이 모두 남쪽의 혜능(南能)과 북쪽의 신수(北秀)라 칭하였으므로, 남북 두 종파의 돈(頓)과 점(漸)의 구분이 생겼다. 그러나 학자들은 그 종지(宗趣)를 알지 못하였다. 선사께서 대중에게 말씀하셨다. "법(法)은 본래 한 종파인데 사람에게 남북이 있을 뿐이요, 법은 같은 하나인데 깨달음에 빠르고 느림이 있을 뿐이다. 무엇을 돈(頓)과 점(漸)이라 하는가? 법에는 돈과 점이 없으나 사람에게 예리함과 둔함(利鈍)이 있으므로 돈과 점이라 이름 하는 것이다." 그러나 신수의 제자들이 남종(南宗)의 조사를 비웃으며, "글자 하나도 모르는데 무슨 장점이 있겠는가?" 하였다. 신수가 말했다. "그는 스승 없이 지혜(無師之智)를 얻어 상승(上乘)을 깊이 깨달았으니, 네가 미치지 못하는 바이다. 또한 나의 스승 오조(五祖)께서 친히 가사와 법을 전하였으니 어찌 헛되이 하였겠는가! 내가 그분이 있는 곳으로 가서 친근히 하지 못하고, 헛되이 나라의 은혜를 받고 있음이 한스러울 뿐이다. 너희들은 여기에 머물러 있지 말고 조계로 가서 묻고 깨달음을 얻도록 하라."

하루는 제자 지성(志誠)에게 명하여 말씀하셨다. "너는 총명하고 지혜가 많으니 나를 위해 조계에 가서 법을 듣거라. 만약 들은 바가 있으면 마음 다해 기억해 두었다가 돌아와 나에게 말하라." 지성이 명을 받들어 조계에 가서 대중을 따라 참례하고 청법(請法)하였으나, 자신의 온 곳을 말하지 않았다. 이

때 선사께서 대중에게 말씀하셨다. "지금 법을 훔치는(盜法) 사람이 이 모임에 잠입해 있다." 지성이 곧 나와 예배하고 자초지종을 아뢰었다. 스승께서 말씀하셨다. "네가 옥천사에서 왔으니 분명 첩자(細作)로다."

지성(志誠)이 대답했다. "아닙니다."

선사께서 말씀하셨다. "어찌 그렇지 않을 수 있겠는가?"

지성이 대답했다. "말하지 않았을 때는 그렇지만, 말한 후에는 아닙니다."

선사께서 말씀하셨다. "네 스승은 어떻게 대중에게 보이시는가?"

지성이 대답했다. "항상 대중을 가르치시되, 마음을 머물게 하고 고요함을 관(觀)하며, 오래 앉고 눕지 말라고 하십니다."

선사께서 말씀하셨다. "마음을 머물게 하고 고요함을 관하는 것은 병(病)이요 선(禪)이 아니며, 오래 앉아 몸을 구

속하는 것이 이치(理)에 무슨 이익이 있겠는가? 내 게송을 들어라.":

　　살아서는 앉아 눕지 않고
　　죽어서는 눕고 앉지 않으니,
　　한 무더기 냄새나는 뼈다귀다.
　　어찌 공부를 이루리오?

　지성(志誠)이 다시 절하며 말했다. "제자가 신수대사(神秀大師) 회상에서 도를 배운 지 9년이 되었으나, 깨달음을 얻지 못했는데, 이제 화상(和尚)의 말씀을 듣고 곧 본심(本心)에 계합했습니다. 제자는 생사의 문제가 매우 중대하니, 화상께서 큰 자비를 베푸시어 다시 한 번 가르침을 내려 주십시오."
　선사가 말씀하셨다. "내가 듣건대 네 스승은 학인(學人)에게 계(戒)·정(定)·혜(慧)의 법을 가르치신다 하니, 네 스승이 말한 계·정·혜의 실천 방식

(行相)이 어떠한지 나에게 말해 보라."

지성이 말했다. "신수대사께서 말씀하시기를, '모든 악을 짓지 않는 것을 계(戒)라 하고, 모든 선을 받들어 행하는 것을 혜(慧)라 하며, 자기 마음을 스스로 깨끗이 하는 것을 정(定)이라 한다.'고 하셨습니다. 그분의 가르침은 이와 같은데, 화상께서는 어떤 법으로 사람을 가르치십니까?"

선사가 말씀하셨다. "내가 만약 법이 있어 누군가에게 준다고 말한다면, 그것은 너를 속이는 것이다. 다만 방편으로 속박을 풀어줄 뿐이니, 임시로 삼매(三昧)라 이름 할 뿐이다. 네 스승이 말한 계·정·혜는 참으로 불가사의(不可思議)하나, 내가 보는 계·정·혜는 또 다르다."

지성이 말했다. "계·정·혜는 한 가지인 것이 합당할 터인데, 어떻게 다시 다릅니까?"

선사가 말씀하셨다. "네 스승의 계·정·혜는 대승인(大乘人)을 제접하는 것이고, 나의 계·정·혜는 최상승인(最上乘人)을 제접하는 것이다. 깨닫고 이해함이 다르고, 견해에 빠르고 느림이 있다. 너는 내 말이, 너의 스승의 법문과 같은지 들어보라. 내가 설하는 법은 자성(自性)을 떠나지 않는다. 체(體)를 떠나 법을 말하는 것은 '모양으로 말하는 것(相說)'이며, 자성에 항상 미혹(迷惑)한 것이다. 모든 만법(萬法)이 다 자성(自性)에서 일어나 작용함을 알아야 하니, 이것이 참된 계·정·혜 법이다. 내 게송을 들으라." :

　　마음자리에 그릇됨이 없음이 자성의 계요,
　　마음자리에 어리석음 없음이 자성의 혜요,
　　마음자리에 어지러움 없음이 자성

의 청이라.

늘지도 않고 줄지도 않고 본래가 금강(金剛)이니,
몸이 가고 옴이 본래 삼매로다.

지성이 게송을 듣고 뉘우치며 사죄하고, 한 게송을 지어 바쳤다. :

오온(五蘊)의 허환(虛幻)한 몸,
허환(虛幻)함이 어찌 최종적인 경지이겠는가?
진여(真如)로 다시 돌아가려 한다면,
법은 이미 맑지 못하네!

선사는 그렇다 여기시고, 다시 지성에게 말씀하셨다. "네 스승의 계·정·혜는 소근(小根)의 지혜를 가진 이들에게 권하는 것이고, 나의 계·정·혜는 대근(大根)의 지혜를 가진 이들에게 권하는 것이다. 만약 자성을 깨달으면, 보리(菩提)도 열반(涅槃)도 세우지 않으며, 해탈지견(解脫知見)도 세우지 않느니라. 한 법(法)도 얻을 것이 없어야 비로소 만법(萬法)을 세울 수 있다. 이 뜻을 안다면 그것을 곧 '불신(佛身)'이라 하고, '보리·열반'이라 하고, '해탈지견'이라 하느니라. 자성을 본 이는 세워도 좋고 세우지 않아도 좋으며, 오고 감이 자유롭고 막힘과 걸림이 없어, 행해야 할 때는 따라 행하고, 말해야 할 때는 따라 대답하되, 널리 화신(化身)을 나타내나 자성을 떠나지 않으니, 곧 자재신통(自在神通)과 유희삼매(遊戲三昧)를 얻은 것이니, 이를 견성(見性)이라 하느니라."

지성이 다시 여쭈었다. "어떤 것이 '세우지 않음(不立)'의 뜻입니까?"

선사가 말씀하셨다. "자성에는 그릇됨(非)도, 어리석음(癡)도, 어지러움(亂)도 없으니, 생각마다 반야(般若)로 관조

(觀照)하며 항상 법의 형상(法相)을 떠나 자유자재하다. 종횡으로 다 얻으니 무엇을 세우겠는가? 자기의 성품이 스스로 깨닫는 것이요, 돈오(頓悟)와 돈수(頓修)라 점차(漸次)가 없느니라. 그러므로 일체 법을 세우지 않으니, 모든 법이 적멸(寂滅)한데 무슨 차례(次第)가 있겠는가?"

지성이 정성스럽게 절하며 선사를 모시고 아침저녁으로 게을리 하지 않겠다고 서원 하였다. (지성志誠은 길주吉州 태화太和 사람이다.)


지철(志徹) 스님은 강서(江西) 사람으로, 본래 성은 장(張), 이름은 행창(行昌)이며, 젊어서는 의협심이 강했다. 남북종(南北宗)이 분화된 이후, 두 종파의 스승들(宗主, 혜능과 신수)은 서로를 배척하지 않았지만(亡彼我), 제자들 사이에는 다투어 애정과 미움이 일었다.

당시 북종(北宗)의 제자들은 스스로 신수(神秀)를 제6조(第六祖)로 삼고, 혜능 조사에게 전해진 가사가 천하에 알려질 것을 시기하여, 행창(行昌)을 보내 혜능을 암살하려 했다. 선사는 타심통(他心通)으로 미리 이 일을 아시고, 자리 옆에 금 10냥을 놓아두셨다. 어느 날 밤, 행창이 조사실(祖室)에 들어와 혜능을 해치려 하자, 선사는 목을 펴서 내미셨다. 행창이 칼을 세 번 휘둘렀으나, 실로 아무런 상해도 입히지 못했다.

선사께서 말씀하셨다. "올바른 칼은 삿되지 않고, 삿된 칼은 올바르지 않다. (전생에) 네게 금(金)을 빚졌을 뿐, 네게 목숨을 빚진 것은 아니다."

행창은 놀라 쓰러졌다가 한참 후 깨어나, 용서를 구하며 허물을 뉘우치고, 곧 출가하기를 원했다.

선사께서는 금을 주며 말씀하셨다. "너는 일단 가거라. 내 제자들이 너를 해칠까 염려되니, 후에 모습을 바꾸어 온다면, 내가 너를 받아들이리라."

행창은 그 말씀을 듣고 밤에 피하였다. 훗날 승가(僧伽)에 몸을 맡겨 출가하여 계(戒)를 받고 정진하였다. 어느 날 선사의 말씀이 생각나 멀리서 와서 예를 갖추어 알현했다.

선사가 말씀하셨다. "내가 오래도록 너를 생각했었는데, 어찌 이제야 왔느냐?"

행창이 대답했다. "전에 스님께 용서받고 출가해 고행을 하였지만, 은혜를 다 갚기 어렵습니다. 그것은 오직 법을 전해 중생을 제도하는 것뿐일 듯합니다! 제가 항상 《열반경》을 보지만, '상(常)'과 '무상(無常)'의 뜻을 알 수 없습니다. 화상께서 자비로 간략히 설명해 주시기를 청합니다."

선사가 말씀하셨다. "무상(無常)이 바로 불성(佛性)이요, 상(常)이란 모든 선악과 제법(諸法)을 분별하는 마음이다."

행창이 의아해하며 말했다. "스님의 말씀은 경전과 크게 어긋납니다."

선사가 말씀하셨다. "나는 부처님께서 마음에서 마음으로 서로 인가한 법(心印)을 전하는데, 어찌 감히 부처님의 경전에 어긋날 수 있겠느냐?"

행창이 말했다. "경전에서는 불성이 항상(常)하다고 말씀하셨는데, 화상께서는 도리어 무상(無常)하다고 말씀하십니다. 또한, 선악의 법(善惡之法)과 심지어 보리심(菩提心)까지도 모두 무상하다고 하였는데, 화상께서는 도리어 항상(常)하다고 말씀하십니다. 이것은 서로 모순되니, 수행하는 저로 하여금 더욱 의혹이 깊어지게 합니다."

선사께서 말씀하셨다. "《열반경(涅槃經)》을, 예전에 내가 비구니 무진장(無盡藏)이 독송하는 것을 한 번 듣고, 곧바로 설법하였는데, 단 하나의 글자도, 단 하나의 뜻도 경전의 내용과 어긋난 것이 없었다. 너를 위해서도 끝까지 두 가지로 말하지 않을 것이다."

행창이 말했다. "학인이 식견이 얕고 우매하니, 원컨대 화상께서 자세히 가르쳐 주십시오."

선사께서 말씀하셨다. "너는 아느냐? 만약 불성(佛性)이 항상 하는 것(常)이라면, 무슨 선악과 제법(諸法)을 말하겠으며, 나아가서 영원토록 한 사람도 보리심(菩提心)을 발(發)하는 사람이 없을 것이다. 그래서 내가 '무상(無常)'이라 말한 것이다. 바로 이것이 부처님이 말씀하신 '참된 상(眞常)'의 도리다. 또한, 만약 모든 법이 무상(無常)이라면, 모든 사물이 제각기 자성(自性)을 가지고 생사를 받아들일 터인데, 그렇다면 참된 상(眞常)의 성품이 두루 하지 못한 곳이 생긴다. 그러므로 내가 '상(常)'이라 말한 것이다. 바로 이것이 부처님이 말씀하신 '참된 무상(眞無常)'의 뜻이다.67) 부처님께서는 대조적(比)으로68) 범부와 외도들이 그릇된 상(邪常)에 집착하고, 모든 이승(二乘)의 사람들은 상(常)을 무상(無常)으로 오해하여 함께 여덟 가지 전도(八倒)69)를 이루니, 이에 《열반경》의 궁극적 가르침

---

67) 앞서 7장에서 지도(志道)스님에게 주었던 가르침은 유무중도(有無中道)에 대한 내용이었습니다. 즉, 유견·무견 이라는 치우진 견해를 벗어나서 중도라는 정견으로 보아야 한다는 말입니다. 지금 여기서 말해지는 내용은 단상중도(斷常中道)에 대한 내용입니다. 단상중도란 상견과 단견(무상견)의 한쪽으로 치우친 견해에 빠지지 말고, 중도로서 올바로 보아야 한다는 것입니다. 상견(常見)이란 변함없이 영원히 항상 한다는 견해이고, 단견(斷見, 무상견無常見)은 단절되고 끊어져 소멸하는 것으로 항상 하지 않는다는 견해입니다. '일체중생 실유불성'이란 모든 중생이 다 불성을 가지고 있다는 말인데, 이 佛性 -부처님의 성품- 이란 中道를 말합니다. 중도로서 보는 눈이 正眼이고, 중도로서 보는 견해가 正見입니다. 불교의 근본 사상은 연기론입니다. 이 연기의 기본 개념은, "이것이 있으므로 저것이 있고, 이것이 일어남으로 저것이 일어난다. 이것이 없으므로 저것이 없고, 이것이 소멸하므로 저것이 소멸한다."는 상의상관성(相依相關性, 서로 의존하고 서로 관계함)을 말합니다. 그래서 모든 존재하는 것들은 서로 의지하여 일어나는 것이고 서로 의지되어 있으므로 하나가 소멸하면 다른 것도 소멸됩니다. 어떤 실체가 있는 것이 아니고 인연따라 생기하고 인연따라 소멸한다는 것입니다. 실체가 있는 것이 아니기 때문에 있다·없다(有無)라고 말할 수 없습니다(非有非無). 그렇지만 이 일체의 현상은 인연따라 연기하여 나타나고 인연따라 연기하여 소멸하여 있기도 하고 없기도 합니다(亦有亦無). 그래서 모든 존재의 실상을 바로 보는 중도 정견에서 세상은 있는 것도 아니고 없는 것도 아니면서 있기도 하고 없기도 합니다(非有非無亦有亦無). 이와 같이 연기의 관점에서 존재의 실상을 여실히 보는 것을 중도라고 합니다. 뗏목이 강물을 따라 잘 흘러가려면 양쪽의 강변에 걸리지 않아야 하듯이, 常見도 여의고 無常見 여의서 중도의 견해를 가져야 한다는 것을 여기서 육조 선사는 지적을 하고 있습니다. 진상(眞常)이란 그저 모든 것을 상(常)이라 여겨서 변하지 않는 실체가 있는 것으로 여겨서는 안 되고 상역불상(常亦不常)으로서 항상 하면서도 또한 항상 하지 않는 도리가 진상(眞常)이라 말씀하시고, 또한 무상(無常)을 단절되고 소멸되는 개체적인 것으로, 허무한 것으로 보는 관점 또한 잘못된 것으로, 참된 무상(眞無常)은 무상역상(無常亦常)으로 무상하면서도 또한 항상함이 있다는 가르침을 보이는 대목입니다. 반야심경에 '색불이공 공불이색 색즉시공 공즉시색' 이란 대목이 있습니다. '색은 색이고, 공은 공이다'가 아니고, 색이 공과 다르지 않고 공이 색과 다르지 않으며 색이 곧 공이고 공이 곧 색이란 말입니다. 마찬가지로 지금의 내용은, 상(常)은 불상(不常)과 다르지 않고 불상(不常)은 상(常)과 다르지 않으며 상(常)이 곧 불상(不常)이고 불상(不常)이 곧 상(常)이라는 뜻입니다.
68) 여기서 대조(比)란: 부처님은 다른 그룹(凡夫·外道·二乘)의 그릇된 견해와 대조적으로,《열반경》에서 진리를 설하셨다는 것을 말한다.
69) 범부는 본능적으로 불변하는 존재와 영원한 행복을 추구하여, 욕망과 집착 때문에 생사의 본질을 올바르게 보지 못하고, 윤회를 즐겁고 아름다운 것으로 여기고, 외도는 불교 외의 사상을 가진 사람을 말하는데, 잘못된 철학과 관념에 집착하여 벗어나지 못한다. 그래서 범부와 외도는 생사윤회의 無常·苦·無我·不淨을 常·樂·我·淨 으로 오해하고, 이승인(二乘人, 성문·연각)은 생사의 고통에서 벗어나는 것을 목표로 삼아 열반을 단절된 무(無), 단순한 소멸(멸진)로 착각하기 때문에 常·樂·我·淨을 無常·苦·無我·不淨 으로 오해한다.

(了義敎)으로 그 편견을 깨뜨리시고, 진상(眞常)·진락(眞樂)·진아(眞我)·진정(眞淨)을 드러내 말씀하셨다. 그런데 너는 지금 말(言)만 좇고 뜻(義)은 등져, 단멸적인 무상(斷滅無常)과 굳어져 죽은 상(確定死常)으로써 부처님의 원만하고 오묘한 최후의 미묘한 말씀(圓妙最後微言)을 그르쳐 이해하고 있다. 설령 (경전을) 천 번을 본다한들 무슨 이익이 있겠는가?"

행창은 홀연히 대오하여, 게송을 말하여 이르기를 :


무상(無常)하다 생각하는 마음을 고수하니,

부처님은 유상(有常)의 성품을 말씀하셨네.

방편(方便)을 알지 못하는 사람은,

마치 봄 연못에서 조약돌을 줍는 것과 같다.70)

나는 이제 애써 노력하지 않아도,
부처님의 성품이 나타나 있네.
　　스승이 주신 것도 아니요, 나 또한
얻은 바가 없네.

　　선사가 말씀하셨다. "너는 이제 철저히 통달하였으니, 이름을 '지철(志徹)'이라 하라."
　　지철은 큰 절로 감사를 표한 뒤 물러났다.


　　한 동자(童子)가 있었는데 이름은 신회(神會)로, 양양(襄陽) 고씨(高氏)의 아들이었다. 나이 열세 살에 옥천사(신수 스님이 머물던 절)에서 찾아와 예를 올리니, 선사가 말씀하셨다. "수좌(首座)는 먼 길 오느라 고생이 많았겠구먼! 본래 면목을 가지고 왔는가? 만약 본래 면목이 있다면 마땅히 주인을 알 터이

---

70) 진리의 연못은 보지 못하고, 편견과 전도견(顚倒見)으로 어리석음에 빠져 있음을 비유.

니, 한번 말해 보거라."

신회가 대답했다. "머무름 없음(無住)을 근본으로 삼고, 보는 것(見)이 바로 주인입니다."

선사가 말씀하셨다. "이 사미(沙彌)가 어찌 그런 경솔한 말을 하는가?"

신회가 다시 물었다. "화상께서는 좌선하실 때 보십니까, 보지 않으십니까?"

선사가 지팡이로 세 번을 때리며 말씀하셨다. "내가 너를 때리니 아픈가?"

신회가 대답했다. "아프기도 하고 아프지 않기도 합니다."

선사가 말씀하셨다. "나도 보기도 하고 보지 않기도 하느니라."

신회가 물었다. "어떤 것이 보기도 하고 보지 않기도 하는 것입니까?"

선사가 말씀하셨다. "내가 보는 것은 항상 내 마음의 허물이요, 남의 옳고 그름이나 좋고 나쁨은 보지 않는다. 그러므로 보기도 하고 보지 않기도 하느니라. 네가 말하기를 '아프기도 하고 아프지 않기도 하다' 했는데, 그것은 어떠한 것인가? 만약 아프지 않으면 그것은 나무나 돌과 같고, 만약 아프다면 범부와 같아서 성냄을 일으킬 것이다. 네가 앞에서 말한 '본다, 보지 않는다' 한 것은 두 극단(二邊)에 떨어진 것이오, '아프다, 아프지 않다' 한 것은 생멸(生滅)이다. 너는 자신의 성품조차 보지 못하면서 감히 사람을 희롱하는가!" 신회는 예배하고 뉘우치며 감사해 하였다.

　　선사가 또 말씀하였다. "만약 네 마음이 미혹하면 보지 못하니, 선지식에게 물어서 길을 찾아라. 만약 네 마음이 깨달았다면 스스로 성품을 볼 것이니 법에 따라 수행하라. 네가 스스로 미혹해 스스로의 마음도 보지 못하면서, 도리어 내게 보는지, 보지 않는지를 묻는가? 내가 보는 것은 나만 알 터이니, 어찌 너의 미혹을 대신하겠느냐? 네가 스스로 본다면, 또한 내 미혹을 대신하지 않으리라. 어찌 스스로 알고 스스로 보지 못하며, 나에게 보는지, 보지 않는지를 묻느냐?"

신회는 다시 백여 번을 절하며 허물을 빌고, 부지런히 스승을 모시며 좌우를 떠나지 않았다.


하루는 선사께서 대중에게 말씀하셨다. "내게 한 물건이 있으니, 머리도 없고 꼬리도 없으며, 이름도 없고 글자도 없고, 등도 없고 얼굴도 없다. 너희들은 아느냐?"

신회가 나서서 말하였다. "이는 모든 부처의 근원이요, 신회의 불성입니다."

선사가 말씀하셨다. "너에게 '이름도 없고 글자도 없다' 했는데, 너는 도리어 '근원이니 불성'이니 하며 이름을 지어 부르니, 네가 이후에 어느 곳에 주지(把茆蓋頭)71)가 되어 머문다 해도,

그저 지해(知解)에 매인 종도(宗徒)에 불과할 것이다."

조사께서 열반하신 후, 신회는 낙양에 들어가 조계의 돈교(頓敎)를 크게 펴고 《현종기(顯宗記)》를 저술하여 세상에 널리 퍼뜨렸다 [이분이 하택(荷澤) 선사다].

육조 선사께서는 여러 종파들이 서로 어려운 질문들을 하며 다투고 악심을 일으키는 것을 보시고, 많은 사람들이 그의 법좌 아래에 모였을 때, 그들을 불쌍히 여기며 이렇게 말씀하셨다. "도를 배우는 사람은 모든 선한 생각과 악한 생각을 다 없애야 한다. 이름 붙일 수 없는 것을 '자성(自性)'이라 하고, 둘이 없는 성품이 진실한 성품이다. 이 진실한 성품 위에 모든 교문(敎門)이 세워지니, 언하에 곧 스스로 보아야 한다."

---

71) 묘(茆)는 띠풀인데, 초가집을 짓는 재료다. 파묘개두(把茆蓋頭)는 파모개두(把茅蓋頭)와 같은 말로, 띠풀로 머리를 덮다, 띠풀로 초암을 짓고 머리 위를 덮음으로써 비바람을 막는다는 뜻이다. 스스로 독립하여 대중을 이끄는 지위가 되거나 일가의 종사가 된다는 뜻이다.

대중이 이 말씀을 듣고 모두 절하며, 스승으로 모실 것을 청하였다.

## 9. 선조품(宣詔品): 조정에서의 초대

신룡 원년(神龍元年, 705년) 상원일(上元日, 1월 15일), 측천(則天)황후와 중종(中宗)이 조서를 내렸다. "짐(朕, 임금이 자신을 가리키는 말)이 안(慧安)과 수(神秀) 두 스님을 궁중에 모시어 공양하며, 바쁜 가운데서도 틈을 내어 늘 일승(一乘)을 배우고자 했습니다. 두 스님이 사양하며 말씀하시기를, '남방에 혜능(慧能) 선사가 계시니, 비밀히 홍인(弘忍) 대사의 의법(衣法)을 전수받고 부처의 심인(心印)을 전하였으니, 그를 청하여 물으소서.' 하시니, 이제 내시(內侍) 설간(薛簡)을 보내어 조서를 받들어 모시고자 하오니, 스님은 자비로 여기시어 속히 상경(上京)하시길 바랍니다."

선사께서는 상표(上表)를 올려 병을 이유로 사양하고, 남은 여생을 산중에서 머물고자 하였다.

설간이 말하였다. "경성(京城)의 선덕(禪德)들은 모두 말하기를, '도를 깨치려면 반드시 좌선(坐禪)을 하여 선정(定)을 익혀야 하고, 선정을 닦지 않고 해탈을 얻은 사람은 아직 없었다.' 하였는데, 스님의 가르침은 어떠하십니까?"

선사께서 대답하셨다. "도는 마음으로 깨닫는 것이니, 어찌 앉음에 있겠습니까? 경전에 이르되, '만약 여래가 앉거나 눕는다고 말하는 자는 사도(邪道)를 행하는 자이다.' 하였으니, 무슨 까닭이겠습니까? 온 곳도 없고, 갈 곳도 없기 때문입니다. 생함도 없고 멸함도 없음이 여래의 청정선(淸淨禪)이요, 모든 법이 공적(空寂)함이 여래의 청정좌(淸淨坐)입니다. 궁극적으로 증득할 바가 없는데, 하물며 앉음이겠습니까?"

설간이 말하였다. "제가 돌아가면 주상(主上)께서 반드시 물으실 것입니다. 스님께서 자비로 여기시어 마음의 요체(心要)를 가르쳐 주시어, 양궁(兩宮, 측천무후와 중종)과 경성의 학도들에게 전하게 하소서. 비유하자면 한 등불이 수많은 등불을 켜듯이, 어두운 사람들은 모두 밝아져 밝음이 다함이 없을 것입니다."

선사가 말씀하셨다. "도에는 밝음과 어두움이 없으니, 밝음과 어둠은 서로 바뀌는 뜻(代謝之義)일 뿐입니다. '밝음이 다함이 없다'는 것도 또한 다함이 있는 것이니, 상대적으로 세워진 이름이기 때문입니다.72) 《유마경》에 이르되, '법에는 비교할 바가 없으니, 서로 대립할 것이 없기 때문이다.' 하였습니다."

설간이 말하였다. "밝음은 지혜를 비유하고, 어둠은 번뇌를 비유합니다. 수도하는 사람이 만약 지혜로 번뇌를 비추

---

72) 상대입명(相待立名)은 모든 개념이나 명칭(이름)은 상대적인 비교 속에서 성립한다는 뜻으로, 우리가 어떤 것을 '무한(無盡)'이라고 부르는 것도, 사실 '유한(有盡)'이라는 개념이 있기 때문에 가능한 것입니다. 즉, 절대적인 "무한"이 존재하는 것이 아니라, "유한"과의 대비 속에서 "무한"이라는 개념이 성립하는 것입니다. 그러므로 "무한한 것(無盡)"도 사실 상대적인 개념이며, "유한한 것(有盡)"과의 관계 속에서만 존재하는 이름입니다.

어 깨뜨리지 않는다면, 무시(無始) 이래의 생사를 무엇으로 벗어나겠습니까?"

선사가 말씀하셨다. "번뇌가 곧 보리(菩提)이니, 두 가지가 없고 차별이 없습니다. 만약 지혜로 번뇌를 비추어 깨뜨린다면, 이것은 이승(二乘)의 소견이요, 양(羊)과 사슴(鹿) 등의 근기(根機)입니다. 높은 지혜를 가진 큰 근기들은 모두 이와 같지 않습니다."

설간이 말하였다. "어떤 것이 대승(大乘)의 견해입니까?"

선사가 말씀하셨다. "밝음과 어두움을 범부는 둘로 보지만, 지자(智者)는 그 성품이 둘이 아님을 통달합니다. 둘이 아닌 성품이 바로 실성(實性)입니다. 실성(實性)이라는 것은, 범부와 어리석은 이에게 있어도 줄지 않고, 현자와 성인에게 있어도 늘지 않으며, 번뇌에 머물러도 어지럽지 않고, 선정에 거처해도 고요하지 않습니다. 끊어짐도 없고 항상함도 없으때, 오지도 않고 가지도 않으며, 중간과 그 안팎에 있지도 않고, 생하지도 멸하지도 않으며, 성품과 모양이 여여(如如)하여 항상 머물고 옮기지 않으니, 이것을 이름하여 도(道)라고 합니다."

설간이 말하였다. "스님께서 말씀하신 '생하지도 멸하지도 않는다'는 것은 외도(外道)와 무엇이 다릅니까?"

선사가 말씀하셨다. "외도가 말하는 '생멸이 없다'는 것은, 멸(滅)로써 생함을 멈추려 하고, 생(生)으로써 멸(滅)을 드러내어, 멸(滅)이 오히려 불멸(不滅)이고, 생(生)을 불생(不生)이라 말하는 것입니다. 제가 말하는 '불생불멸(不生不滅)'은 본래 자체가 생(生)이 없고 지금도 불멸(不滅)이니, 그러므로 외도와 다릅니다. 당신이 만약 마음의 요체를 알고자 한다면, 오직 모든 선악을 생각하지 마십시오. 자연히 청정한 마음 체성에 들어가, 맑고 항상 적멸(寂滅)하때, 오묘한 작용이 항하사(恒河沙)와 같을 것입니다."

설간이 가르침을 받고 홀연히 크게 깨달았다. 예를 올리고 궁궐로 돌아가 선사의 말씀을 조서에 기록하여 아뢰었다.

그해 9월 3일, 다시 조서를 내려 선사를 칭송하였다. "선사께서는 늙고 병들었다고 사양하시며, 짐(朕)을 위해 수도하시니, 이는 나라의 복전(福田)입니다. 선사께서는 유마거사(維摩詰)가 비야(毘耶, 인도 바이샬리)에서 병을 빙자하여 대승(大乘)을 펼치듯, 제불의 마음을 전하시며 불이법(不二法)을 말씀하시는 것과 같습니다. 설간이 전한 선사의 가르침은 여래의 지견(知見)을 전한 것이니, 짐이 쌓은 선(善)업의 남은 복덕(餘慶)으로, 전생에 심은 선근(善根)이 있어 선사의 출세(出世)를 만나 상승(上乘)을 단박에 깨달았습니다. 선사의 은혜에 감사함을 머리 숙여 다할 길 없습니다."

그리하여 마납(磨衲) 가사와 수정 발우를 보내며, 소주(韶州) 자사(刺史)에게 명하여 사원을 수리하게 하고, 선사의 옛 거처를 '국은사(國恩寺)'로 부르게 하였다.

# 10. 부촉품(咐囑品): 당부와 - 전법

　　선사께서 어느 날 문인인 법해(法海)、지성(志誠)、법달(法達)、신회(神會)、지상(智常)、지통(智通)、지철(志徹)、지도(志道)、법진(法珍)、법여(法如) 등을 불러 말씀하셨다. : 너희들은 다른 사람들과 다르니, 내가 멸도한 후에 각기 한 지역의 스승이 될 것이다. 내가 이제 너희에게 설법하는 법을 가르치리니, 근본종지(本宗)를 잃지 않도록 하라. 먼저 삼과법문(三科法門)을 들어야 하며, 그 다음으로 삼십육쌍(三十六對)으로 대비되는 개념을 사용해야 한다. 또한, 어떤 법문을 설하든(出沒), 항상 양극단(兩邊)을 떠나야 한다. 모든 법을 말할 때 자성(自性)을 떠나지 말라. 갑자기 누군가 너에게 법을 물거든, 말을 내놓을 때 다 쌍으로 하여 대법(對法)을 취하고, 오고 감이 서로 인(因)이

되게 하라. 궁극적으로 두 법을 다 제거하여 더 갈 곳이 없어야 한다.[73]

삼과법문이란 음(陰)·계(界)·입(入)이다. 음(陰)은 오음(五陰)으로 색수상행식(色·受·想·行·識)이 그것이다. 입(入)은 12입으로 외육진 -- 색성향미촉법(外六塵: 色·聲·香·味·觸·法) -- 과 내육문 -- 안이비설신의(內六門: 眼·耳·鼻·舌·身·意) -- 이 그것이다. 계(界)는 18계로서 육진(六塵)·육문(六門)·육식(六識)이 그것이다. 자성은 능히 만법을 포함하니 '함장식(含藏識)'이라 이름 한다. 만약 사량(思量)을 일으키면 곧 '전식(轉識)'이 되어 육식(六識)을 내고, 육문(六門)을 출입(통)해서 육진(六塵)을 보느니, 이와 같은 18계는 모두 자성에서 일어나는 작용이다. 자성이 사특하면 18사(邪)가 일

---

73) 세 가지로 분류한 법문(三科法門)이라는 오온, 십이처, 십팔계란 일체법(모든 것)에 대한 설명으로, 모든 것이 연기(緣起)적 존재로서 실체가 없다는 것을 설명하는 것입니다. 마찬가지로 삼십육대법(三十六對法)이라는 것도 상대적 개념의 상호 의존성을 말하는 것으로, 궁극적 실체란 존재하지 않으며 일체는 서로가 서로의 원인과 결과가 되어 상호의존적으로 존재한다는 불교의 핵심 가르침인 연기법(緣起法)을 가르쳐 주어야 한다는 것입니다.

어나고, 자성이 바르면 18정(正)이 일어난다. 악하게 쓰면 중생의 용(用)이요, 선하게 쓰면 부처의 용(用)이다.

작용은 무엇으로 말미암는가? 자신의 성품(自性)으로 말미암아 있게 된다. 상대되는 법(對法)은 바깥 경계(外境)에 무정(無情)의 다섯 쌍이 있다. 하늘과 땅이 상대되고, 해와 달이 상대하며, 밝음과 어둠이 상대하고, 음(陰)과 양(陽)이 상대하며, 물과 불이 상대한다. 이것이 다섯 가지 상대(五對)되는 것이다. 사물의 모습을 나타내는 말에는 12가지 상대(十二對)가 있다. 말(語)과 사물(法)이 상대되고, 있음(有)과 없음(無)이 상대되고, 색 있음(有色)과 색 없음(無色)이 상대되고, 형상 있음(有相)과 형상 없음(無相)이 상대되고, 번뇌 있음(有漏)과 번뇌 없음(無漏)이 상대되고, 색(色)과 공(空)이 상대되고, 움직임(動)과 고요함(靜)이 상대되고, 맑음(淸)과 탁함

(濁)이 상대되고, 범부(凡)와 성인(聖)이 상대되고, 승려(僧)와 속인(俗)이 상대되고, 늙음(老)과 젊음(少)이 상대되고, 큼(大)과 작음(小)이 상대된다. 이것이 12가지 상대(對)됨이다(此是十二對也). 자신의 성품에서 일어나는 작용에는 19가지 상대(對)되는 것이 있다. 장점(長)과 단점(短)이 상대되고, 그름(邪)과 바름(正)이 상대되고, 어리석음(癡)과 지혜(慧)가 상대되고, 미련함(愚)과 슬기로움(智)이 상대되고, 어지러움(亂)과 고요함(定)이 상대되고, 자비(慈)와 독함(毒)이 상대되고, 계율(戒)과 어긋남(非)이 상대되고, 곧음(直)과 굽음(曲)이 상대되고, 참됨(實)과 거짓(虛)이 상대되고, 험함(險)과 평탄함(平)이 상대되고, 번뇌(煩惱)와 깨달음(菩提)이 상대되고, 영원함(常)과 무상함(無常)이 상대되고, 자비(悲)와 해침(害)이 상대되고, 기쁨(喜)과 성냄(瞋)이 상대되고, 버림(捨)과 아낌

(慳)이 상대되고, 나아감(進)과 물러남(退)이 상대되고, 생김(生)과 사라짐(滅)이 상대되고, 법신(法身)과 색신(色身)이 상대되고, 화신(化身)과 보신(報身)이 상대된다. 이것이 19가지의 상대되는 것이다(此是十九對也).

선사가 말씀하셨다. : 이 36쌍의 대법(三十六對法)을 이해하여 활용함이 곧 도(道)라, 일체경법(一切經法)을 관통하는 것이고, 언제나(出入) 곧 양변을 여의는 것이고, 자신의 성품이(自性) 작동하는 것이고, 다른 사람과 대화할 때에는 밖으로는 상(相)에서 상을 떠나고, 안으로는 공(空)에서 공을 떠나는 것이다. 만약 전적으로 상(相)에 집착하면 삿된 견해가 길러지고, 만약 전적으로 공(空)에 집착하면 무명이 길러진다. 공에 집착하는 사람 중에는 경전을 비방하며, 곧바로 문자는 쓸모가 없다고 말한다. '문자는 쓸모가 없다' 고 말한다면, 그 사람은 또한 말하는 것에 부합되지 않는다. 이 말 자체가 문자의 모습(相)이기 때문이다. 또한 '곧바로, 문자를 세우지 않는다.'라고 말하지만, 이 '세우지 않는다(不立)'라는 두 글자 역시 문자인 것이다. 다른 사람이 말하는 것을 보면, 곧바로 그를 비방하며, 문자에 집착하고 있다고 말한다. 너희들은 분명히 알아야 한다. 스스로 미혹한 것은 그렇다 치더라도, 다시 부처님의 경전을 비방하는가! 경전을 비방하지 말라, 그 죄악의 장애(罪障)가 한이 없다. 만약 밖의 상(相)에 집착하여, 규범을 세워서 진리를 구하거나(作法求真)74), 도량을 지나치게 확장하고, '있음과 없음'의 허물을 논하는 사람은, 이런 사람은 누겁이 지나도 본성을 보지 못하리라. 오직 (가르침을) 듣고 법대로

---

74) 형식(법, 작법)을 통해 진리를 구하려는 것, 즉 겉모양에 매달려 진리를 얻을 수 있다고 착각하는 것으로, 예를 들면 많은 절을 세운다거나, 예불을 많이 올린다거나, 금강경을 수천 번 독송한다거나, 좌선을 몇 만 시간 한다거나 등등, 이러한 형식 자체에 집착하여, 그것이 곧 깨달음의 본질이라 생각하는 것으로, 형식적 수행을 진리 자체로 착각하는 오류.

수행할 뿐, 모든 것을 생각하지 않음(百物不思, 空에 대한 집착)으로 도의 본성을 가로막지 말라. 듣기만 하고 실천하지 않으면, 도리어 사악한 생각(邪念)을 낳을 뿐이니라. 오직 법에 의지하여 수행하며, 상(相)에 머무르지 않는 법(無住相法)을 베풀어야 한다. 너희가 깨달았다면, 이대로 말하고, 이대로 쓰며, 이대로 행하고, 이대로 지어라. 그러면 본래의 종지를 잃지 않으리라. 만약 누군가 너에게 그 뜻을 묻는다면, '있음(有)'을 물으면 '없음(無)'으로 대답하고 '없음'을 물으면 '있음'으로 대답하며 '범부(凡)'를 물으면 '성인(聖)'으로 '성인'을 물으면 '범부'로 답하라. 두 길이 서로를 빌어(二道相因) 중도(中道)의 뜻이 나타나리니, 한 질문에 한 대답으로, 나머지 물음에도 동일하게 이것(對法)에 의해 지으면, 참된 이치를 잃지 않으리라. 가령 누군가 물기를,

'무엇이 어둠입니까?' 하면 '밝음이 원인(因)이요, 어둠은 조건(緣)이라, 밝음이 사라지면 곧 어둠이다' 하고 대답하라. 밝음으로 어둠을 드러내고, 어둠으로 밝음을 드러내며, 오고 감이 서로가 원인이 되어 중도의 진리가 이루어지리라. 나머지 물음도 실로 모두 이와 같다. 너희들이 후세에 법을 전할 때, 이것에 의지해 전하여 서로 가르쳐 주어(轉相教授), 종지를 잃지 말지어다.

선사께서는, 태극 원년 임자년(太極元年壬子, 712년) 연화(延和) 7월 [해당 년도 5월에 연호를 '연화(延和)'로 바꾸었고, 8월 현종(玄宗) 즉위 후 비로소 연호를 '선천(先天)'으로 개원(改元)하였다. 다음 해에 다시 '개원(開元)'으로 연호를 바꾸었다. 다른 기록에서 '선천(先天)'으로 표기한 것은 잘못된 것이다.] 제자들에게 신주 국은사(新州國恩寺)에 가서 탑을 세울 것을 명하시고,

공사를 재촉하여 이듬해(713년) 여름 말에 완공하였다. 7월 1일, 제자들을 모아 말씀하셨다. "내가 8월이면 세상을 떠날 것이니, 너희들 중 의심이 있으면 빨리 물어보라. 내가 의심을 깨뜨려 미혹을 다하게 하리니, 내가 간 뒤엔 가르쳐 줄 이가 없을 것이다."

법해(法海) 스님 등은 이 말씀을 듣고 모두 눈물을 흘리는데, 오직 신회(神會)만은 안색이 변하지 않고 울지도 않았다.

선사께서 말씀하셨다. "신회는 어린 스님이지만 도리어 선(善)과 불선(不善)을 평등히 보고, 헐뜯음과 칭찬에 흔들리지 않으며, 슬픔과 기쁨이 일어나지 않는구나. 나머지는 얻지 못했으니, 수년 동안 산속에서 도대체 무엇을 닦았느냐? 너희들이 지금 슬피 우는 것은 누구를 걱정함이냐? 만일 (너희들이) 내가 갈 곳을 모를까봐 걱정하는 것이

락면, 나는 내 갈 곳을 안다. 내가 만일 갈 곳을 모른다면, 끝내 미리 너희들에게 알리지 않았으리라. 너희들의 슬픔은 아마 내가 가는 곳을 모르기 때문이니, 만일 내가 가는 곳을 안다면 마땅히 슬퍼하지 않으리라. 법성(法性)에는 본래 생멸(生滅)과 거래(去來)가 없느니라. 모두 앉아라. 내가 너희들에게 게송을 하나를 들려주리니, 이름하여 '진가동정게(眞假動靜偈)'다. 너희들이 이 게송을 외워 간직하고 나의 뜻과 같게 하여, 이에 따라 수행하면 종지(宗旨)를 잃지 않으리라.

　　대중스님들은 절을 하고, 선사께 게송을 말씀해 주시길 청하였다. 게송이 가로되 :

　　　　일체에 진실이 없나니(一切無有眞),
　　　　　진실은 보는 것이 아니다.(不以見於眞).

만일 진실을 본다고 한다면 (若見於眞者),

그 보는 것 모두 진실이 아니리라 (是見盡非眞).

만약 참됨을 스스로 가질 수 있다면 (若能自有眞),

거짓을 떠남이 곧 마음에 참됨이다. (離假卽心眞).

자신의 마음이 거짓을 떠나지 못하면 (自心不離假),

참됨도 없으니, 어디에서 참됨을 찾으리오? (無眞何處眞?)

생명 있는 것은 움직임을 알고 (有情卽解動),

생명 없는 것은 움직이지 않느니 (無情卽不動).

만일 움직이지 않는 행을 닦는다면 (若修不動行),

생명 없는 것과 같으리라(同無情不動).

참된 부동(不動)을 찾고자 하면(若覓眞不動),
움직임 속에 움직이지 않음이 있는 것이니(動上有不動).
고요함만을 고요함이라 한다면(不動是不動),
생명 없는 것에는 불성(佛種)이 없으리라(無情無佛種).

능히 상(相)을 잘 분별하라(能善分別相),
제일의(第一義)는 움직임이 없도다(第一義不動).
단지 이 같은 견해를 짓는다면(但作如此見),
곧 이것이 진여(眞如)의 작용이다(卽是眞如用).

모든 수행자들에게 알리노니, (報諸學道人)

부디 힘써 마음을 쓰라. (努力須用意)

대승의 문에서는, (莫於大乘門)

도리어 생사의 지혜를 고집하지 말라 (却執生死智).

언하에 상응하면 (若言下相應),

곧 함께 논할 것이요 (即共論佛義)

실로 상응하지 못하면, (若實不相應)

합장하며 (게송의 가르침에) 환희의 마음을 내어라 (合掌令歡喜).

이 종문(宗門)은 본래 다툼이 없나니, (此宗本無諍)

다툼이 있으면 곧 도의 뜻을 잃는 것이다. (諍即失道意)

거슬림에 집착하여 법문을 다툰다면, (執逆諍法門)

자성(自性)이 생사에 들어가리라(自性入生死).

이때, 제자들이 게송을 듣고는 모두 예를 올리며 스님의 뜻을 깨닫고, 각각 마음을 가다듬어 법에 따라 수행하니, 더 이상 감히 다투지 않았으며, 또한 대사께서 머지않아 세상에 머물지 않으실 것을 알았다. 그래서 법해 상좌(法海上座)가 다시 절하며 물었다. "선사께서는 열반에 드신 후, 가사와 법은 누구에게 전하시겠습니까?"

선사께서 말씀하셨다. "내가 대범사(大梵寺)에서 설법한 이래 지금까지 기록되어 유포된 것을 『법보단경(法寶壇經)』이라 이름 하라. 너희들은 이를 잘 지켜서 서로 전하라. 중생을 제도함에 이 설법을 따르면, 이름 하여 정법(正法)이라 하리라. 지금 너희들에게 법을 설하지만, 가사는 전하지 않노라. 이는 너희들이 믿음의 뿌리가 순수하고 무르익어, 결코 의심이 없으며 대사(大事)를 감당할 만하기 때문이니라. 그리고 선조(先祖) 달마 대사가 전하신 게송의 뜻에 따라 가사는 전해져서는 안 되느니라. 그 게송은 이러하다. :

　　내 본래 이 땅에 온 것은 (吾本來茲土)
　　법을 전해 미혹한 중생을 구함이었네. (傳法救迷情)
　　한 꽃에서 다섯 잎이 피어나리니 (一華開五葉)
　　열매는 자연스레 이루어지리라 (結果自然成).

　　선사께서 다시 말씀하셨다. "모든 수행자들이여! 너희들은 각각 마음을 깨끗이 하여 내 설법을 들으라. 만약 온갖 지혜(種智)를 성취하고자 한다면, 모름지기 일상삼매(一相三昧)와 일행삼매

(一行三昧)를 통달해야 한다. 만약 모든 곳에서 상(相)에 머물지 않고, 그 상(相)에 대해 미워하거나 애착하는 마음이 없으며, 취하거나 버리는 생각 없이, 이익이나 성패 등을 생각하지 않고, 평안하고 고요하며, 텅 비어 조화롭고 담박한 것, 이것을 일러 일상삼매(一相三昧)라 하느니라. 모든 곳에서 걷고, 머물며, 앉고, 누울 때(行住坐臥), 오직 한결같은 마음이라면, 움직임 없는(不動) 도량(道場)인 것이니, 참된 정토를 이루는 것이라, 이를 일행삼매(一行三昧)라 하느니라. 이 두 삼매를 갖춘 사람은 마치 땅이 씨앗을 품어 기르듯 열매를 맺게 되리라. 일상삼매와 일행삼매도 또한 이와 같다. 내가 지금 설법함은 때맞춘 비가 대지를 적시는 것과 같고, 너희들의 불성(佛性)은 씨앗과 같아서, 이 비를 만나 모두 싹틀 것이니, 나의 뜻을 이은자(承吾旨者)는 반드시 보리를

얻을 것이요, 나의 가르침대로 행하는 자는 분명히 묘과(妙果)를 증득하리라. 나의 게송을 들으라.":

마음 밭에 모든 씨를 품었으니 (心地含諸種),

두루 내리는 비에 싹이 트리라 (普雨悉皆萌).

꽃다운 정서 단박에 깨달으매 (頓悟華情己, 華情=佛性)

보리 열매 스스로 이루리라 (菩提果自成).

선사께서 게송을 말씀하신 뒤 이어 말씀하시기를, "그 법(法)은 둘이 없고, 그 마음 또한 그러하다. 그 도(道)는 청정하여 모든 상(相)이 없나니, 너희들은 조심하여 고요함을 관(觀)하거나 그 마음을 공적하게 만들려고 하지 말지니라. 이 마음은 본래 청정하여, 가히 취하거나누어 줄 것이 없느니라. 각자 스스로 노력하고, 인연 따라 잘 가거라."

그때 제자들이 절을 올리고 물러갔다.

대사께서 7월 8일에 문인들에게 갑자기 말씀하셨다. "나는 신주(新州)로 돌아가고자 하니, 너희들은 빨리 배편을 준비하라." 대중이 애통해하며 간절히 머물러 주길 청하자, 선사께서 말씀하셨다. "모든 부처님의 나타나심과 열반을 보이심은 같은 것이다. 옴이 있으면 반드시 감이 있으니, 이 이치는 항상 그러하다. 나의 이 몸도 반드시 돌아갈 곳이 있느니라."

대중이 말했다. "스님께서 여기서 떠나시면 조만간 돌아오십니까?"

선사께서 말씀하셨다. "잎은 떨어져 뿌리로 돌아가고, 오는 때는(來時) 입이 없다(無口)." 75)

---

75) 《금강경(金剛經)》에 다음과 같은 문장이 있습니다. 須菩提！若人言 '如來有所說法' 卽爲謗佛, 不能解我所說故。須菩提！說法者，無法可說，是名說法。: "수보리여! 만약 어떤 사람이 '여래가 설법한 바가 있다'고 말한다면, 그는 곧 부처님을 비방하는 것이니라. 이는 내가 설한 바를 올바

또 여쭈었다. "정법안장(正法眼藏)은 누구에게 전하셨습니까?"

선사께서 말씀하셨다. "도(道)가 있는 자가 얻고, 마음 없는 자가 통한다."

또 여쭈었다. "이후에 어려움은 없겠습니까?"

선사께서 말씀하셨다. "내가 떨한 후 5~6년이 지나면 한 사람이 내 머리를 가져갈 것이다. 내 예언을 들으라. :

머리 위로 부모를 봉양하고 (頭上養親)

입으로는 끼니를 해결해야 한다. (口裏須餐)

만(滿)의 난(難)을 만날 때 (遇滿之難)

양(楊)과 류(柳)가 그때의 관리(官)일 것이다 (楊柳爲官).76)

---

로 이해하지 못했기 때문이니라. 수보리여! 설법이란, 본래 설할 법이 없는 것이니, 이를 가리켜 설법이라 하느니라."

76) 육조 선사의 정상(두개 골) 탑에 대한 이야기는 [부록] 부분에 나옵니다. 이 내용을 알아야 위의 게송을 이해할 수 있습니다. --- 신라승 김대비(金大悲)가 육조 선사의 머리를 취하여 공양하고자, 장정만(張淨滿)에게 2만 냥의 돈을 주고 부탁하니, 장정만은 부모를 봉양하기 위해 돈을 받고 조계로 가서 머리를 자르려 했는데, 들켜서 체포되었다. 이때 이 일을 담당했던 관리는 양간(楊侃)

또 말씀하셨다. "내가 떠난 지 70년이 지나면, 두 보살이 동방에서 오리니, 한 사람은 출가자고, 다른 한 사람은 재가자(在家)다. 그들이 함께 교화를 일으켜 나의 종지를 세우고, 가람(伽藍)을 건립하고 정비하며 법맥을 크게 이어가리라."

제자가 물었다. "옛 부처님께서 세상에 나타나신 이래로 몇 대를 전하셨는지 알 수 있도록 가르침을 주십시오."

선사께서 말씀하셨다. "옛 부처님들이 세상에 응하여 출현하신 것은 이미 셀 수 없이 많아 헤아릴 수 없다. 지금은 그 중에서 일곱 부처님을 시작으로 삼는다. 과거 '장엄겁(莊嚴劫)'에는 비바시불(毘婆尸佛), 시기불(尸棄佛), 비사부불(毘舍浮佛)이 계셨고, 현재 '현겁(賢劫)'에는 구류손불(拘留孫佛), 구나

---

과 류무첨(柳無忝) 이었다. --- 이 이야기를 통해 위의 게송 내용을 정리하면:
頭上養親 : 머리를 높인 자리(사리탑, 불단 등)에서 사람들이 혜능 선사께 예경을 드리게 하고자 함이었다.
口裏須餐 : 부모를 봉양하는 것은 자식의 도리인지라.
遇滿之難 : 장정만은 부모 봉양을 위해 돈을 받고 머리를 훔치려 조계에 들어갔으나 체포되었다.
楊柳爲官 : 그때에 이 일은 관리 양간(楊侃)과 류무첨(柳無忝)이 담당했다.

함모니불(拘那舍牟尼佛), 가섭불(迦葉佛), 석가모니불(釋迦文佛)이 계셨다. 이분들이 곧 '칠불(七佛)'이시다." 위의 일곱 부처님 가운데, 지금은 석가모니불(釋迦文佛)을 시초로 하여 전해지기를, 제1 마하가섭(摩訶迦葉) 존자·제2 아난(阿難) 존자·제3 상나화수(商那和修) 존자·제4 우바급다(優波毱多) 존자·제5 제다가(提多迦) 존자·제6 미차가(彌遮迦) 존자·제7 바수밀다(婆須蜜多) 존자·제8 불타난제(佛馱難提) 존자·제9 복타밀다(伏馱蜜多) 존자·제10 협(脇) 존자·제11 부나야사(富那夜奢) 존자·제12 마명(馬鳴) 대사·제13 가비마라(迦毘摩羅) 존자·제14 용수(龍樹) 대사·제15 가나제바(迦那提婆) 존자·제16 라후라다(羅睺羅多) 존자·제17 승가난제(僧伽難提) 존자·제18 가야사다(伽耶舍多) 존자·제19 구마라다(鳩摩

羅多) 존자 · 제20 사야다(闍耶多) 존자 · 제21 바수반두(婆修盤頭) 존자 · 제22 마나라(摩拏羅) 존자 · 제23 학륵나(鶴勒那) 존자 · 제24 사자(師子) 존자 · 제25 바사사다(婆舍斯多) 존자 · 제26 불여밀다(不如蜜多) 존자 · 제27 반야다라(般若多羅) 존자 · 제28 보리달마(菩提達磨) 존자 (이 땅의 초조初祖이시다) · 제29 혜가(慧可) 대사 · 제30 승찬(僧璨) 대사 · 제31 도신(道信) 대사 · 제32 홍인(弘忍) 대사. 혜능(惠能)이 곧 제33조이니라. 위의 모든 조사들은 각각 서로 이어받았느니라. 너희들은 이후로 대대로 전하여, 그릇됨이 없게 하라.

대사(大師)께서 선천(先天) 2년 계축년(癸丑年, 713년) 8월 3일(그해 12월에 개원(開元)으로 연호를 고침)에 국은사(國恩寺)에서 공양을 마치신 후 제자들에게 말씀하셨다. "너희들 각자 자리에 앉아라. 내가 너희와 작별하리라."

법해(法海)가 아뢰었다. "화상(和尙)이시여! 어떤 가르침을 남기셔서, 훗날의 미혹된 사람들이 불성(佛性)을 볼 수 있도록 하시겠습니까?"

선사가 말씀하셨다. "너희들은 자세히 들으라! 후세의 미혹한 이가 만약 중생을 안다면, 곧 그것이 부처의 성품이요, 만약 중생을 알지 못하면 만겁(萬劫)을 두고 부처를 찾아도 만나기 어려우리라. 내 이제 너희들에게 가르치노니, 너희 마음속의 중생을 알고, 너희 마음속의 부처 성품을 보라. 부처를 보고자 하면 오직 중생을 알라. 다만 중생이 부처를 미혹할 뿐, 부처가 중생을 미혹하는 것이 아니니라. 자성이 깨달아지면 중생이 곧 부처요, 자성이 미혹하면 부처도 중생이 되느니라. 자성이 평등하

띤 중생이 부처요, 자성이 간사하고 위태로우면 부처도 중생이 되느니라. 너희 마음이 만약 위태롭고 굽어 있으면 부처가 중생 속에 있고, 한 생각이 평등하고 곧으면 중생이 곧 부처가 되느니라. 나의 마음에 본래 부처가 있으니, 스스로의 부처가 참 부처이니라. 만약 스스로 부처 마음이 없다면, 어디에서 참 부처를 구하겠느냐? 너희들 마음이 곧 부처이니, 다시 의심하지 말라. 바깥에 한 물건도 세울 수 없으니, 모두 본심(本心)에서 만 가지 법이 생기는 것이니라. 그러므로 경에 이르되, '마음이 일어나면 갖가지 법이 일어나고, 마음이 멸하면 갖가지 법이 멸하느니라.' 하였느니라. 내 이제 한 게송을 남겨 너희들과 작별하리라. 이름하여 '자성진불게(自性眞佛偈)'니, 후세 사람이 이 게송의 뜻을 알면 스스로 본심을 보고 스스로 불도(佛道)를 이룰 것이니라." 게송으로

말씀하겠다. :

　　진여자성이 곧 참된 부처요,
　　삿된 견해와 삼독(탐욕, 분노, 어리석음)은 마왕이라.
　　마음이 어지러우면 마(魔)가 몸에 깃들고,
　　바른 견해를 가지면 부처가 마음속에 계신다.
　　자성 가운데 삿된 견해와 삼독이 생기면,
　　곧 마왕이 몸에 머무는 것이요,
　　바른 견해로 삼독을 없애면,
　　마(魔)는 변해 부처가 되니, 참되고 거짓됨이 없다.
　　법신(法身), 보신(報身), 화신(化身),
　　이 세 가지 몸은 본래 하나이니,
　　만약 자성 안에서 스스로 볼 수 있다면,
　　그것이 바로 부처가 되는 보리의

씨앗이다.

본래 화신에서 청정한 성품이 나며,

그 청정한 성품은 항상 화신 속에 있다.

성품이 화신을 이끌어 바른 길을 가게 한다면,

미래에는 완전하고 참되어 끝이 없을 것이다.

음욕의 본성도 본래는 청정한 성품의 근본,

음욕을 끊으면 그것이 곧 청정한 몸이 된다.

자성(自性) 속에서 오욕(五欲)을 각각 벗어나니,

자성을 보는 찰나가 곧 진실이다.

금생에 만약 '돈교(頓敎)'의 문을 만나,

홀연히 자성을 깨달으면 세존을 보는 것이다

만약 수행하여 부처가 되기를 원한

다면,

어느 곳에서 참된 것을 찾을지 알 수가 없네.

만약 마음속에서 스스로 진실을 본다면,

진실함이 바로 성불(成佛)의 원인이라.

자성을 보지 못하고 바깥에서 부처를 찾는다면,

그 마음을 일으키는 자는 모두 큰 어리석은 사람이다.

이 돈교의 법문은 이제 남겨졌으니,

세상 사람들을 구제하려면 스스로 닦아야 한다.

후일 도를 배우려는 자들에게 이르노니,

이 견해를 믿지 않는 자는 참으로 어리석고 한가한 자(者)일 것이다.


선사께서 게송을 설해 마치고 말씀

하셨다. "너희들은 잘 머무르라. 내가 열반한 후에 세속적인 정으로 슬퍼하며 눈물을 흘리고, 남의 조문을 받거나 상복을 입는 자는 내 제자가 아니요, 또한 바른 법도 아니다. 다만 너희 자신의 본심을 알고, 자신의 본성을 보아라. 움직임도 없고 고요함도 없으며, 생겨남도 없고 소멸함도 없고, 가는 것도 없고 오는 것도 없으며, 옳음도 없고 그름도 없고, 머무름도 없고 떠남도 없다. 너희들이 마음이 미혹되어 내 뜻을 이해하지 못할까 염려하니, 이제 다시 너희에게 당부하여 너희로 하여금 성품을 보게 하겠다. 내가 열반한 후에 이 가르침대로 수행하면 마치 내가 살아 있을 때와 같을 것이요, 만일 내 가르침을 어기면 비록 내가 세상에 있다 해도 너희에게 이로움이 없으리라." 다시 게송으로 말씀하셨다. :

우뚝하여 선을 닦지 않고,
홀가분하여 악을 짓지 않으며,
고요하여 보고 듣는 것조차 끊고,
텅 비어 집착 없는 마음이네.

선사가 게송을 마치시고 단정히 앉아 계시다가 삼경(밤 12시~1시)에 이르러 갑자기 제자들에게 말씀하시기를, "나는 떠난다!" 하시고는 문득 열반에 드셨다. 이때 이상한 향기가 방에 가득하고 흰 무지개가 땅에 닿았으며, 숲의 나무들이 하얗게 변하고 새와 짐승들이 슬피 울었다. 11월에 광주(廣州), 소주(韶州), 신주(新州)의 세 고을 관리들과 스님의 제자들, 승속(僧俗)들이 다투어 진신(眞身)을 모시려 하여 결정하지 못하자, 향을 피워 기도하였다. "향 연기가 가리키는 곳이 스님께서 돌아가시는 곳이리라." 이때 향 연기가 곧바로 조계(曹溪)를 향해 뻗쳤다. 11월 13일에 신감(神龕, 신상을 모시는 함)과 전해 받은 가사와 발우를 모시고 돌아왔다. 이듬해 7월에 신감에서 모시고 나와, 제자 방변(方辯)이 향니(香泥, 향기나는 진흙)로 스님의 진신을 보호하였다. 제자들은 선사께서 생전에 머리를 보호하라는 말씀을 기억하고, 철엽(鐵葉)과 칠포(漆布)로 스님의 목 부분을 단단히 보호하여 탑 안에 모셨다. 갑자기 탑 안에서 흰 빛이 나타나 하늘로 곧게 치솟아 3일 만에 사라졌다. 소주(韶州)에서 이 사실을 조정에 보고하니, 황제의 명으로 비를 세워 선사의 도행(道行)을 기록하였다.

    선사의 세수는 76세였으며, 24세에 가사를 전해 받고, 39세에 머리를 깎고 승려가 되었다. 중생을 이롭게 하는 법을 설하신 지 37년이었고, 법을 이은 제자 43인이며, 도를 깨달아 범인을 초월한 이는 그 수를 알 수 없었다. 달마(達磨)가 전한 신표(信衣 — 서역 출신포

屈眴布, 유연한 서역의 직물), 중종(中宗)이 하사한 마납(磨衲)과 보배발우, 그리고 방변(方辯)이 조성한 선사의 진신상(眞身像)과 도구(道具)는 영원히 보림도량(寶林道場)에 모셔졌다. 《단경(壇經)》을 남겨 전하여, 종지(宗旨)를 드러내고, 삼보(三寶)를 흥통하게 하여 널리 중생을 이롭게 하였다.

육조대사 법보단경 끝
(六祖大師 法寶壇經 終)